Prospektpflichten und Prospekthaftung für geschlossene Fonds

Europäische Hochschulschriften

Publications Universitaires Européennes
European University Studies

Reihe II
Rechtswissenschaft

Série II Series II
Droit
Law

Bd./Vol. 4984

PETER LANG
Frankfurt am Main · Berlin · Bern · Bruxelles · New York · Oxford · Wien

Katja Rosa

Prospektpflichten und Prospekthaftung für geschlossene Fonds

Eine Untersuchung im Lichte des neuen Verkaufsprospektgesetzes

PETER LANG
Internationaler Verlag der Wissenschaften

Bibliografische Information der Deutschen Nationalbibliothek
Die Deutsche Nationalbibliothek verzeichnet diese Publikation in der Deutschen Nationalbibliografie; detaillierte bibliografische Daten sind im Internet über http://dnb.d-nb.de abrufbar.

Zugl.: Bonn, Univ., Diss., 2009

Gedruckt auf alterungsbeständigem,
säurefreiem Papier.

D 5
ISSN 0531-7312
ISBN 978-3-631-59804-7

www.peterlang.de

Meinen Eltern

Vorwort

Die vorliegende Arbeit wurde im Sommersemester 2007 von der Rechtswissenschaftlichen Fakultät der Rheinischen Friedrich-Wilhelms Universität Bonn als Dissertation angenommen. Sie befindet sich auf dem Stand Juli 2006. Tag der mündlichen Prüfung war der 27. Januar 2009.

Meinem Doktorvater, Herrn Professor Dr. Daniel Zimmer, möchte ich meinen herzlichen Dank für die angenehme Betreuung und Unterstützung bei meinem Dissertationsvorhaben aussprechen. Mein Dank gilt auch Herrn Professor Dr. Holger Fleischer für die Zweitkorrektur und seine Anregungen in diesem Zusammenhang. Für die Förderung meines Promotionsstudiums danke ich der Universität Bonn und Frau Professorin Dr. Nina Dethloff, die mich in das Programm zur Förderung von Promotionen der Absolventinnen des rechtswissenschaftlichen Studiums an der Universität Bonn aufnahm.

Mein besonderer Dank für wertvolle Hinweise, Anregungen und eine stetige Wegbegleitung während meiner Ausbildung und der Dissertation gilt Maike van Üüm, Dr. Beatrix Scherenberg, Paola Koudela, Charlotte Gruber und Michael Holtz.

Schließlich danke ich meinen Eltern Angelika und Prof. h.c. Josef Capousek, meinem Bruder Sven Capousek, meinem Opa Paul Zoll und Dr. Eva Rosa, deren Unterstützung ich mir stets sicher sein kann. Ohne meine Eltern, denen ich diese Arbeit widme, wäre die Entstehung dieser Dissertation nicht möglich gewesen. Meinem Mann Thomas danke ich für alles.

Düsseldorf, im November 2009 Katja Rosa

Inhalt

Abkürzungsverzeichnis

a.A.	andere Ansicht
a.E.	am Ende
a.F.	alte Fassung
aA	auf Aktien
ABl. EG	Amtsblatt der Europäischen Gemeinschaften
Abs.	Absatz
Abschn.	Abschnitt
AG	Aktiengesellschaft/ Zeitschrift: Die Aktiengesellschaft, Zeitschrift für das gesamte Aktienwesen
AktG	Aktiengesetz
Anh.	Anhang
AnSVG	Anlegerschutzverbesserungsgesetz
Art.	Artikel
Aufl.	Auflage
AuslInvG	Gesetz über den Vertrieb ausländischer Investmentanteile und über die Besteuerung der Erträge aus ausländischen Investmentanteilen
BaFin	Bundesanstalt für Finanzdienstleistungsaufsicht
BaWe	Bundesaufsichtsamt für den Wertpapierhandel
BB	Zeitschrift: Betriebs Berater
Begr.	Begründung
BFH	Bundesfinanzhof
BGB	Bürgerliches Gesetzbuch
BGBl.	Bundesgesetzblatt
BGH	Bundesgerichtshof
BGHZ	Entscheidungen des Bundesgerichtshofs in Zivilsachen
BKR	Zeitschrift für Bank- und Kapitalmarktrecht
BMF	Bundesministerium der Finanzen
BMJ	Bundesministerium der Justiz
BörsG	Börsengesetz
BörsZulV	Verordnung über die Zulassung von Wertpapieren zum amtlichen Markt an einer Wertpapierbörse
BReg.	Bundesregierung
BT/Br.-Drs.	Bundestags-/Bundesrats-Drucksache
BuB	Bankrecht und Bankpraxis
bzw.	Beziehungsweise
c.i.c.	culpa in contrahendo
d.h.	das heißt
DAI	Deutsches Aktieninstitut

DAV	Deutscher Anwaltsverein
DB	Der Betrieb
ders.	Derselbe
dies.	dieselbe, dieselben
Diss.	Dissertation
DJT	Deutscher Juristen tag
DNotZ	Deutsche Notar Zeitschrift
DStR	Zeitschrift für Deutsches Steuerrecht
dt.	deutschen/deutschem
E	Entwurf
e.V.	eingetragener Verein
EG	Europäische Gemeinschaften
ehem.	ehemals/ehemaligen/ehemaligem
Einl.	Einleitung
endg.	Endgültig
EStG	Einkommenssteuer-Gesetz
EU	Europäische Union
EuGH	Gerichtshof der Europäischen Gemeinschaften
f./ff.	folgende Seite(n)/ folgende(r) Paragraph(en)
FAZ	Frankfurter Allgemeine Zeitung
FMFG	Finanzmarktförderungsgesetz
FS	Festschrift
gem.	Gemäß
GewArch	Zeitschrift: Gewerbearchiv
ggf.	Gegebenenfalls
GmbH	Gesellschaft mit beschränkter Haftung
GmbHG	Gesetz betreffend die Gesellschaften mit beschränkter Haftung
h.L.	herrschende Lehre
h.M.	herrschende Meinung
Hdb.	Handbuch
HGB	Handelsgesetzbuch
Hrsg.	Herausgeber
i.d.S.	in diesem Sinne
i.E.	im Ergebnis
i.e.S.	im engeren Sinne
i.S.d.	im Sinne des/der
i.V.m.	in Verbindung mir
i.w.S.	im weiteren Sinne
IdW	Institut der Wirtschaftsprüfer
insb.	Insbesondere
InvG	Investmentgesetz

JuS	Juristische Schulung
JZ	Juristenzeitung
KAGG	Gesetz über Kapitalanlagegesellschaften
Kap.	Kapitel
KapInHaG	Kapitalmarktinformationsgesetz
KapMuG	Kapitalanleger-Musterverfahrensgesetz
KG	Kommanditgesellschaft
krit.	Kritisch
Lfg.	Lieferung
LG	Landgericht
LMK	Zeitschrift: Kommentierte BGH-Rechtsprechung Lindenmaier-Möhring
M.	Meinung
m.w.N.	mit weiteren Nachweisen
MDR	Zeitschrift: Monatsschrift für deutsches Recht
Mio.	Millionen
Mrd.	Milliarden
MüKo	Münchner Kommentar
n.F.	neue Fassung
Nachw.	Nachweis(e)
NJW	Neue Juristische Wochenschrift
NJW-RR	NJW-Rechtsprechungs-Report Zivilrecht
Nr(n).	Nummer(n)
NZG	Neue Zeitschrift für Gesellschaftsrecht
OLG	Oberlandesgericht
RefE	Referentenentwurf
RegE	Regierungsentwurf
RG	Reichsgericht
RGBl.	Reichsgesetzblatt
RGZ	Entscheidungen des Reichsgerichts in Zivilsachen
RIW	Recht der Internationalen Wirtschaft
RL	Richtlinie
Rn.	Randnummer(n)
Rspr.	Rechtsprechung
S	Standard
s.	Siehe
S.	Seite/ bei §§: Satz
Slg.	Sammlung
sog.	so genannten
StGB	Strafgesetzbuch
str.	Streitig
u.	Und

u.a.	unter anderem
unstr.	Unstreitig
Urt.	Urteil
v.	Vom
VerkProspG	Wertpapier-Verkaufsprospektgesetz/Vermögensanlagen-Verkaufsprospektgesetz
VerkProspV	Verordnung über Wertpapier-Verkaufsprospekte
VermVerkProspV	Vermögensanlagen-Verkaufsprospekt-Verordnung
VersR	Zeitschrift: Versicherungsrecht
vgl.	Vergleiche
VO	Verordnung
Vorb.	Vorbemerkung
WFA	wohnungswirtschaftlicher Fachausschuss
WM	Zeitschrift für Wirtschafts- und Bankrecht
WPg	Zeitschrift: Die Wirtschaftsprüfung
WpHG	Gesetz über den Wertpapierhandel
WpPG	Wertpapierprospektgesetz
WpÜG	Wertpapiererwerbs- und Übernahmegesetz
WRP	Zeitschrift: Wettbewerb in Recht und Praxis
WuB	Entscheidungssammlung zum Wirtschafts- und Bankrecht
WuR	Wirtschaft und Recht
z.B.	zum Beispiel
z.T.	zum Teil
ZBB	Zeitschrift für Bankrecht und Bankwirtschaft
ZGR	Zeitschrift für Unternehmens- und Gesellschaftsrecht
ZHR	Zeitschrift für das gesamte Handels- und Wirtschaftsrecht (zitiert: Band (Jahr), Anfangsseite, Fundstellenseite)
Ziff.	Ziffer
ZIP	Zeitschrift für Wirtschaftsrecht
zit.	Zitiert
ZPO	Zivilprozessordnung
zust	Zustimmend

Für Zeitschriften gilt, soweit nicht anders angegeben, die Zitierung „Jahr, Anfangsseite, Fundstellenseite“

Rechtsprechung und Literatur konnten bis Juli 2006 berücksichtigt werden; auf dem Stand dieses Datums befinden sich auch die Verweise auf Internetadressen.

Erstes Kapitel Einführung

I. Einleitung

1. Problemdarstellung

Aufgrund der zunehmenden Bedeutung der nationalen und internationalen Kapitalmärkte als Kapitalsammelstellen hat sich der Gesetzgeber in den letzten Jahren des Themas Transparenz und Integrität der Märkte verstärkt angenommen. Vorgelebt durch die USA[1] hat sich im europäischen und deutschen Kapitalmarktrecht[2] die Erkenntnis breit gemacht, dass Kapitalmarktinformation eine zentrale Bedingung für die Funktionsfähigkeit des Kapitalmarkts ist.[3] Dahinter verbirgt sich die Erfahrung, dass bei einer spürbaren Erschütterung des Marktvertrauens die Gefahr besteht, dass sich enttäuschte Anleger von den betroffenen Märkten abkehren und diesen hierdurch die für ihre Funktionsfähigkeit erwünschte Liquidität entziehen.[4] Für dieses notwendige Vertrauen der Anleger sind Integrität und Fairness für die Kapitalmärkte unverzichtbar.

Deutschland hat vor diesem Hintergrund einen regelrechten „Reformmarathon" durchlaufen, wobei der Umbau der rechtlichen Rahmenbedingungen des Finanzplatzes Deutschland hauptsächlich aufgrund europarechtlicher Vorgaben und als Teil einer weltweiten Liberalisierungsbewegung erfolgte. Die dramatischen Kurseinbrüche an den Wertpapierbörsen in den letzten Jahren sowie erhebliche Anlegerverluste auf dem grauen Kapitalmarkt, die zunehmend in den Fokus der Öffentlichkeit gerieten, veranlassten den Gesetzgeber verstärkt zu vertrauensbildenden Maßnahmen in Gestalt von Informationspflichten, um das notwendige Anlegervertrauen wieder zurückzugewinnen. Die Bundesregierung hatte bereits im August 2002 ein „10-Punkte-Programm für Unternehmensintegrität und Anlegerschutz" vorgestellt,[5] das im Februar 2003 durch einen Maßnahmenkatalog konkretisiert wurde[6] und den Ausbau der Haftung für fehlerhafte Kapitalmarktinformationen vorsieht. Dieses Projekt ist Teil des vom Bundesmi-

---

1 In den dreißiger Jahren wurde die Emittentenpublizität mit Einführung des Securities Act und des Securities Exchange Act zum Grundbaustein der US-amerikanischen Kapitalmarktrechtsordnung gemacht, *Hopt*, ZHR 140 (1976), S. 204 f.; *Assmann*, Prospekthaftung, 1985, S. 98 ff.; *Merkt*, Unternehmenspublizität, S. 114 ff.; *Zimmer*, Internationales Gesellschaftsrecht, S. 36 und 75 ff.

2 Ausführlich zur Rolle der Emittentenpublizität im System des europäischen Kapitalmarktrechts *Brellochs*, Publizität und Haftung, 2005.

3 *Merkt*, Unternehmenspublizität, S. 114 ff.; *Brellochs*, Publizität und Haftung, 2005, S. 1.

4 *Kümpel*, Bank- und Kapitalmarktrecht, 2004, Rn. 8.390.

5 Pressemitteilung des *BMJ* Nr. 48/2002 v. 28.8.2002.

6 Pressemitteilung des *BMJ* Nr. 10/03 v. 25.2.2003.

nisterium der Finanzen im März 2003 vorgestellten „Finanzmarktförderungsplanes 2006",[7] der durch zahlreiche gesetzgeberische Einzelmaßnahmen anstelle eines weiteren Finanzmarktförderungsgesetzes den Finanzmarkt reformieren soll.[8]

Eine dieser Einzelmaßnahmen ist das Gesetz zur Verbesserung des Anlegerschutzes (Anlegerschutzverbesserungsgesetz – AnSVG)[9]. Das AnSVG besteht aus zwei grundsätzlichen Themenkomplexen: Art. 1 stellt die Umsetzung der EU-Marktmissbrauchsrichtlinie[10] dar; das Wertpapierhandelsgesetz (WpHG) wurde dabei an vielen Stellen formal und inhaltlich geändert, insbesondere in den Bereichen Insiderrecht, Ad-hoc-Publizität, Directors´ Dealings oder Wertpapieranalyse. Art. 2 verwirklicht auf rein nationaler Ebene Bestandteile des 10-Punkte-Programms und des Finanzmarktförderungsplans 2006 und ist in dieser Untersuchung von besonderem Interesse. Während in der Vergangenheit Prospektierungspflichten auf Wertpapiere, Investmentanteilsscheine oder Immobilien-Investmentfonds begrenzt waren, wurden wie folgt durch Art. 2 AnSVG bzw. die aus ihm resultierenden Änderungen des Verkaufsprospektgesetzes (VerkProspG)[11], die am 1. Juli 2005 in Kraft getreten sind, Prospektierungspflichten nun nahezu allumfassend für Produkte des Kapitalmarkts i.w.S. eingeführt.[12] So besteht neuerdings auch für geschlossene Fonds, die bisher den Hauptbestandteil der Vermögensanlagen am sog. grauen Kapitalmarkt bildeten, die gesetzliche Verpflichtung zur Veröffentlichung von Prospekten im Kapitalmarkt. Eine weitere erwähnenswerte Änderung in diesem Zusammenhang ist, dass die Umsetzung der EU-Prospektrichtlinie[13] daneben zum Wertpapierprospektgesetz (WpPG)[14] geführt hat, welches die bisherigen Bestimmungen für Wertpapierprospekte und Zulassungsdokumentationen zum amtlichen und geregelten Markt gemäß Börsengesetz (BörsG) und VerkProspG nebst Verordnungen zusammengeführt und vereinheitlicht hat und detailliert regelt. Mit der EU-Prospektverordnung liegt nun ein einheitlicher inhaltlicher Standard für Wertpa-

---

7 Pressemitteilung des *BMF* Nr. 35/2003 v. 6.3.2003.

8 Diese Entwicklungen werden zusammengefasst bei *Brellochs*, Publizität und Haftung, 2005, S. 1 ff. m.w.N.

9 BGBl. I 2004, S. 2630.

10 Richtlinie 2003/6/EG über Insider-Geschäfte und Marktmanipulation v. 28.1.2003.

11 BGBl. I 1998, S. 2701, geändert durch Art. 2 Prospektrichtlinie-Umsetzungsgesetz v. 22.6.2005, BGBl. I 2005, S. 1698, zuletzt geändert durch Art. 7 des Gesetzes v. 19.8.2005, BGBl. I 2005, S. 2437.

12 Es gibt allerdings weiterhin Finanzprodukte, die nicht gesetzlich reguliert sind, wie zum Beispiel Direktanlagen in Immobilien.

13 Richtlinie 2003/71/EG des *Europäischen Parlaments* und des *Rates* v. 3.11.2003 betreffend den Prospekt, der beim öffentlichen Angebot von Wertpapieren oder bei deren Zulassung zum Handel zu veröffentlichen ist (Prospekt-Richtlinie), ABl. EG Nr. L 345 v. 31.12.2003, S. 64 ff.

14 BGBl. I 2005, S. 1689.

pierprospekte vor. Das WpPG und die EU-Verordnung sind ebenfalls seit dem 1. Juli 2005 in Kraft.

Diese Untersuchung soll sich ausschließlich den neuen verkaufsprospektgesetzlichen Regelungen für geschlossene Fonds widmen, die ihren Ursprung nicht unmittelbar in europarechtlichen Vorgaben finden, sondern aus einer Eigeninitiative des deutschen Gesetzgebers entstanden sind. Trotzdem handelt es sich bei dieser Gesetzesinitiative nicht um eine vollständige Emanzipation, denn im Ergebnis wird auch diese Reform der Vereinheitlichung der europäischen Kapitalmarktrechtssysteme dienen, da die bisherige deutsche Marktstruktur im Sinne einer Zweiteilung in einen organisierten Markt für Wertpapieranlagen und einen nicht organisierten Kapitalmarkt für nicht wertpapiermäßig verbriefte Vermögensanlagen international „höchst ungewöhnlich" ist.[15] Dadurch, dass es sich der deutsche Gesetzgeber zur Aufgabe gemacht hat, den grauen Kapitalmarkt einer stärkeren Rechtskontrolle zu unterwerfen, wird diese Zweiteilung ein Stück weit aufgehoben. Die Vereinheitlichung wird neben den noch im Detail zu untersuchenden Effekten so auch der Stärkung des Vertrauens ausländischer Investoren dienen, die sich am deutschen Kapitalmarkt heimisch fühlen und deshalb den nationalen bekannten Standards vergleichbare Marktstrukturen vorfinden sollen.[16]

Mit der Einführung von Prospektierungspflichten für die maßgeblichen Produkte des grauen Kapitalmarktes bestätigt der deutsche Gesetzgeber die bedeutsame Rolle dieses Marktsektors. Geschlossene Fonds gelten mittlerweile als ein wesentlicher Zweig der Finanzwirtschaft, der einen vom Investitionsvolumen durchaus erheblichen Sektor darstellt und auch für die deutsche Wirtschaft als Finanzierungsform von Unternehmen und Unternehmungen eine wichtige Rolle spielt.[17] Die Vermögensanlagen erfreuen sich aus diversen Gründen wachsender Beliebtheit: Sie sind in der Regel wie Investmentfonds durch einen einfachen Zeichnungsschein zu erwerben, meist serviceorientiert gemanagt, so dass sich der Anleger mit der Verwaltung der Vermögensanlage wenig befassen muss, und sie bieten Zugang zu Investitionen, an die ein Privatanleger selbst mit einem fünf- bis sechsstelligen Betrag sonst nicht kommt; in der Vergangenheit waren vor allem die steuerlichen Vorteile für Anleger interessant. Zudem sind die wirtschaftlichen Verhältnisse des Fonds wegen der direkten Mitunternehmereigenschaft und einer in der Regel überschaubaren Gesellschafterzahl besser erkennbar als bei einer Unternehmensbeteiligung über den Aktienmarkt.[18] Die verlustreichen Erfahrungen, die viele Investoren mit einem Aktienengagement speziell

15 *Fleischer*, BKR 2004, S. 339.

16 Vgl. *Kümpel*, Bank- und Kapitalmarktrecht, 2004, Rn. 8.418.

17 In der Diskussion steht u.a. sogar, ob geschlossene Immobilienfonds geeignete Partner einer sog. Öffentlich privaten Partnerschaft sein können; kritisch *Wagner*, BKR 2006, S. 271 ff.

18 *Pelikan*, Beteiligungskompass 2004, S. 11.

am neuen Markt gemacht haben, die Anlockung mit hohen Renditen und die vorhandene Unsicherheit um die Stabilität des Euro motivieren Kleinanleger bei ihrer Investitionsentscheidung.[19] Außerdem empfinden Kleinanleger zunehmend die Notwendigkeit der privaten Eigenvorsorge in Form von privater Altersvorsorgung und Vermögensbildung.[20]

Lange Zeit wurde die Schutzwürdigkeit der Anleger in diesem Marktsektor in Frage gestellt, weil hier angebotene Vermögensanlagen als äußerst risikoreich gelten, und es bestand die Auffassung, dass den Anlegern die Gefahren der oftmals spekulativen Kapitalanlagen bekannt seien müssten.[21] In der Vergangenheit zählten darüber hinaus vor allem Freiberufler wie Zahnärzte, Rechtsanwälte und Apotheker zu den Investoren, und diese Anlegergruppe wurde teilweise aufgrund ihrer in der Regel solventen Ausgangssituation als nicht schutzwürdig empfunden. Mittlerweile hat sich dieses Erscheinungsbild allerdings grundlegend verändert. Investoren stammen aus nahezu allen Bevölkerungsschichten, zunehmend rekrutieren sich diese auch aus Personengruppen mit eher durchschnittlichem Einkommen.[22] Angestellte und Selbständige bildeten 2005 die größten Zeichnergruppen.[23] Eine Erklärung für den immer größer werdenden Anteil der Angestellten ist im Engagement der Initiatoren zu suchen, mit geringeren Zeichnungssummen breitere beziehungsweise neue Zielgruppen anzusprechen. Ein Problemkreis dieser Entwicklung ist die vielfach auftretende wirtschaftliche Unerfahrenheit der Kleinanleger, die sich unseriöse Anlageinitiatoren und Vermittler zu Nutze machen. Mittels aggressiver Werbe- und Verkaufsmethoden werden private Anleger in ihrer Investitionsentscheidung beeinflusst. So werden sie beispielsweise mit aufwendig gestalteten Hochglanzprospekten gelockt, Vermittler bestechen durch ein vermeintlich seriöses Auftreten, und es werden hohe Renditen in Aussicht gestellt.

Wendet man sich vor diesem Hintergrund wieder dem Thema Anlegerschutz zu, dann stellt sich die Frage, ob das Vermögen derjenigen Anleger schützenswert ist, die sich auf riskante Anlageformen einlassen und sich eine höhere Rendite als Gegenstück zum höheren Risiko erhoffen.[24] Sollen diese Anleger aus jeder Eigenverantwortung zugunsten eines allumfassenden Anlegerschutzes entlassen werden? Zunächst kann dem entgegengehalten werden, dass Regulierung

---

19 Vgl. ausführlich zur Motivationslage der Investoren *Hagemann*, Grauer Kapitalmarkt, 2005, S. 188 f.

20 *Hagemann*, Grauer Kapitalmarkt, 2005, S. 192; *Zimmer*, DB 1998, S. 969.

21 Vgl. ausführlich zur Schutzwürdigkeit der Anleger am grauen Kapitalmarkt *Hagemann*, Grauer Kapitalmarkt, 2005, S. 183 ff.

22 *Hagemann*, Grauer Kapitalmarkt, 2005, S. 41.

23 Zusammen stellten sie über 50 Prozent der Anleger dar. Freiberufler wie Ärzte und Apotheker, Rentner, Beamte und sonstige Berufsgruppen bilden zu etwa gleichen Anteilen die verbleibenden 50 Prozent der Fondszeichner, vgl. *Scope*-Jahresstudie 2005/2006, in: *Schoeller/Witt*, Jahrbuch Geschlossene Fonds 2005/2006, S. 36.

24 Vgl. hierzu die Ausführungen von *Brellochs*, Publizität und Haftung, 2005, S. 16 ff.

nicht zugleich bedeuten muss, den Anleger aus jeder Verantwortung zu nehmen. Hinzu tritt die bereits angesprochene Erkenntnis, dass die Rechtsordnung im Bereich des Kapitalmarktrechts neben dem Vermögensschutz des einzelnen Anlegers auch den Funktionsschutz der Kapitalmärkte gewährleisten muss, der sich unter anderem an der allokativen Effizienz der Märkte bemisst.[25] Aus volkswirtschaftlicher Sicht dient der Kapitalmarkt schließlich insbesondere dazu, die Ersparnisse der privaten Haushalte und das anlagesuchende Geldvermögen der Wirtschaftsunternehmen in das Kapital umzuwandeln, das die Emittenten für ihre Investitionen benötigen.[26] Gerade wenn aber bei der Vermittlung dubioser Vermögensanlagen erfolgreich „gelogen“ oder mit unrichtigen Prospektangaben geworben wird, ist neben Vermögensschäden einzelner Anleger eine Fehlallokation von Kapital die grundsätzliche Folge; „Kapital, das in nicht fertig gestellte Hotelruinen, in Schiffe, die keiner benötigt oder in Sportwagen von Vermittlern und Initiatoren geflossen ist, hat den Ort seiner effizientesten Verwendung nicht erreicht.“[27]

Die Rating-Agentur *Scope* ermittelte in diesem Zusammenhang, dass auf dem Markt der geschlossenen Fonds im Jahre 2005 ca. 10,52 Mrd. Euro Eigenkapital aquiriert wurde;[28] der Branchenspezialist *Loipfinger* kam sogar auf einen Betrag von 12,3 Mrd. Euro.[29] Allein in den letzten zehn Jahren haben rund 200 Initiatoren mehr als 100 Mrd. Euro Eigenkapital für Fondsemissionen eingesammelt, und Statistiken zufolge haben fast eine halbe Million Anleger in eine oder mehrere Beteiligungen investiert.[30] Im Ergebnis fließt damit ein ganz bedeutender Teil des anlagesuchenden Geldes in diesen bis vor kurzem noch nicht reglementierten Bereich des deutschen Kapitalmarktes. Von diesen Beträgen gingen in den vergangenen Jahren jedoch allein durch unseriöse Machenschaften rund 20 bis 30 Mrd. Euro jährlich verloren.[31] Die Reglementierung des Marktsektors wurde deshalb von vielen Branchenspezialisten begrüßt.

Die Änderungen des VerkProspG und der Erlass der Vermögensanlagen-Verkaufsprospektverordnung (VermVerkProspV) bedeuten für die Branche der geschlossenen Fonds erhebliche Neuerungen. Eine den Anleger schützende Prospektpflicht existierte bisher für Anlageprodukte des grauen Kapitalmarkts nicht. In der Vergangenheit wurden Beteiligungen an Publikumsgesellschaften

---

25 Die allokative Funktion des Kapitalmarkts dient dazu, dass die knappen Ressourcen der anlagesuchenden Gelder weitest möglich dorthin fließen, wo der jeweils dringendste Bedarf an Investitionsmitteln die höchste Rendite bei ausreichender Sicherheit der Anlage verspricht, *Kümpel*, Kapitalmarktrecht, 2004, Rn. 30 ff.

26 *Kümpel*, Kapitalmarktrecht, 2004, Rn. 30 ff.

27 *Zimmer*, DB 1998, S. 969, 970.

28 Vgl. *Schoeller*, in: Schoeller/Witt, Jahrbuch Geschlossene Fonds 2005/2006, S. 106.

29 Vgl. *Loipfinger*, Marktanalyse der Beteiligungsmodelle 2006, S. 1 ff.

30 *Schoeller*, in: Schoeller/Witt, Jahrbuch Geschlossene Fonds 2005/2006, S. 106.

31 *Verbraucher-Zentrale*, Rechtsfragen des Grauen Kapitalmarkts, 2003, S. 11; *Zimmer*, DB 1998, S. 969.

lediglich über eine richterrechtlich fortentwickelte allgemein zivilrechtliche Prospekthaftung geschützt, die die Rechtsprechung auf das Rechtsinstitut des Verschuldens bei Vertragsverhandlungen, angereichert mit Vertrauenselementen stützte, und die in den 70er Jahren als Kompensation zur gesetzgeberischen Untätigkeit entstand.[32] Unzufriedenheit herrschte in der Literatur jedoch bereits darüber, dass der *BGH* hierfür eine anerkannte dogmatische Grundlage vermissen ließ.[33] Darüber hinaus wurde die mangelnde Stringenz bei der Fortentwicklung des Rechtsinstituts kritisiert, und die von der Rechtsprechung entwickelten Fallgruppen ließen eine dahinter stehende Systematik oftmals nicht erkennen. Infolgedessen litt die von der Rechtsprechung entwickelte Problemlösung in der Regel an der notwendigen Vorhersehbarkeit der Verantwortlichkeit der Haftung.[34] Mangels Spezialvorschriften waren der Rechtsprechung bei der Anwendung der bürgerlich-rechtlichen Prospekthaftung Grenzen gesetzt und das allgemeine Schadensersatzrecht konnte nicht hinreichend einen befriedigenden Interessensausgleich der Marktgegenseiten schaffen. Auf Ebene der Schadensabwicklung tauchte zu Lasten der Anleger immer wieder das Problem auf, dass die rechtlichen Mechanismen der Schadensersatzhaftung zu spät griffen, weil Initiatoren und Vermittler von geschlossenen Fonds bei einem Zusammenbruch der Fondsgesellschaft entweder nicht mehr zu fassen oder bei ihnen andernfalls oftmals nicht mehr genügend Mittel vorhanden waren, um die gesamten Anlegerschäden zu begleichen.[35]

Aus dieser Erkenntnis heraus ist der Gesetzgeber aktiv geworden und hat Prospektpflichten zur besseren Information der Anleger im Vorfeld ihrer Anlageentscheidung und eine nachträgliche Prospekthaftung für geschlossene Fonds in das System der spezialgesetzlichen Prospektregelungen integriert. Seit dem 1. Juli 2005 besteht für im Inland öffentlich angebotene, nicht in Wertpapieren verbriefte Anlageformen damit erstmals eine Prospektierungspflicht für Anbieter (§ 8f Abs. 1 VerkProspG). Der Vertrieb geschlossener Fonds ist zukünftig nur nach Veröffentlichung eines Prospekts und nach zuvor erteilter Gestattung desselben durch die Bundesanstalt für Finanzdienstleistungsaufsicht (*BaFin*) erlaubt (§§ 8i ff. VerkProspG). Diese Prozedur hat neben den bereits genannten Vorteilen den positiven Nebeneffekt, dass sich durch die Einreichungspflicht von Prospekten vor einem öffentlichen Angebot der Vermögensanlage nun relativ genau feststellen lässt, wie viele Anbieter geschlossener Fonds auf dem Kapitalmarkt existieren. Bislang war es erforderlich, für die Gesamtzahl der Initia-

32 *Assmann*, in: Assmann/Schütze, 1997, § 7 Rn. 20 ff.

33 Die Lösung der Rechtsprechung, eine Haftung generell durch eine „Weiterführung des Grundgedankens einer Vertrauenshaftung“ zu begründen, konnte den Anforderungen an eine tragfähige dogmatische Grundlage nicht genügen, vgl. *Ochs*, Prospekthaftungstheorie, 2005, S. 2.

34 *Ochs*, Prospekthaftungstheorie, 2005, S. 2.

35 *Zimmer*, DB 1998, S. 969, 970.

toren eine Dunkelziffer anzunehmen. So enthielt die Marktanalyse von *Loipfinger* für das Jahr 2004 noch insgesamt 362 Initiatoren, die in den vergangenen zehn Jahren immer oder zumindest vereinzelt aktiv waren; Umsätze in 2004 verbuchten von ihnen nur 175 Anbieter. In der aktuellen Marktanalyse *Loipfingers* stieg die Zahl der Initiatoren plötzlich um gut 50 Prozent auf 548. Die aktiven Gesellschaften verdoppelten sich annähernd auf 344. Diese Zahlen setzen sich zusammen aus 96 neuen Initiatoren, erfasst wurden aber auch 73 Initiatoren, die in den vergangenen Jahren unbemerkt geblieben sind und erst seit der Pflicht zur *BaFin*-Gestattung sichtbar wurden.[36] Der Markt ist demzufolge bereits transparenter geworden.

An die Prospektpflicht anschließend wurde von dem bisher bestehenden zweigleisigen Prospekthaftungssystem ein Stück weit abgerückt, indem für geschlossene Fonds auch eine spezialgesetzliche Prospekthaftung normiert wurde, die sich an den Voraussetzungen der börsenrechtlichen Prospekthaftung orientiert. Darüber hinaus hat der Gesetzgeber eine Haftung nicht nur bei fehlerhaftem, sondern auch bei fehlendem Verkaufprospekt eingeführt (§ 13a VerkProspG).

2. Ziel und Gang der Untersuchung

Diese Untersuchung setzt sich mit den neu eingeführten Publizitätspflichten für geschlossene Fonds und der daran anschließenden Prospekthaftung nach den Regeln des VerkProspG in seiner neuen Fassung auseinander. Der Schwerpunkt liegt auf einem Vergleich der alten (vor dem 1. Juli 2005) mit der neuen Rechtslage (ab dem 1. Juli 2005) unter dem Aspekt des Anlegerschutzes, denn im Ergebnis soll durch die Einbeziehung geschlossener Fonds in die Regelungen des VerkProspG der Anlegerschutz gestärkt werden; diese gesetzgeberische Bestrebung wird im Folgenden mit zu untersuchen sein. Teil dessen ist auch, das zugrunde liegende Verständnis des Gesetzgebers vom Anlegerschutz im Detail auszuleuchten.

Der Gang der Arbeit stellt sich wie folgt dar: Im ersten einleitenden Teil erfolgt ein Überblick über das Wesen von geschlossenen Fonds samt gesellschaftsrechtlicher Grundlagen; diese werden vor allem innerhalb der Untersuchung der Prospekthaftung aufgrund einer möglichen Kollision mit gesellschaftsrechtlichen Grundsätzen relevant. Außerdem wird die grundsätzliche Rolle von Prospektpublizität und Prospekthaftung als Teil kapitalmarktrechtlichen Anlegerschutzes betrachtet. Die zentrale Untersuchung beginnt dann mit der Darstellung der Rechtslage vor dem 1. Juli 2005. Prospektpflicht und Prospekthaftung waren bis dato für geschlossene Fonds nicht spezialgesetzlich geregelt, so dass zunächst eine Auseinandersetzung mit der Frage nach Prospektierungs-

36 *Loipfinger*, Marktanalyse der Beteiligungsmodelle 2006, S. 1 ff.

pflichten und danach eine ausführliche Darstellung der richterrechtlich fortentwickelten bürgerlich-rechtlichen Prospekthaftung erfolgt. Die gesonderte Darstellung der alten Rechtslage dient der besseren Übersicht, wobei im Fokus der gesamten Untersuchung der Vergleich mit der neuen Rechtslage steht; dementsprechend werden auch innerhalb dieses ersten Hauptteils die Schwerpunkte gesetzt. Auf eine Darstellung der „alten" Rechtslage kann bzw. soll aber schon deshalb nicht verzichtet werden, weil ungeklärt ist und somit im Laufe der Untersuchung nur vermutet werden kann, ob bzw. inwieweit die bürgerlich-rechtliche Prospekthaftung neben der spezialgesetzlichen noch Bestand haben wird, und weil das Haftungsinstitut für Altfälle nach wie vor relevant ist. Darüber hinaus ergeben sich nach neuer Rechtslage zwar zwangsläufig Änderungen gegenüber der bisherigen bürgerlich-rechtlichen Haftung, in zahlreichen Einzelfragen wird man allerdings die einschlägige Spruchpraxis des *BGH* unverändert heranziehen können.

Im Anschluss werden die aktuelle Rechtslage und damit die neuen Regelungen des VerkProspG bzw. ergänzend die VermVerkProspV vorgestellt. Eine Prospektpflicht (geregelt in Abschnitt IIIa des VerkProspG) ist im Bereich der geschlossenen Fonds in dieser Form neu, so dass die gesetzlichen Regelungen unter der zuvor genannten Zielsetzung genau beleuchtet werden, ein Vergleich mit der alten Rechtslage jedoch nur beschränkt stattfinden kann. Die eingeführte spezialgesetzliche Prospekthaftung wird darüber hinaus im Lichte der bürgerlich-rechtlichen Haftung im engeren Sinne dargestellt, Unterschiede und Gemeinsamkeiten werden herausgearbeitet und beurteilt. Die Untersuchung beginnt mit der Haftung für fehlerhafte Prospekte gemäß § 13 VerkProspG. Diskussionsgrundlage bilden hier insbesondere die Definition des Prospektbegriffs, der Haftungsadressatenkreis, die haftungsausfüllende Kausalität, der Haftungsinhalt und die weitere Anwendbarkeit der bürgerlich-rechtlichen Haftung neben den neuen spezialgesetzlichen Regelungen. Eine genauer zu beleuchtende Besonderheit stellt darüber hinaus der neu eingeführte § 13a VerkProspG dar, der die Haftung für fehlende Prospekte normiert. Während die Voraussetzungen denen des § 13 VerkProspG nachgebildet sind, ist hier die Frage relevant, wie sich eine zivilrechtliche Haftung der Prospektverantwortlichen überhaupt rechtfertigen lässt. An dieser Stelle wird die Diskussion um die Bedeutung von Informationspflichten und die Entwicklung des Anlegerschutzgedankens wieder aufgegriffen. Daneben gilt den Merkmalen des Verschuldens und der Kausalität besonderes Augenmerk. Auf der Basis der gewonnenen Teilergebnisse erfolgt schließlich eine Gesamtbewertung der gesetzlichen Regelungen.

II. Überblick über geschlossene Fonds

Es soll mit einigen für diese Untersuchung wesentlichen Grundlagen begonnen werden. Dazu gehören zunächst die Betrachtung der dieser Untersuchung zugrunde liegenden Vermögensanlage und eine Einführung in die gesellschaftsrechtlichen Grundlagen eines geschlossenen Fonds. Dieser Abschnitt gibt aufgrund der vielfältigen Ausgestaltungen und Erscheinungsformen der Vermögensanlage allerdings nur die wesentlichen Grundstrukturen und Informationen wieder, um eine generelle Einordnung vornehmen zu können.[37]

1. Geschlossene Fonds

Geschlossene Fonds werden zur Finanzierung von definierten, in der Regel größeren Investitionsprojekten (beispielsweise eine oder mehrere Immobilien) aufgelegt. Es kann in der Regel nur während eines bestimmten Zeitraums (Platzierungs- beziehungsweise Emissionszeitraum) investiert werden, und sobald das benötigte Kapital durch Gesellschaftsbeitritte zur Verfügung steht, wird der Fonds geschlossen, so dass keine zukünftigen Zeichnungen mehr stattfinden können.[38] Der Fonds wird dann zu einem zu Beginn festgelegten Zeitpunkt wieder aufgelöst, und die Anteile werden an die Inhaber ausgezahlt. Ein geschlossener Fonds ist in der Regel ein Beteiligungsgeschäft, das heißt der Käufer wird Anteilseigner und Miteigentümer einer Gesellschaft. Dies kann erhebliche steuerliche Auswirkungen haben und birgt die entsprechenden Vorteile aber auch Risiken einer echten Beteiligung in sich. Für die Beteiligung an geschlossenen Fonds sind in der Regel Mindestzeichnungssummen erforderlich. Die Mindestinvestitionssummen (Bareinlagen) reichen regelmäßig von 5.000 Euro bis 100.000 Euro, können aber auch deutlich höher liegen (zum Beispiel im Falle von sog. Private Placements[39]).[40] In der letzten Zeit ist teilweise der Trend erkennbar, Mindestzeichnungssummen deutlich herabzusetzen, um die Produkte für breitere bzw. neue Zielgruppen attraktiver zu machen.

Geschlossene Fonds eignen sich grundsätzlich nur zur Langfristanlage; in der Regel beträgt ihre Laufzeit 10 bis 25 Jahre. Typisches Wesensmerkmal ist die mangelnde Fungibilität der Anteile; eine jederzeitige Veräußerbarkeit von An-

---

37 Ausgiebig auf rechtliche, steuerliche und wirtschaftliche Fragen bei geschlossenen Fonds einzugehen, würde den Rahmen dieser Arbeit sprengen.

38 *Barth/Barth*, Steueroptimierungsstrategien, 2005, S. 161.

39 Es wird unterschieden zwischen öffentlichen und privaten Platzierungen (Private Placements). Der Begriff des Private Placement bezieht sich auf den Primärmarkt. Die Unterscheidung zwischen öffentlicher und privater Platzierung ist vor allem für die Prospektpflichtigkeit und die daran anknüpfende Prospekthaftung von Belang, vgl. dazu ausführlich den Dritten Teil.

40 *Barth/Barth*, Steueroptimierungsstrategien, 2005, S. 162.

teilen an geschlossenen Fonds ist im Unterschied zu offenen Fonds nicht gewährleistet.[41] Durch die Verschiedenartigkeit der Produkte sowie gesellschaftsrechtlichen Restriktionen bei der Handelbarkeit ist die Übertragung von Fondsanteilen zu zeitaufwändig und ineffizient. Regelmäßig ist laut Gesellschaftsvertrag ein Verkauf der Anteile nur nach Zustimmung der Geschäftsführung des Fonds möglich, und für die Fondsgesellschaft besteht keine Verpflichtung, ausgegebene Anteile wieder zurückzunehmen.[42] Dementsprechend ist nach wie vor ein Verkauf von Anteilen vor der Auflösung des Fonds häufig nur realisierbar, wenn man selbst einen Käufer findet. Der Preis orientiert sich an Angebot und Nachfrage.

Mittlerweile sind aber auch Wiederverkaufsforen im Internet[43] oder direkt über manche Fonds-Anbieter zu finden. Bislang wurden dort allerdings überwiegend wirtschaftlich nicht tragfähige Anteile angeboten. Mit der Geschlossene Fonds Exchange (Gefox) in Düsseldorf und vor allem mit der Deutschen Fondsbörse Hamburg haben sich mittlerweile erste neutrale, überwachte und frei zugängliche Marktplätze für den Handel mit Anteilen an geschlossenen Fonds gebildet. Ihr Ziel ist es, ein kontrolliertes Sekundärmarktsystem mit Transparenz und fairer Preisgestaltung auch für den Handel mit Beteiligungen an Publikumsgesellschaften zu etablieren.[44]

Im Ergebnis ist die Etablierung eines Zweitmarkthandels jedoch ein äußerst schwieriges Unternehmen, denn ausreichende Transparenz und Qualität der sekundärmarktlichen Preisbildung sind in diesem Marktsektor kaum zu erreichen. Geschlossene Fonds sind zwar während der Emission in hohem Maße transpa-

---

41 *Barth/Barth*, Steueroptimierungsstrategien, 2005, S. 161.

42 Vgl. *Heisterhagen*, DStR 2004, S. 507, 509.

43 Z.B. www.zweitmarkt.de und www.privattrade24.de.

44 Voraussetzung für das Listing an der Gefox ist eine Analyse des Fonds durch die Ratingagentur Scope, die vierteljährlich aktualisiert wird. Außerdem müssen die Fondsanteile jederzeit ohne Zustimmung Dritter übertragbar sein - ein Kriterium, das insbesondere viele Altfonds nicht erfüllen. Das Gefox-Modell steht stark in der Kritik, weil schon das Listing erhebliche Kosten für den Initiator bedeutet, dazu kommen noch die Kosten für die vierteljährliche Aktualisierung der Fondsanalyse durch Scope. Bei der Fondsbörse Hamburg nimmt die Maklergesellschaft Deutsche Fondsbörse Hamburg Beteiligungsmakler AG die Verkaufsaufträge der Anleger entgegen und sucht nach passenden Käufern oder umgekehrt. Das Listing eines Verkaufsangebots ist – im Gegensatz zum Gefox-Modell – zunächst kostenlos. Erst nach erfolgreichem Abschluss des Fondsverkaufs zahlen Käufer und Verkäufer je 2,5 Prozent des Handelspreises an Maklercourtage, mindestens jedoch 250 Euro pro Partei. Die Preisfindung erfolgt transparent über Angebot und Nachfrage. Der Verkäufer kann jedoch im Maklervertrag einen Mindestpreis festlegen, den der Verkauf seines Anteils erzielen soll. Es wird auch hier nicht jeder geschlossene Fonds zum Handel zugelassen. Zuvor müssen Initiatoren, Fonds- oder Maklergesellschaften Anträge auf Fondsnotierung stellen, die von einem unabhängigen Beirat geprüft werden. Damit sollen unseriöse Angebote ausgeschlossen werden, vgl. www.boersenag.de/index.php?id= pm25#top.

rent. Der hohe Transparenzgrad reicht aber schließlich nur bis zur Platzierung, danach reduziert sich der Informationsfluss auf ein Minimum.[45] Darüber hinaus ist der Markt der geschlossenen Fonds ein vielfältiger. Auf Grund der niedrigen Einstiegshürden und der andersartigen Struktur hat die Anlageform die Möglichkeit, in besonders innovative, aber auch illiquide Märkte zu investieren, z.B. Schiffe, Container, regenerative Energien, gebrauchte Lebensversicherungen etc. Auf der einen Seite erschließen sich dadurch für den Anleger Märkte, die herkömmliche Wertpapierfonds kaum bedienen können.[46] Auf der anderen Seite trägt gerade diese Zersplitterung aber dazu bei, dass eine Vergleichbarkeit der Produkte wie bei Wertpapieren kaum möglich ist. Trotzdem ist der Zweitmarkt, vor allem an den eingerichteten neutralen Börsenmarktplätzen, als Ausstiegsmöglichkeit nicht mehr wegzudenken und seine Nutzung ist dementsprechend ein anerkanntes Anlegerinteresse geworden.[47] Dies nicht zuletzt deshalb, weil seit dem jüngst erfolgten Wegfall der wesentlichen Steuervorteile eine hohe Rendite im Vordergrund des Anlegerinteresses steht.

Allen geschlossenen Fonds eigen ist ihre grundsätzliche steuerliche Transparenz, die das Produkt für Anleger attraktiv macht. Bei entsprechender Konzeption werden die steuerlichen Gewinne und Verluste der Gesellschaft den einzelnen Gesellschaftern direkt zugerechnet.[48] Dadurch unterscheiden sich geschlossene Fonds von spezialisiert investierenden Kapitalgesellschaften wie Immobilien-AGs oder Leasing-AGs.[49] Vielfach werden geschlossene Fonds über Kredite finanziert. Mögliche steuerliche Vorteile werden so gegebenenfalls noch vergrößert. Die Struktur geschlossener Fonds basierte bislang ganz überwiegend auf dem Steuervorteil des Anlegers. Der Gesetzgeber hat allerdings in den letzten Jahren eine Flut neuer Gesetze, Erlasse und Verordnungen auf den Weg gebracht,[50] um Investitionen in Fondsprodukte, bei denen das Motiv des Steuersparens im Vordergrund steht, zu verhindern. Statistiken zufolge haben, wie gezeigt, allein in den letzten 10 Jahren fast eine halbe Million Anleger in eine oder mehrere Beteiligungen investiert; der Bundesrepublik Deutschland entgingen dadurch in diesem Zeitraum mehr als 40 Mrd. Euro Steuereinnahmen.[51] Aus diesem Grund ist der deutsche Gesetzgeber zu Lasten der reinen Steuersparmodelle aktiv geworden.[52] So wurden zunächst Sonderbestimmungen für so genannte Verlustzuweisungsgesellschaften (§ 2b EStG) und eine Mindestbesteuerung (§ 2

---

45 Vgl. *Schoeller*, in: Schoeller/Witt, Jahrbuch Geschlossene Fonds 2005/2006, S. 107.

46 *Schoeller*, in: Schoeller/Witt, Jahrbuch Geschlossene Fonds 2005/2006, S. 107.

47 *Elberskirch*, in: Schoeller/Witt, Jahrbuch Geschlossene Fonds 2005/2006, S. 136.

48 *Barth/Barth*, Steueroptimierungsstrategien, 2005, S. 162.

49 *Lüdicke/Arndt/Götz*, 2005, S. 1.

50 Sog. Steuerentlastungsgesetz 1999/2000/2002 v. 24.3.1999, abgedruckt in BGBl. 1999 I S. 402 ff.

51 *Schoeller*, in: Schoeller/Witt, Jahrbuch Geschlossene Fonds 2005/2006, S. 106.

52 Stand steuerlicher Gesetzgebung: Juli 2006.

Abs. 3 EStG) eingeführt.[53] Durch die Verschlechterung der steuerlichen Rahmenbedingungen vollziehen geschlossene Fonds bereits seit diesen Änderungen einen Wandel vom Steuersparmodell zur renditeorientierten Geldanlage.[54] Nach der neuesten Modifizierung des § 15b EStG werden jedoch im Grunde genommen sogar ausschließlich renditeorientierte Fondsmodelle als Anlageform bestehen können.[55] Die geschlossenen Fonds neuen Typs sprechen wiederum Anlegergruppen an, die gewohnt sind, ihr Investment jederzeit verkaufen zu können. Deshalb gewinnt der Zweitmarkthandel auch in diesem Marktsektor immer mehr an Bedeutung, so dass die Deutsche Fondsbörse Hamburg vor diesem Hintergrund im letzten Jahr schon ein erhebliches Umsatzplus erreicht hat.[56]

Viele geschlossene Fonds haben eine Nachschusspflicht. Das heißt, der Anleger muss, wenn bereits klar ist, dass der Fonds wirtschaftlich nicht tragfähig ist, niemals Gewinne erwirtschaften wird, und der Anleger seine Steuervorteile nachträglich verliert, zusätzliches Geld investieren. Je nach Art der Fondsgesellschaft, also abhängig vom Haftungsumfang des Anlegers (Kommanditist, Gesellschafter einer GbR etc.) kann dies für den Anleger eine unerwartete finanzielle Belastung darstellen.

Gängige Investitionsgüter für geschlossene Fonds sind neben Immobilien[57] beispielsweise Schiffe (Containerschiffe, Tanker und andere)[58], Anlagen zur

53 Ausführlich zu den steuerrechtlichen Rahmenbedingungen *Lüdicke/Arndt/Götz*, 2005, S. 65 ff.

54 *Barth/Barth*, Steueroptimierungsstrategien, 2005, S. 163.

55 Nach § 15b EStG dürfen Anleger von Fonds und modellhaften Konstruktionen bei Zeichnungen ab dem 11.11.2005 steuerliche Anfangsverluste nun nur noch innerhalb der Einkunftsquelle vortragen. Ein Ausgleich mit anderen Einkunftsarten ist nur noch dann möglich, wenn die Verlustzuweisung bei maximal 10 Prozent liegt, vgl. *Beck*, FAZ v. 9.11.2005. Allerdings gibt es derzeit noch eine Gesetzeslücke, so dass nicht alle Steuerstundungsmodelle verhindert wurden. Diese Lücke wird auch noch von diversen Initiatoren genutzt. Aus Darlehenszinsen und Damnum entstehen bei den Fonds über 250 % Verlustzuweisung. Möglich ist dies, weil die §§ 15a und 15b EStG nur ausnahmsweise bei Einkünften aus Kapitalvermögen greifen. Für die bei diesen Fonds entstehenden Einkünfte nach § 20 Abs. 1 Nr. 7 EStG ist das aber nicht der Fall. Allerdings ist davon auszugehen, dass der Gesetzgeber innerhalb des Jahres 2006 die Lücke noch schließen wird. Geplant ist eine Ergänzung des § 20 Abs. 1 Nr. 7 EStG um den Satz, dass § 15b EStG sinngemäß anzuwenden ist, vgl. Entwurf eines Jahressteuergesetzes 2007 unter www.bundesfinanzministerium.de.

56 Die Fondsbörse Deutschland verzeichnete 2005 ein Umsatzplus von 80 Prozent auf rund 42,4 Millionen Euro für gehandelte Beteiligungen aus zweiter Hand, vgl. *Zweitmarkt Aktuell* v. 3.2.2006, Ausgabe 1, S. 3, einsehbar unter www.zweitmarkt.de.

57 Geschlossene Immobilienfonds sind Personengesellschaften, deren Geschäftszweck auf den Erwerb von Grundstücken, deren Bebauung und anschließende Vermietung ausgerichtet ist. Der Anleger erwirbt keinen Anteil an einer Immobilie direkt, sondern einen Gesellschaftsanteil, über den er am wirtschaftlichen Ergebnis der Immobilieninvestition beteiligt ist.

Produktion regenerativer Energien (z.B. Windkraft) und Filme (Medienfonds)[59]. Windkraft- und Biogasfonds werden wegen Ihrer Anlagenschwerpunkte auch alternative Anlagen genannt.[60] Weiterhin haben sich in den letzten Jahren auch so genannte Lebensversicherungs-Zweitmarktfonds[61], Leasing-Fonds[62], Private-Equity-[63] und Venture-Capital-Fonds[64] auf dem Markt etabliert. Wie aufgezeigt, sind allerdings reine Steuersparmodelle, wie insbesondere Medienfonds zur Finanzierung von Filmen, aber auch Windkraftfonds von den Veränderungen der steuerlichen Rahmenbedingungen, vor allem der Einführung des § 15b EStG besonders betroffen, so dass Initiatoren dieser Fondsmodelle ihr Konzept tiefgreifend überdenken müssen, damit die Fondskonstruktionen zukünftig weiter auf dem Markt bestehen können. Schiffsfonds hingegen behalten durch die so genannte Tonnagesteuer ihre steuerlichen Vorteile, und Auslandsimmobilienfonds profitieren nach wie vor von Doppelbesteuerungsabkommen.[65]

---

58 Der Anleger beteiligt sich an einer Fondsgesellschaft, die ein neues oder gebrauchtes Schiff erwirbt und es über eine Reederei vercharten lässt.

59 Über Film- oder Medienfonds können sich Privatanleger an der Investition in Film- und Fernsehproduktionen beteiligen.

60 Näher zu den einzelnen Fondsmodellen vgl. *Lüdicke/Arndt/Götz*, 2005, S. 123 ff.

61 Sekundärmarkt-Lebensversicherungen sind Policen über Risikolebensversicherungen und Kapitallebensversicherungen, die von den Versicherten aus unterschiedlichen Gründen nicht bis zum Ende durchgehalten und deshalb verkauft werden. Die Fondsgesellschaft (nach dt. Recht meist eine Publikums-KG) erwirbt diese „gebrauchten" Lebensversicherungen und hält sie bis zur Fälligkeit mit der Folge, dass dem Fonds als Policeninhaber die entsprechenden Erträge aus den Versicherungen zufließen. Umfassend zu dem Anlageobjekt „Zweitmarkt-Lebensversicherungen" vgl. *Heisterhagen*, DStR 2004, S. 507, 507 f.

62 Der Grundgedanke des Leasing-Fonds besteht darin, dass an die Stelle einer institutionellen Leasinggesellschaft als Leasinggeber ein Leasing-Fonds gesetzt wird, um statt einer Kreditfinanzierung des Leasingguts eine Finanzierung über den freien Markt vorzunehmen, *Koch*, Die Haftung des Anlagevermittlers, 2003, S. 39.

63 Auf Private-Equity haben sich außerbörsliche Finanzunternehmen spezialisiert, die mit Hilfe privater Investoren ganze Unternehmen oder Beteiligungen an ihnen kaufen, um sie zu restrukturieren und mittelfristig mit möglichst hohem Gewinn weiter zu verkaufen.

64 Venture Capital ist Teil des Private-Equity-Bereichs und heißt Risiko- oder Wagniskapital. Es wird entweder in Form von vollhaftendem Eigenkapital oder eigenkapitalähnlichen Finanzierungsinstrumenten ins Unternehmen eingebracht. Investiert wird hauptsächlich in nicht börsennotierte, neu gegründete technologieorientierte Unternehmen. Der Fonds als Kapitalanleger von Risikokapital investiert direkt in das Eigenkapital des Unternehmens. In der Regel bleibt bei den Venture-Capital-Modellen der Kapitalanleger aber Minderheitsgesellschafter. Venture-Capital ist meist zinslos überlassenes Geld, der Gewinn des Kapitalgebers entsteht durch Partizipation am gegebenenfalls gestiegenen Unternehmenswert. Nach zwei bis fünf Jahren wird Exit angestrebt, d.h. der Kapitalgeber, in diesem Fall die Fondsgesellschaft zieht sich aus der Firma zurück, vgl. grundzüglichen Definitionsansatz unter http://de.wikipedia.org/wiki/Venture-Capital.

65 Vgl. *Beck*, FAZ v. 9.11.2005.

2. Gesellschaftsrechtliche Grundlagen

Im Bereich der Publikumsfonds dient die Fondsgesellschaft der Bündelung der Investoren, ihres Kapitals und ihrer Interessen.[66] Einerseits besteht neben Rendite und etwaigen steuerlichen Vorteilen ein Interesse der Investoren darin, hinsichtlich der mit dem Investitionsprojekt verbundenen Haftungsrisiken größtmöglich abgeschirmt zu werden.[67] Andererseits liegt es im Interesse der Fondsinitiatoren, alleine das Management der Fondsgesellschaft zu bilden und dementsprechend Mitbestimmungsrechte der Anleger weitestgehend zu reduzieren.[68]

Um sowohl die Wünsche der Anleger als auch die der Initiatoren zu wahren, hat sich im Markt der geschlossenen Fonds die Publikumspersonengesellschaft etabliert.[69] Als Rechtsform für einen geschlossenen Fonds kommen so insbesondere die Gesellschaft bürgerlichen Rechts (GbR), die Kommanditgesellschaft (KG), die GmbH & Co. KG und die stille Publikumspesonengesellschaft in Betracht.

a) GmbH & Co. KG und Publikums-KG

Die Publikumspersonengesellschaft tritt hauptsächlich als GmbH & Co. KG in Erscheinung, weil sich in dieser Gesellschaftsform die Interessen von Investoren und Initiatoren sinnvoll vereinbaren lassen.[70] Es handelt sich bei der Anleger-

---

66 *Lüdicke/Arndt/Götz*, 2005, S. 5.

67 In den 1970er Jahren haben sich die Publikumspersonengesellschaften als sog. Abschreibungsgesellschaften am Kapitalmarkt etabliert, durch die Verschärfung des Steuerrechts sind steuerliche Beitrittsgründe mittlerweile allerdings sekundär geworden, vgl. ausführlich zu den steuerlichen Rahmenbedingungen *Lüdicke/Arndt/Götz*, 2005, S. 65 ff.

68 Zu den Entwicklungen am freien Kapitalmarkt im einzelnen *Assmann*, in: Assmann/Schütze, Ergänzungsband 2001, § 22 Rn. 1 ff.

69 Weitere Publikumsgesellschaften, die allerdings im Markt der geschlossenen Fonds keine Rolle spielen, sind die Publikums-AG, die Publikums-KGaA (deren Angebot sich auf den organisierten Kapitalmarkt richtet) und die selten auftretende Publikums-GmbH. Die Publikums-AG ist eine Aktiengesellschaft, an der viele Aktionäre, meist Kleinaktionäre, beteiligt sind. Die Publikums-KGaA verbindet die Vorteile einer AG teilweise mit den Vorteilen einer Kommanditgesellschaft. Sie ist eine juristische Person, bei der mindestens ein Gesellschafter persönlich haftet und die übrigen an dem in Aktien zerlegten Grundkapital ohne persönliche Haftung beteiligt sind. Die Publikums-AG und die Publikums-KGaA sind die klassischen Rechtsformen für eine Gesellschaft mit breitem Anlegerkreis. Die Publikums-GmbH ist demgegenüber selten anzutreffen, weil sie steuerlich im Wesentlichen gleich wie die AG behandelt wird, und demgegenüber die Veräußerung einer Aktie problemlos verläuft, während die Abtretung eines GmbH-Anteils der notariellen Beurkundung bedarf (§ 15 Abs. 3 GmbHG), vgl. *Schiefer*, DStR 1997, S. 119.

70 Diese sog. Anleger-GmbH & Co. KG hat sich durch Erweiterung der Möglichkeit der Nutzung der Personenhandelsgesellschaft auch im Bereich der reinen Vermögensverwaltung (§ 105 Abs. 2 HGB) durch das Handelsrechtreformgesetz (vom 23.06.1998, BGBl.

GmbH & Co. KG in der Regel um körperschaftlich organisierte, im Anlegerkreis offene Kommanditgesellschaften,[71] die auf den Beitritt zahlreicher Kapitalanleger angelegt sind.[72] Die rechtliche Zulässigkeit der Publikums-KG ist gelegentlich in Frage gestellt worden, weil die Gesellschaft sich vom Leitbild der gesetzestypischen KG weit entfernt hat. Sie gleicht in ihrer Organisation häufig einer Publikums-AG. In diesem Bewusstsein hat die Rechtsprechung ein „Sonderrecht für Publikums-KGen" entwickelt, die Rechtsform aber schon wegen der allgemeinen Zulässigkeit atypischer Gestaltungen im Gesellschaftsrecht vollständig anerkannt.

Bei der Grundform einer GmbH & Co. KG beteiligt sich der Anleger unmittelbar als Kommanditist, während der persönlich haftende Gesellschafter grundsätzlich eine GmbH ist (sog. Komplementär-GmbH). An dieser Komplementär-GmbH sind ausschließlich die Initiatoren und oftmals auch das Management der Gesellschaft beteiligt. Aus haftungsrechtlichen Gründen (Anwendbarkeit von §§ 30 ff. GmbHG auf die typische GmbH & Co. KG) und aus steuerlichen Motiven (vgl. § 15 Abs. 3 Nr. 2 EStG[73]) wird gelegentlich zusätzlich eine natürliche Person als Komplementär aufgenommen.[74]

Die Rechte der Anleger können von diesen aus Gründen der organisatorischen Vereinfachung häufig nicht selbst, sondern nur über einen Kommanditistenausschuss oder einen „Treuhänder" (unechte Treuhand) wahrgenommen werden.[75] Typische, aber nicht konstitutive Merkmale einer GmbH & Co. KG sind insbesondere die Unterscheidung zwischen Gründungsgesellschaftern einerseits und nachträglich eingeworbenen Anlegern andererseits, die damit verbundene Nicht-Beteiligung der später eingeworbenen Anleger an der Gestaltung des Gesellschaftsvertrages und der Vorgang der öffentlichen Einwerbung der Anleger. Im Vordergrund steht das Element des Kapitals. Das personale Element hingegen wird infolge der Ermächtigung bzw. Bevollmächtigung eines

---

1998 I S. 1474) als Investitionsform noch weiter durchgesetzt, vgl. *Lüdicke/Arndt/Götz*, 2005, S. 6.

71 *Blaurock*, Handbuch der Stillen Gesellschaft, 2003, § 19.4; *Schiefer*, DStR 1997, S. 119.

72 vgl. hierzu *Gummert*, in: Münchener Handbuch des Gesellschaftsrechts, Band 2, 2004, § 61 Rn. 9.

73 Wenn ausschließlich eine oder mehrere Kapitalgesellschaften als Komplementäre eingesetzt sind und nur diese oder Personen, die nicht Gesellschafter sind, zur Geschäftsführung befugt sind, handelt es sich gemäß § 15 Abs. 3 Nr. 2 EStG um eine gewerblich geprägte Personengesellschaft, die unabhängig von ihrer Tätigkeit stets Einkünfte aus Gewerbebetrieb erzielt. Diese gewerbliche Prägung ist in vielen Fällen unerwünscht und sofern sie umgangen werden soll, muss entweder neben der GmbH eine natürliche Person die Komplementärstellung einnehmen oder ein Kommanditist als Geschäftsführer eingesetzt werden, vgl. *Barth/Barth*, Steueroptimierungsstrategien, 2005, S. 167.

74 *Gummert*, in: Münchener Handbuch des Gesellschaftsrechts, Band 2, 2004, § 61 Rn. 12.

75 Vgl. z.B. *BGHZ* 104, S. 50; *BGH* NJW 1987, S. 2677; *Gummert*, in: Münchener Handbuch des Gesellschaftsrechts, Band 2, 2004, § 61 Rn. 12.

Gründungsgesellschafters zur Durchführung einer Kapitalerhöhung durch Aufnahme weiterer Gesellschafter bis zu einem definierten oder durch einen bestimmbaren Umstand ermittelbaren Betrag vernachlässigt.[76]

Die GmbH & Co. KG eignet sich als Grundlage für die Konzeption von steuersparenden Vermögensanlagen, weil der Investor nicht nur am Geschäftserfolg, sondern schuldrechtlich am Anlagevermögen beteiligt wird.[77] Voraussetzung für eine steuerliche Anerkennung der Verlustzuweisung ist, dass der Anleger als Mitunternehmer bzw. als Vermieter angesehen wird. Gilt ein Gesellschafter nicht als Mitunternehmer/Vermieter, werden die ihm zufließenden Einkünfte in Einkünfte aus Kapitalvermögen umqualifiziert.[78] Mitunternehmer ist, wer Gesellschafter einer Personengesellschaft ist und sowohl Mitunternehmerinitiative[79] entfalten kann, als auch Mitunternehmerrisiko[80] trägt. Voraussetzung dafür, dass die steuerlichen Verluste, welche die Fondsgesellschaft in den Anfangsjahren erzielt, bei den Gesellschaftern mit anderen Einkünften verrechnet werden dürfen, ist die voraussichtliche Erzielung eines steuerlichen Totalgewinns.[81] Hierbei besteht das Risiko für den Anleger, dass im Falle einer Veräußerung der Beteiligung vor Erzielung eines steuerlichen Totalüberschusses die Finanzverwaltung dem Anleger unterstellt, dass er zum Zeitpunkt der Beteiligung keine auf Dauer angelegte Investition anstrebte und dass lediglich die Reduzierung der Steuerbelastung im Vordergrund stand. Kann der Anleger diese Behauptung nicht widerlegen, werden ihm steuerliche Verlustzuweisungen rückwirkend aberkannt.[82] Ein Kommanditist kann steuerliche Verluste aus der Gesellschaft seit der Einführung des § 15a EStG nur in Höhe seiner Haftungssumme direkt mit anderen positiven Einkünften verrechnen.[83] Zudem gilt seit dem Jahr 2004 eine Beschränkung des Verlustabzugs nach § 10d EStG.

---

76 *Lüdicke/Arndt/Götz*, 2005, S. 14.

77 Vgl. ausgiebig zu steuerbegünstigten Kapitalanlagen: *Koch*, Die Haftung des Anlagevermittlers, 2003, S. 33 ff.

78 *Barth/Barth*, Steueroptimierungsstrategien, 2005, S. 167.

79 Mitunternehmerinitiative bedeutet vor allem Teilhabe an unternehmerischen Entscheidungen. Ausreichend ist diesbezüglich schon die Möglichkeit zur Ausübung von Gesellschafterrechten, die wenigstens den Stimm-, Kontroll- und Widerspruchsrechten angenähert sind, die einem Kommanditisten nach dem HGB zustehen oder die – für eine GbR – den gesellschaftsrechtlichen Kontrollrechten nach § 716 Abs. 1 BGB entsprechen, *Barth/Barth*, Steueroptimierungsstrategien, 2005, S. 168.

80 Mitunternehmerrisiko trägt im Regelfall, wer am Gewinn und Verlust des Unternehmens und an den stillen Reserven einschließlich eines etwaigen Geschäftswertes beteiligt ist; eine beschränkte persönliche Haftung der Gesellschafter ist dabei ohne Relevanz, *Barth/Barth*, Steueroptimierungsstrategien, 2005, S. 168.

81 Vgl. hierzu ausführlich *Barth/Barth*, Steueroptimierungsstrategien, 2005, S. 168 ff.

82 *Barth/Barth*, Steueroptimierungsstrategien, 2005, S. 169.

83 Denn gemäß § 15a EStG ist der dem Kommanditisten zuzurechnende Anteil am Verlust der Fondsgesellschaft nur so lange direkt ausgleichsfähig, wie bei ihm kein negatives Kapitalkonto entsteht. Das Kapitalkonto des Kommanditisten entspricht zu Beginn der

Im Ergebnis kann die GmbH & Co. KG die Interessen der Anleger und der Initiatoren gut miteinander verbinden: Zum einen die steuer- und haftungsrechtlichen Vorzüge der Personengesellschaft auf Seiten der Anleger, dann die organisatorischen und haftungsrechtlichen Vorzüge der Kapitalgesellschaft auf Seiten des Managements und schließlich die Publizitätsvorzüge der Handelsgesellschaft im Gegensatz zur Gesellschaft bürgerlichen Rechts. OHG und GbR sind als Publikumspersonengesellschaften insofern weniger geeignet, weil die Anleger in der Regel nicht bereit sein werden, sich über ihre Einlage hinaus an der Gesellschaft zu engagieren und eine persönliche Haftung zu übernehmen.[84] Beachtlich ist jedoch, dass auch die gesellschaftsvertragliche Ausgestaltung der KG sehr unterschiedlich sein kann. Da auch den Initiatoren nicht viel an einem erhöhten Engagement der Investoren liegt, kann sich die KG ungünstig auf die Kontrollmöglichkeiten des Anlegers auswirken.

Die so genannte Publikums-KG unterliegt im Grundsatz den gleichen Regeln wie die Anleger-GmbH & Co. KG, so dass eine gesonderte Darstellung vorliegend unterbleibt. Die GmbH & Co. KG wird nur deshalb häufiger als Gesellschaftsform für geschlossene Fonds gewählt, weil bei der GmbH & Co. KG die Möglichkeit besteht, auch die Haftung des Komplementärs mittelbar einzuschränken. Lediglich in der steuerlichen Behandlung ergibt sich eine Abweichung zur GmbH & Co. KG, weil § 15 Abs. 3 Nr. 2 EStG bei der KG nicht greift.

b) Stille Publikumspersonengesellschaft

Neben der GmbH & Co. KG und der Publikums-KG eignet sich auch die stille Gesellschaft zur Kapitalaufnahme in Form von geschlossenen Fonds.[85] Anleger können ihr Vermögen hier in stillen Beteiligungen an Gesellschaften anlegen, die ihrerseits als Kapitalsammelstellen für Investitionen im Immobilienbereich oder in gewerblichen Unternehmen tätig werden.[86]

Eine stille Gesellschaft ist eine Innengesellschaft, bei der grundsätzlich ein Gesellschafter am Unternehmen eines anderen mit einer Einlage beteiligt ist und eine Gewinnbeteiligung erhält.[87] Der gesetzlichen Konzeption nach ist die stille Publikumsgesellschaft eine zweigliedrige (Innen-)Gesellschaft bestehend aus dem stillen Teilhaber und – bei geschlossenen Fonds – der Fondsgesellschaft.[88] Zweigliedrigkeit bedeutet, dass die Fondsgesellschaft und (für gewöhnlich) eine

von ihm geleisteten eigen- oder fremdfinanzierten Einlage, *Barth/Barth*, Steueroptimierungsstrategien, 2005, S. 171.

84 *Blaurock*, Handbuch der Stillen Gesellschaft, 2003, § 19.7.

85 *Blaurock*, Handbuch der Stillen Gesellschaft, 2003, § 19.7.

86 *Blaurock*, Handbuch der Stillen Gesellschaft, 2003, § 19.5.

87 *Schmidt*, Gesellschaftsrecht, 2002, § 62 II 1, S. 1840.

88 *Lüdicke/Arndt/Götz*, 2005, S. 25.

GbR[89] (zwischen dem stillen Gesellschafter und der Fondsgesellschaft) nebeneinander stehen. Es muss ein Gesellschaftsverhältnis zwischen stillem Gesellschafter und Unternehmensträger vorhanden sein (schuldrechtlicher Vertrag), denn nur dann kommt eine so genannte stille Gesellschaft zustande. Dem stillen Gesellschafter kommt es dabei primär auf eine Beteiligung am Unternehmensergebnis an.[90]

Die Grundlage für die Konzeption einer stillen Publikumsgesellschaft wird dadurch gebildet, dass nach allgemeiner Ansicht die Vertragsfreiheit auch dahingehend besteht, mehrere stille Beteiligungen an ein und demselben Unternehmen miteinander zu verknüpfen.[91] Die Vertragsfreiheit hat dabei auch im Bereich der stillen Publikumsgesellschaften eine reichhaltige Gestaltungsvielfalt zur Folge, so dass hier nur die wesentlichen Gestaltungen aufgezeigt werden können.[92]

Vielfach ist die stille Publikumspersonengesellschaft als atypische Gesellschaft ausgestaltet, wobei die stillen Gesellschafter das Anlagekapital aufbringen und der Geschäftsinhaber weder am Gewinn noch am Verlust nennenswert beteiligt ist. Der Geschäftsinhaber erhält dagegen eine Vergütung und Aufwendungsersatz. Die Kontrollrechte des § 233 HGB werden regelmäßig durch weitergehende Einsichts- und Auskunftsrechte erweitert.[93] Im Regelfall der zweigliedrigen Gesellschaft liegt eine Bündelung vieler gleich gestalteter stiller Gesellschaften vor.[94] Hierbei ist es möglich, dass gewisse Rechte der stillen Gesellschafter (z. B. Kontrollrechte) auf einen gemeinsamen Treuhänder übertragen werden, der diese Rechte dann für die stillen Gesellschafter wahrnimmt.[95] Darüber hinaus besteht die Möglichkeit, dass sich die stillen Gesellschafter wiederum zu einer Innen-GbR zusammenschließen, um ihre Rechte gebündelt besser wahrnehmen zu können.[96] Bei einer ebenfalls denkbaren mehrgliedrigen Ausgestaltung ist der Wille der Beteiligten darauf gerichtet, nur eine stille Gesellschaft mit einer Mehrheit von Teilhabern zu errichten.[97] Eine mehrgliedrige Gesellschaftsausrichtung ist im Falle der stillen Publikumspersonengesellschaften

---

89 Die Fonds-KG und der/die stille/n Gesellschafter haben sich vertraglich zur Förderung des gemeinsamen Zwecks zusammengeschlossen, aus dem auf gemeinschaftliche Rechnung betriebenen Unternehmen des Geschäftsinhabers Gewinn zu erzielen, vgl. *Albracht*, Die stille Gesellschaft im Recht der Publikumspersonengesellschaften, 1990, S. 10.

90 *Schmidt*, Gesellschaftsrecht, 2002, § 62 I 1 e), S. 1838.

91 *Polzer*, in: Münchener Handbuch des Gesellschaftsrechts, Band 2, 2004, § 74 Rn. 4.

92 Näher zu der stillen Publikumsgesellschaft, insbesondere deren Ausgestaltung vgl. *Blaurock*, Handbuch der Stillen Gesellschaft, 2003, § 19; zum Sonderrecht der stillen Publikumsgesellschaften § 19.20.

93 *Blaurock*, Handbuch der Stillen Gesellschaft, 2003, § 19.5.

94 *Schiefer*, DStR 1997, S. 119, 120.

95 *Polzer*, in: Münchener Handbuch des Gesellschaftsrechts, 2004, Band 2, § 74 Rn. 5.

96 *BGHZ* 125, S. 74, 77; *BGH* NJW 1995, S. 1353, 1355.

97 *Blaurock*, Handbuch der Stillen Gesellschaft, 2003, § 19.7.

zweckmäßiger, weil dann eine einheitliche stille Gesellschaft vorliegt. Dies kommt der Strukturierung der Publikumspersonengesellschaft als kapitalistische Personengesellschaft insgesamt besser entgegen. Vorstellbar ist in diesem Kontext aber zum Beispiel auch, dass ein Treuhänder alleiniger stiller Gesellschafter wird und er den stillen Gesellschaftsanteil für einen anderen oder mehrere andere treuhänderisch hält.[98] Zulässig ist darüber hinaus eine gleichzeitige Beteiligung als Gesellschafter der stillen Gesellschaft und der Fondsgesellschaft.[99] Bei den Publikumspersonengesellschaften hat man sich diese Technik sogar in Form der „gesplitteten Einlage" zunutze gemacht: Der Anleger übernimmt eine Kommanditisteneinlage und in Verbindung damit eine stille Einlage.[100] Hier werden Kommanditistenbeteiligung und stille Beteiligung, obwohl als Rechtsform voneinander getrennt, zu einer Funktionseinheit verbunden. Es wird zu Gunsten der Anleger ein gesellschaftliches Band um die Kommanditisten und stillen Gesellschafter geschlungen.[101]

Die Haftungssituation der Anleger ist bei der stillen Publikumsgesellschaft noch günstiger als bei der zuvor beschriebenen Publikums-KG bzw. GmbH & Co. KG. Beispielsweise wird die Haftung schon von Beginn der Beteiligung an auf die Einlage des Gesellschafters begrenzt, während bei der KG die Haftung des Kommanditisten erst ab Eintragung ins Handelsregister auf die Einlage beschränkt ist (vgl. § 176 Abs. 2 HGB). Weiterhin kann der stille Gesellschafter nicht direkt von den Gesellschaftsgläubigern in Anspruch genommen werden. Zudem lassen Rückzahlungen auf die stille Einlage die Haftung nicht wieder aufleben.[102]

c) *Gesellschaft bürgerlichen Rechts*

Die GbR (§§ 705 ff. BGB) ist bei geschlossenen Immobilienfonds nach wie vor häufiger anzutreffen. Sie eignet sich grundsätzlich dann, wenn sich eine begrenzte Anzahl von Anlegern zu einem Fonds zusammenschließt. Die GbR ist einfach zu gründen und es bedarf hierfür keines Eintrags ins Handelsregister. Die Geschäftsführung und Vertretung der Gesellschaft obliegt allen Gesellschaf-

---

98 *Blaurock*, Handbuch der Stillen Gesellschaft, 2003, § 19.7; *Schiefer*, DStR 1997, S. 119, 120.

99 *Schmidt*, Gesellschaftsrecht, 2002, § 62 II 1., S. 1841.

100 Z.B. *BGHZ* 69, S. 160; *Polzer*, in: Münchener Handbuch des Gesellschaftsrechts, 2004, Band 2, § 74 Rn. 2.

101 *Schmidt*, Gesellschaftsrecht, 2002, § 62 II 1., S. 1841.

102 Anders bei der KG, § 172 Abs. 4 HGB; die Haftung des Kommanditisten ist, von der Beschränkung und von der Sondervorschrift für die Gesellschaftsinsolvenz abgesehen (§ 171 Abs. 2 HGB), keine andere als die der Gesellschafter der OHG und des persönlich haftenden Gesellschafters, vgl. §§ 128, 129 HGB. Wie deren Haftung dauert sie grundsätzlich über die Auflösung der Gesellschaft und Ausscheiden des Gesellschafters fort, *Baumbach/Hopt*, § 171 Rn. 2.

tern gemeinschaftlich, kann jedoch auf einen Mitgesellschafter übertragen werden. Alle Gesellschafter haften grundsätzlich unbeschränkt mit ihrem Privatvermögen und gesamtschuldnerisch für die Gesellschaftsverbindlichkeiten. Diese uneingeschränkte Haftung ermöglicht im Gegensatz zur Publikums-KG und der Anleger-GmbH & Co. KG eine ebenso uneingeschränkte Zuweisung der steuerlichen Verluste, die in der Gesellschaft anfallen, und kann somit zu Steuerersparnissen führen.[103] Ansonsten gelten die oben schon angesprochenen steuerrechtlichen Besonderheiten weitestgehend auch für die GbR.

Aufgrund der uneingeschränkten persönlichen Haftung der einzelnen Gesellschafter wird die GbR als Publikumspersonengesellschaft allerdings grundsätzlich weder den Anlegerinteressen noch den Interessen des Unternehmensträgers hinreichend gerecht. Es ist nach höchstrichterlicher Rechtsprechung gerade nicht möglich, die Haftung durch einen Namenszusatz oder einen anderen den Willen, nur beschränkt für diese Verpflichtungen einzustehen, verdeutlichenden Hinweis zu beschränken.[104] Dadurch soll eine Umgehung des GmbH-Gesetzes verhindert werden, dessen Regelungen gerade dazu dienen, die Haftung zu begrenzen, allerdings um den Preis des Mindestkapitals und der Registerpublizität. Eine Haftungsbegrenzung der Gesellschafter soll nur dann möglich sein, wenn sie mit dem Gesellschaftsgläubiger individualvertraglich vereinbart wird.[105] Diese Ausnahme von dem Erfordernis individualvertraglicher Haftungsbegrenzung gilt nach dem *BGH* für geschlossene Immobilienfonds, die schon vor der *BGH*-Rechtsprechung zur GbR mit beschränkter Haftung existiert haben. Aus Gründen des Vertrauensschutzes dürfen sich diese Anlagegesellschafter auch nach der durch die Entscheidungen des *BGH* vom 27.9.1999[106] und 29.1.2001[107] eingetretenen Änderung der höchstrichterlichen Rechtsprechung für die davor abgeschlossenen Verträge weiterhin auf eine im Gesellschaftsvertrag vorgesehene Haftungsbeschränkung unter der nach der früheren Rechtsprechung maßgebenden Voraussetzung berufen, dass die Haftungsbeschränkung dem Vertragspartner mindestens erkennbar war.[108]

---

103 *Barth/Barth*, Steueroptimierungsstrategien, 2005, S. 165.

104 *BGHZ* 142, S. 315; *BGHZ* 146, S. 341.

105 *BGHZ* 142, S. 315. Allerdings soll es möglich sein, die persönliche Haftung der Anlagegesellschafter für rechtsgeschäftliche Verbindlichkeiten des Immobilienfonds durch wirksam in den Vertrag einbezogene, formularmäßige Vereinbarungen einzuschränken oder gar auszuschließen. Hierin liegt grundsätzlich keine unangemessene Benachteiligung des Vertragspartners im Sinne des § 307 BGB, vgl. *Lüdicke/Arndt/Götz*, 2005, S. 9.

106 *BGHZ* 142, S. 315.

107 *BGHZ* 146, S. 341.

108 *BGH* NJW 2002, S. 1642.

III. Prospektpublizität und Prospekthaftung als Teile kapitalmarktrechtlichen Anlegerschutzes

Ziel der Neuregelung des VerkProspG ist die Verbesserung des Anlegerschutzes für die wesentlichen Produkte des grauen Kapitalmarkts. Diese Zielvorgabe folgt zum einen schon aus dem Titel des Artikelgesetzes („Anlegerschutzverbesserungsgesetz“), welches in Art. 2 die Änderungen des VerkProspG vorgab, und zum anderen heißt es in der Regierungsbegründung zum AnSVG, dass mit der Erweiterung der für Wertpapiere bereits bestehenden Prospektpflicht auf nicht in Wertpapieren verbriefte Anlageformen, flankiert durch entsprechende Haftungsansprüche, der Anlegerschutz durch größere Produkttransparenz und Stärkung der Haftungsansprüche der Anleger verbessert werde.[109]

Diese gesetzgeberische Bestrebung verdeutlicht, dass kontrollierte Kapitalmarktinformation und diese ergänzende Haftungssysteme als Instrumente zum Schutze der Anleger auf dem Kapitalmarkt eingesetzt werden. Daran soll in diesem Abschnitt angeknüpft werden. Prospektpublizität und Prospekthaftung werden in einen kapitalmarktrechtlichen Gesamtzusammenhang eingeordnet. Dafür bedarf es eines Blickes auf die kapitalmarktrechtlichen Zielsetzungen, wobei dem Begriff des Anlegerschutzes besondere Aufmerksamkeit zuteil wird. Zuletzt wird die grundlegende Bedeutung der Prospektpublizität und -haftung als Teil kapitalmarktrechtlichen Anlegerschutzes herausgearbeitet. Grundstein des gesamten Themenkomplexes bildet der rechtliche Rahmen, also das Kapitalmarktrecht, welches es zunächst abzugrenzen gilt.

1. Kapitalmarktrecht

Das Kapitalmarktrecht ist insgesamt ein sehr junges Rechtsgebiet, das insbesondere mit dem Bank-, aber auch mit dem Gesellschaftsrecht eng verflochten ist. Die Verflechtungen haben indes nicht verhindert, dass sich das Kapitalmarktrecht seit den siebziger Jahren als Begriff, Kategorie und Rechtsgebiet eigenständig fortentwickelt hat.[110] Eine abschließende, allseits anerkannte Definition fehlt jedoch noch immer sowohl aus juristischer als auch aus wirtschaftswissenschaftlicher Sicht. Es existieren diverse Definitionsansätze, die sich in ihren Ansatzpunkten geringfügig unterscheiden, vor allem aber auch von der Zeit abhängen, in welcher sie entstanden sind; schließlich unterliegt das Kapitalmarktrecht einer ständigen Entwicklung, die in den letzten Jahren besonders ausgeprägt war. Während das Kapitalmarktrecht früher an den Institutionen der Banken und Börsen ausgerichtet und deshalb im Aktien-, Börsen- und Bankrecht angesiedelt war, hat sich die Regelungsperspektive unterdessen gewandelt. Mittlerweile ist

109 *BegrRegE*, BT-Drs. 15/3174.
110 *Kohl/Walz*, AG 1977, S. 29.

die Gesetzgebung mit eindeutigem Vorrang auf die Etablierung und den Schutz funktionsfähiger Kapitalmärkte gerichtet.[111] Es bietet sich aufgrund der ständigen Fortentwicklung ein abstrakter Definitionsansatz an. *Hopt* führt in frühen Arbeiten aus, das Kapitalmarktrecht sei die Verfassung des Kapitalmarktes ebenso wie die Vorschriften für die Transaktion auf dem Primärmarkt[112] (zwischen Emittent und Anleger) und dem Sekundärmarkt (zwischen verschiedenen Anlegern) unter der Vermittlung von Finanzintermediären.[113] Aktueller umschreibt *Kümpel* das Kapitalmarktrecht als

> „die Gesamtheit der Normen, Geschäftsbedingungen und anerkannten Standards, mit denen die Organisation der Kapitalmärkte und die auf sie bezogenen Tätigkeiten sowie das marktbezogene Verhalten der Marktteilnehmer geregelt werden".[114]

Im Ergebnis handelt es sich beim Kapitalmarktrecht folglich nicht um eine eigenständige und einheitliche Kodifikation, sondern um eine Bezeichnung für den gesamten mit dem Kapitalmarkt befassten Rechtsbestand.[115] Vorrangiges Regelungsziel ist folgedessen der Kapitalmarkt selbst, dessen begriffliche Umschreibung noch größere Schwierigkeiten bereitet. Nach allgemeiner Meinung gehört der Begriff Kapitalmarkt zu den unpräzisesten und erklärungsbedürftigen Begriffen der Fach- und Alltagssprache.[116] Ziel dieses Abschnitts kann es nicht sein, eine präzise Definition herauszuarbeiten, dennoch ist für ein gemeinsames Verständnis zumindest eine Eingrenzung der Begrifflichkeit notwendig.

Die Kapitalmärkte sind neben den Geld-, Devisen- und Derivatemärkten Teil der Finanzmärkte.[117] Sie sind im Gegensatz zum Geldmarkt Märkte für mittel- und langfristige Kredite und für die Beteiligung an Gesellschaften, während der Geldmarkt als Markt für kurzfristige Kredite verstanden wird.[118] Die Kapitalmärkte umfassen zum einen den Wertpapiermarkt (Kapitalmarkt im engeren

---

111 *Kümpel*, Bank- und Kapitalmarktrecht, 2004, Rn. 8.33.

112 Der Kapitalmarkt selbst wird klassischerweise untergliedert in den Primär- und Sekundärmarkt. Als Primärmarkt wird dabei der Markt für die erstmalige Platzierung bezeichnet, während der Sekundärmarkt als sog. „Zirkulationsmarkt" den Handel mit i.d.R. Wertpapieren nach ihrer Platzierung erfasst. Für geschlossene Fonds existieren bislang kaum ausgebildete Sekundärmärkte, vgl. Erster Teil II. 1. Die Unterscheidung in Primär- und Sekundärmarkt kann dann von großem Interesse sein, wenn auf das Informations- und Schutzbedürfnis der Anleger abgestellt wird, vgl. *Vogel*, Anlegerschutz, 2005, S. 20.

113 *Hopt*, ZHR 140 (1976), S. 201 ff.; ZHR 141 (1977), S. 389 ff., 411 ff.

114 *Kümpel*, in: Kümpel/Hammen/Ekkenga, Kapitalmarktrecht, Band 1, Loseblatt, Stand 5/04, Kapitel 050 Rn. 14.

115 *Brandt*, Prospekthaftung, 2005, S. 27.

116 Vgl. nur *Kümpel*, Bank- und Kapitalmarktrecht, 2004, Rn. 8.124.

117 Unter Finanzmärkten werden in Abgrenzung zu den Gütermärkten alle Märkte verstanden, an denen sich Angebot und Nachfrage nach Geld und geldwerten Titeln treffen, vgl. *Lenenbach*, Kapitalmarkt- und Börsenrecht, 2002, Rn. 1.5.

118 *Merkt/Rossbach*, JuS 2003, S. 217, 218.

Sinne) und zum anderen den grauen Kapitalmarkt (Kapitalmarkt im weiteren Sinne), die sich in ihrer Struktur und Regelungsdichte stark unterscheiden. Anlagetitel des Kapitalmarkts im engeren Sinne sind Aktien, Schuldverschreibungen (§§ 793 ff. BGB) und Wertrechte (§ 2 Abs. 1 WpHG – WpHG) sowie Aktienzertifikate, Genussscheine, Optionsscheine (§ 2 Abs. 1 Nr. 1 WpHG) und andere Wertpapiere, die mit Aktien und Schuldverschreibungen vergleichbar sind (§ 2 Abs. 1 Nr. 2 WpHG), sowie Anteilsscheine, die von einer Kapitalanlagegesellschaft oder einer ausländischen Investmentgesellschaft ausgegeben werden.[119] Die Kapitalmärkte unterscheiden sich in ihrem Organisationsgrad und der damit unweigerlich einhergehenden Steigerung ihrer Regelungsdichte. Kapitalmärkte mit dem höchsten Organisationsgrad sind die Wertpapierbörsen, weniger hoch organisiert sind die außerbörslichen Märkte, und den geringsten Organisationsgrad weist schließlich der graue Kapitalmarkt auf.[120]

Zum grauen Kapitalmarkt gehörten bislang insbesondere die den Gegenstand dieser Untersuchung bildenden Anteile an Publikumspersonengesellschaften, aber auch Bauherrenmodelle, ausländische Warentermingeschäfte und unzählige „Fantasieprodukte".[121] Der graue Kapitalmarkt lässt sich indessen nicht randscharf definieren.[122] In der öffentlichen Diskussion und in den Medien wird er häufig mit dubiosen oder unseriösen Anlageofferten gleichgesetzt. Diese Definition ist jedoch ungenau. Sie ist einerseits zu eng, da nicht alle Angebote außerhalb der organisierten Kapitalmärkte unseriös sind, andererseits aber auch zu

---

119 *Merkt/Rossbach*, JuS 2003, S. 217, 218.

120 Eingehend zum Kapitalmarkt *Brandt*, Prospekthaftung, 2005, S. 19 ff.

121 Wie zum Beispiel Bankgarantien und Depositendarlehen. Bei dem so genannten Handel mit Bankgarantien werden die Anleger zu Geldzahlungen mit der Zusage veranlasst, dass durch das Zusammenfassen vieler kleinerer Beträge eine Teilnahme an einem Handel in Bankgarantien möglich sei. Zu diesem Handel hätten aufgrund der Stückelungen von mehreren Millionen Beträgen sonst nur institutionelle Investoren Zugang. Dabei würden über dem Marktzins liegende Renditen erzielt. Tatsächlich findet ein derartiger Handel gar nicht statt. Depositendarlehen (zins- und tilgungsfreie Kredite) stellen ebenfalls reine Fantasieprodukte dar. Die Anleger werden hierbei aufgefordert, zunächst einen bestimmten Prozentsatz der gewünschten Kreditsumme als Eigenkapital (Deposit) an den Anbieter zu zahlen. Dieses Geld soll angeblich dazu dienen, durch ertragreiche Investitionen Zins und Tilgung des zu einem späteren Zeitpunkt an den Anleger auszuzahlenden Darlehens zu erwirtschaften. Am Ende erhält der Anleger weder einen Kredit noch sein bereits eingezahltes Geld zurück, vgl. Bericht der *Bundesregierung* zum „Grauen Kapitalmarkt", BT-Drs. 14/1633, S. 3; *Zimmer*, DB 1998, S. 969.

122 Von verschiedenen Ansatzpunkten ausgehend werden in der Literatur neben dem Begriff des „grauen" Kapitalmarktes weitgehend synonym die Bezeichnungen „ungeregelter" Kapitalmarkt, „alternativer" Markt, „kleiner", „freier" Kapitalmarkt und „Neben-Kapitalmarkt" verwendet. Ansatzpunkte sind zum Beispiel die mangelnde Reglementierung des Marktsegments, die Intransparenz der angebotenen Produkte oder die Beteiligungen zwischen Nicht-Banken, vgl. *Koch*, Die Haftung des Anlagevermittlers, 2003, S. 22; *Fleischer*, BKR 2004, S. 339.

weit, da in den beaufsichtigten, also organisierten Märkten ebenfalls Betrugsfälle auftreten.[123] Überwiegend wird deshalb unter dem „grauen" Kapitalmarkt der nicht-organisierte im Gegensatz zum organisierten Kapitalmarkt verstanden.[124] Letzterer ist gekennzeichnet durch die staatliche Zulassung von Produkt und Händler, gesetzlich, satzungs- oder gewohnheitsrechtlich determinierten Handelsbräuchen sowie durch die Abwicklung über Banken und Börsen.[125] Demgegenüber lässt sich der graue Kapitalmarkt nach dem dieser Untersuchung zugrunde liegendem Verständnis zusammengefasst umschreiben als

> „Markt für nicht wertpapiermäßig verbriefte Risikokapitalanlagen, der durch großen Formenreichtum, geringen Organisationsgrad und kaum ausgebildete Sekundärmärkte gekennzeichnet ist"[126].

Seit Inkrafttreten des durch Art. 2 AnSVG geänderten VerkProspG am 1. Juli 2005 werden Beteiligungen an Publikumsgesellschaften und Anteile an Treuhandvermögen von kapitalmarktrechtlicher Gesetzgebung erfasst. Sie unterstehen dadurch der Aufsicht der BaFin und es wurde eine Prospektpflicht für ihren Vertrieb eingeführt. Der graue Kapitalmarkt erfasst damit genaugenommen neuerdings nur noch wenige Anlageprodukte und ist so nur noch von geringer Relevanz.[127]

Das Börsen- und Depotgesetz sowie das WpHG[128] bilden die Kernstücke des deutschen Kapitalmarktrechts. Darüber hinaus werden diesem Rechtsbereich das Investmentgesetz sowie Teile des Aktienrechts[129], das Wertpapiererwerbs- und Übernahmegesetz[130], das VerkProspG und das Gesetz über Unternehmensbeteiligungsgesellschaften sowie neuerdings das WpPG zugeordnet.[131] In Anbetracht der Auswahl der gesetzlichen Regelungen wird deutlich, dass die Rechtsquellen mit Blick auf ihre Bedeutung für den Kapitalmarkt vor allem für die Investoren als Kapitalgeber und für die kapitalsuchenden Unternehmen betrachtet werden.[132] Im Einzelnen kommt es zu Überschneidungen insbesondere mit dem Gesellschaftsrecht; eine Abgrenzung stellt sich oftmals als äußerst schwierig dar.[133]

---

123 Bericht der *Bundesregierung* zum „Grauen Kapitalmarkt", BT-Drs. 14/1633, S. 2.

124 *Zimmer*, DB 1998, S. 969.

125 *Hösch*, GewArch 1999, S. 135 f.

126 *Fleischer*, BKR 2004, S. 339.

127 Allerdings werden auch nach Reglementierung geschlossener Fonds diese nach wie vor zu den Produkten des grauen Kapitalmarkts gezählt.

128 Vgl. *Kümpel*, Bank- und Kapitalmarktrecht, 2004, Rn. 8.32.

129 Beispielsweise § 3 AktG.

130 Vgl. hierzu *Berding*, WM 2002, S. 1149 f.

131 Vgl. eingehend *Steuer*, in: FS-Kümpel, 2003, S. 519, 520.

132 *Schneider*, AG 2001, S. 269, 271.

133 Vgl. zu dieser Thematik beispielsweise *Merkt*, AG 2003, S. 126 ff.; *Schneider*, AG 2001, S. 269, 270 f. und den Drittes Kapitel II. 2. a) aa) dieser Untersuchung, bei dem insbe-

Das Kapitalmarktrecht hat zwei Hauptregelungsziele, die allgemein, auch international anerkannt sind. So soll auf der einen Seite der Funktionsschutz der Kapitalmärkte und auf der anderen Seite ausreichender Anlegerschutz gewährleistet werden.[134] Der Gesetzgeber unterliegt dementsprechend einem ständigen Zielkonflikt: Er muss in der Ausgestaltung des Anlegerschutzes vermeiden, dass seine Vorgaben etwa zur Verlagerung der Informationsverantwortlichkeit den Zugang der Unternehmen zum Kapitalmarkt unangemessen behindern und so kontraproduktiv wirken. Einen solchen Ausgleich schafft z.B. die Einrichtungen von Marktsegmenten mit abgestuften Anforderungen bzw. innerhalb dessen die Regelung von Ausnahmetatbeständen und Haftungsbegrenzungen.[135]

2. Regelungsziele des Kapitalmarktrechts

Funktions- und Anlegerschutz sind die beiden Grundprinzipien des europäischen Kapitalmarktrechts und aller anderen entwickelten Kapitalmarktrechtsordnungen.[136] Im Blickpunkt dieser Untersuchung steht vorrangig der Anlegerschutz, der in den letzten Jahren national und international an Bedeutung erheblich dazu gewonnen hat und derzeit im Fokus der kapitalmarktrechtlichen Gesetzgebung steht. Diese Entwicklung wird im deutschen Kapitalmarktrecht teilweise als Wandel in der Zielsetzung begriffen,[137] denn hier dominierte lange Zeit der hauptsächliche Zweck, den Funktionsschutz der Kapitalmärkte sicherzustellen.[138] Bei genauer Betrachtung ist aber augenscheinlich, dass der Anlegerschutz

---

sondere die Kollision der unterschiedlichen Regelungsziele des Kapitalmarktrechts auf der einen Seite und des Gesellschaftsrechts auf der anderen verdeutlicht wird.

134 *Zimmer*, Internationales Gesellschaftsrecht, S. 40 ff.; *Hopt*, ZHR 141 (1977), S. 389, 429 ff.; auch die ehemalige *Bundesregierung* selbst führte in ihrer Begründung zum Vierten Finanzmarktförderungsgesetz aus, dass sie mit den neuen Regelungen die Stärkung des Anlegerschutzes, die Verbesserung der Handlungsmöglichkeiten der am Kapitalmarkt Beteiligten und die Fortentwicklung der Funktion des Kapitalmarkts als Wachstumsmotor anstrebe, vgl. BT-Drs. 14/8017 S. 93.

135 *Brandt*, Prospekthaftung, 2005, S. 30.

136 *Merkt*, Unternehmenspublizität, 2001, S. 296 ff.; *Brellochs*, Publizität und Haftung, 2005, S. 14.

137 So z.B. *Steuer*, in: FS-Kümpel, 2003, S. 519 ff.

138 Bei der Schaffung des WpHG hat der Schutz der Funktionsfähigkeit des Kapitalmarkts ganz im Vordergrund gestanden. Die Zielvorgabe des Vierten Finanzmarktförderungsgesetzes von Mitte 2002 war zwar noch die Sicherung der Funktionsfähigkeit des Kapitalmarktes, es wurden aber auch Schadensersatzansprüche der Anleger gegen die Emittenten bei falschen bzw. fehlenden Ad-hoc-Mitteilungen eingeräumt (§§ 37b, 37c WpHG). Ein vom ehem. Bundesfinanzminister *Eichel* verfasster Artikel in der Börsen-Zeitung vom 2.8.2002 trug dann den Titel *„Anlegerschutz hat Priorität im Finanzmarktkonzept"*, und Ende 2002 wurde von der damaligen Bundesregierung ein konkretisierter *Maßnahmenkatalog zur Stärkung des Anlegerschutzes und des Vertrauens in die Aktienmärkte* („10-Punkte-Programm") vorgestellt, der tief in das Wirtschaftsprüfer-, Bilanzierungs- und

zwar auf der einen Seite Zielvorgabe, auf der anderen Seite aber auch Mittel zum Zweck sein kann. Der Schutz des Vertrauens der Anleger in die Funktionsfähigkeit des Marktes und seine Integrität ist im Ergebnis zur Erhaltung und Steigerung der anlagesuchenden Gelder erforderlich, die die Volkswirtschaft für Investitionen benötigt.[139] Je nach Verständnis ist es deshalb möglich, dass sich trotz vermehrt auftretender Gesetzesinititiativen zur Stärkung des Anlegerschutzes die kapitalmaktrechtliche Zielsetzung nicht in dem Sinne gewandelt hat, sondern auch diese Initiativen hauptsächlich dem Weg zu funktionsfähigeren Kapitalmärkten dienen sollen. Das diesen beiden Begrifflichkeiten zugrunde liegende Verständnis des Gesetzgebers ist für die Auslegung kapitalmarktrechtlicher Vorschriften also von entscheidender Bedeutung. Deshalb ist auf die Begriffe im Folgenden näher einzugehen.

a) Funktionsschutz des Kapitalmarkts

Unter dem Stichwort „Funktionsschutz der Kapitalmärkte" versteht man die Gewährleistung von gut funktionierenden und international wettbewerbsfähigen Kapitalmärkten. Die Funktionsfähigkeit ist ein schutzwürdiges Rechtsgut, das vorrangig dem staatlichen (öffentlichen) Interesse an effizienten Märkten dient, denn die nationale Volkswirtschaft ist in hohem Maße auf die Leistungsfähigkeit der Kapitalmärkte angewiesen.[140] Es sollen optimale Bedingungen für den marktmäßigen Ausgleich zwischen der Kapitalnachfrage der Unternehmen einerseits und der Anlagebereitschaft der individuellen wie der institutionellen Anleger andererseits geschaffen werden.[141] Dabei lassen sich drei eng miteinander verknüpfte Teilaspekte des Schutzes der Funktionsfähigkeit unterscheiden: die institutionelle, die operationelle und die allokative Funktionsfähigkeit. Unter der institutionellen Funktionsfähigkeit des Kapitalmarktes sind vor allem die Grundvoraussetzungen eines effizienten Mechanismus der Marktsegmente zu verstehen, wozu es eines möglichst ungehinderten Zugangs des Emittenten sowie der Nachfrage und des Angebots der Anleger bedarf. Die operationelle Funktionsfähigkeit des Kapitalmarkts hängt vor allem von den Kosten ab, die den Emittenten bei der Platzierung entstehen; Berücksichtigung finden allerdings auch die Kosten des Investors, weil sich diese ebenfalls negativ auf seine

---

Haftungsrecht von AG-Vorständen eingreifen sollte. Dieser Maßnahmekatalog ist Teil des vom Bundesfinanzministerium der Finanzen im März 2003 vorgestellten „Finanzmarktförderungsplan 2006", der u.a. das *AnSVG* hervorbrachte, wie auch das *Kapitalanleger-Musterverfahrensgesetz* (KapMuG), das die kollektive Durchsetzung von Ansprüchen geschädigter Anleger erleichtern soll. Darüber hinaus umfasst das Konzept das derzeit auf Eis gelegte *Kapitalmarktinformationshaftungsgesetz* (KapInHaG).

139 *Kümpel*, in: Kümpel/Hammen/Ekkenga, Bd. 1 (Loseblatt), Stand 5/04, Kennzahl 050 Rn. 32.

140 *Kümpel*, Kapitalmarktrecht, 2004, Rn. 18.

141 *Merkt*, Unternehmenspublizität, 2001, S. 300.

Anlageentscheidung auswirken können. Ziel ist es, diese Kosten insgesamt möglichst gering zu halten. Schließlich dient die allokative Funktion des Kapitalmarkts dazu, dass die knappen Ressourcen der anlagesuchenden Gelder möglichst dorthin fließen, wo der jeweils dringendste Bedarf an Investitionsmitteln die höchste Rendite bei ausreichender Sicherheit der Anlage verspricht. Aus volkswirtschaftlicher Sicht dient der Kapitalmarkt schließlich insbesondere dazu, die Ersparnisse der privaten Haushalte und das anlagesuchende Geldvermögen der Wirtschaftsunternehmen in das Kapital umzuwandeln, das die Emittenten für ihre Investitionen benötigen.[142]

b) Anlegerschutz

Der kapitalmarktrechtliche Begriff des Anlegerschutzes hat ganz unterschiedliche Facetten, die sich über den Grund des Schutzes hin zu den Konsequenzen für seine sachliche und persönliche Reichweite erstrecken.[143] Das liegt zunächst schon an der inhomogenen Gruppe von Personen, die Anleger sein können. Anleger können Anbieter oder Nachfrager von Kapitalanlagen, Groß- oder Kleinanleger, private oder institutionelle Anleger, professionelle oder unerfahrene Einmalanleger, Daueranleger oder Spekulanten sein. Auch können Anleger natürliche oder juristische Personen sein; sie sind aus juristischer Sicht Gläubiger, Miteigentümer, Käufer wie auch Verkäufer und aus ökonomischer Perspektive Eigen- und Fremdkapitalgeber. Darüber hinaus umfasst der kapitalmarktrechtliche Anlegerbegriff nicht nur den aktuellen, sondern auch den potentiellen Anleger.[144] Daneben sind Anleger ganz unterschiedlichen Risiken ausgesetzt: Es besteht beispielsweise das Risiko, dass Anleger ein nicht verständliches oder für ihre Belange ungeeignetes Finanzprodukt erwerben. Außerdem besteht das Risiko eines Substanzverlustes durch Unternehmenszusammenbruch. Darüber hinaus will der Anleger Kapitalgewinne erzielen, so dass er sich hierbei wie beim Substanzerhaltungsrisiko mit dem Risiko effizienter und interessengerechter Verwaltung der Kapitalanlage konfrontiert sieht. Es bestehen Interessen an sachgerechter Interessenvertretung, ferner ist der Anleger auf ständige Liquidität bedacht. Schließlich besteht noch die Gefahr, Opfer eines Betruges oder einer Irreführung zu werden. Im Interesse funktionsfähiger Kapitalmärkte ist es nicht möglich, die Anleger vor sämtlichen Risiken zu schützen, denn das hätte unweigerlich zur Folge, dass besonders riskante Investitionen zum Schaden der Volkswirtschaft unterblieben. Um dem Zieldualismus des Kapitalmarktrechts gerecht zu werden, darf es deshalb nicht Anspruch des Anlegerschutzes sein,

---

142 Vgl. ausführlich zu den Regelungszielen des Kapitalmarktrechts *Kümpel*, in: Kümpel/Hammen/Ekkenga, Bd. 1 (Loseblatt), Stand 5/04, Kennzahl 050 Rn. 29 ff.

143 Detailliert zu den konzeptionellen Grundlagen des Anlegerschutzes *Fleischer*, Gutachten F zum 64. DJT, 2002, F 19 ff.

144 Vgl. *Brellochs*, Publizität und Haftung, 2005, S. 16 m.w.N.

dem Anleger eine persönliche Risikobewertung abzunehmen und ihn von wirtschaftlichen, mit den Chancen üblicherweise korrespondierenden Risiken einer Investitionsentscheidung zu entlasten. Deshalb sollte der Anlegerschutz grundsätzlich spätestens dort enden, wo das „inhärente Kapitalmarktrisiko“ [145] beginnt.

Anlegerschutz kann ganz unterschiedliche Zwecke verfolgen.[146] Sozialpolitisch kann es um eine Ergänzung und Entlastung der staatlichen Sozialversicherung durch private Altersversorgung über den Kapitalmarkt gehen, sowie um die Verhinderung der Selbstschädigung geschäftlich unerfahrender Anleger. Wirtschaftspolitisch kann effektiver Anlegerschutz zu einer Verbesserung der Eigenkapitalausstattung der Unternehmen führen. Auch kann es um die Herbeiführung der Allokationseffizienz des Kapitalmarkts gehen, und wettbewerbspolitisch kann die Verbesserung der Konkurrenz um Risikokapital anlegerschützendes Motiv sein.

Anlegerschutz umfasst im Ergebnis damit sowohl individual- als auch marktfunktionsschützende Komponenten. Deshalb wird überwiegend von einem weiten Anlegerschutzbegriff ausgegangen, der einerseits den Schutz der individuellen Interessen des einzelnen Anlegers (individueller Anlegerschutz) und andererseits auch den Schutz der unbestimmten Allgemeinheit der Anleger (überindividueller Anlegerschutz) einschließt.[147]

Überindividueller Anlegerschutz meint dabei den Schutz einer zahlenmäßig unbestimmten Personengesamtheit (Schutz des Anlegerpublikums), die das gesamte Angebots- und Nachfragepotential eines bestimmten Marktes verkörpert. Der überindividuelle Anlegerschutz dient ausschließlich dem öffentlichen Interesse an effizienten Kapitalmärkten. Denn nur wenn die Gesamtheit der Anleger Vertrauen in die Integrität und Stabilität der Märkte hat, funktionieren sie, weil so das volkswirtschaftlich benötigte Investitionskapital gesichert und gesteigert wird.[148] Deshalb ist der überindividuelle Anlegerschutz schon ein integraler Bestandteil des Funktionsschutzes des Marktes[149] und aus diesem Verständnis heraus weniger als eigenständiges Regelungsziel zu begreifen.

Der individuelle Anlegerschutz hingegen diente in der Vergangenheit hauptsächlich dem Schutz des individuellen Investors. Da anlegerschützende Maßnahmen indes Kosten verursachen, schränkt ein zu weitgehender Anlegerschutz die Funktionsfähigkeit des Marktes ein. Deshalb wurde Individualschutz lange Zeit ausschließlich mit sozialstaatlichen Gründen gerechtfertigt.[150] Die Rechts-

145 *Fleischer*, Gutachten F zum 64. DJT, 2002, F 29.

146 Ausführlich *Behrens*, Risikokapitalbeschaffung, 2003, S. 3 ff.

147 *Merkt/Rossbach*, JuS 2003, S. 217, 220.

148 *Merkt/Rossbach*, JuS 2003, S. 217, 220.

149 *Caspari*, NZG 2005, S. 98.

150 Weitergehend *Benicke*, in: FS-Jayme, 2004, S. 25, der individualschützende Regelungen ausschließlich durch sozialstaatliche Gründe gerechtfertigt sieht.

ordnung will die rechtlichen Rahmenbedingungen dafür schaffen, dass der Einzelne durch Anlage seiner Ersparnisse Vorsorge für künftige Bedürfnisse, z.B. bei Krankheit und im Alter, treffen kann.[151] Individueller Anlegerschutz wird von diesem Ansatz ausgehend auch als Verbraucherschutzrecht verstanden; Ziel ist es, den schwachen und unterlegenen Anleger zu schützen.[152] Da der einzelne Anleger regelmäßig die Anlageziele der Vermögenssicherung, Vermögensmehrung und Einlagenrückgewähr verfolgt, muss das Instrumentarium des individuellen Anlegerschutzes den zeitlichen Rahmen von dem Anlageentschluss über den Anlagebestand bis zum Kapitalrückfluss umfassen.[153] Hauptinstrumente des Einzelanlegerschutzes sind Ersatzansprüche als unmittelbar reaktiver Individualschutz. Wie jüngst von *Brellochs* aufgezeigt, haben individualschützende Vorschriften indessen eine Entwicklung durchgemacht.[154] Bei der Einräumung von zivilrechtlichen Einzelansprüchen gilt das kapitalmarktrechtliche Interesse zunehmend dem am Anlegerpublikum ausgerichteten und damit marktfunktionsschützenden Teil. Mit Blick auf die zugrunde liegende Motivation für die Gewährung von Individualansprüchen eines Anlegers sei festzustellen, dass man sich immer weiter von der sozialstaatlich-motivierten Begründung von zivilrechtlichen Ansprüchen des Anlegers entfernt und vor allem die zivilrechtliche Haftung von Emittenten gegenüber Anlegern immer mehr mit Funktionsschutzargumenten begründe. Dies habe den Hintergrund, dass die dem Einzelanleger eingeräumte Rechtsposition keine grundsätzliche Aussage über die ihr zugrunde liegende Motivation enthalte.[155] Da aber Einzelansprüche auch das Vertrauen der Anlegerschaft in den Kapitalmarkt insgesamt schützen, müssen diese nicht unbedingt sozialstaatlich-fürsorglich motiviert sein, sondern können *auch* aus Funktionsschutzgründen eingeräumt werden. Dieser Gedanke ist indes nicht neu. *Hopt* gab früh zu bedenken, dass „Individualschutz und Funktionenschutz“ in der historischen Anlegerschutzgesetzgebung ineinander übergehen, was sich in geltenden Anlegerschutzbestimmungen bestätigt. Neben der Sorge um den Anlegerschutz stehe – mehr oder weniger akzentuiert – immer auch die Sorge um den Kapitalmarkt und die Wirtschaft. Anleger würden nicht nur um ihrer selbst Willen geschützt, sondern weil sie ungeschützt kein Vertrauen fassen oder

151 *Kümpel*, in: Kümpel/Hammen/Ekkenga, Bd. 1 (Loseblatt), Stand 5/04, Kennzahl 050 Rn. 68; *Merkt/Rossbach*, JuS 2003, S. 217, 220.

152 Vgl. ausführlich *Armbrüster*, ZIP 2006, S. 406, 410 ff.

153 *Brandt*, Prospekthaftung, 2005, S. 30.

154 Eingehend zu der Entwicklung des Anlegerschutzgedankens *Brellochs*, Publizität und Haftung, 2005, 1. Kapitel.

155 Bestes Beispiel ist die Investition in einen Geschlossenen Fonds. Geschlossene Fonds gelten nach wie vor als Risikoanlagen und wenn sich Anleger auf solch riskante Anlageformen z.B. deshalb einlassen, weil sie kapitalmarkttechnisch versiert oder vergleichsweise wohlhabend sind, und sich eine höhere Rendite als Gegenstück zum höheren Risiko erhoffen, dann ist ein sozial-fürsorgliches Schutzbedürfnis zumindest zunächst nicht erkennbar.

Vertrauen verlören, und dann die Ersparnisbildung der privaten Haushalte als Reservoir für den Kapitalmarkt zu versiegen drohe.[156] *Merkt* führte später an, dass auch sozialpolitische Ziele, wie durch die Investition von Sparkapital Vorsorge für die Bedürfnisse (Krankheit und Alter, aber auch Konsum) der Privatanleger zu treffen, untrennbar mit gesamtvolkswirtschaftlichen Interessen gekoppelt seien, etwa mit der Reform der Finanzierung des Gesundheitswesens, der Frage einer (Teil-)Privatisierung der Altersvorsorge oder aber der allgemeinen Konjunkturpolitik. Schon dies zeige, dass eine Rechtfertigung des Individualschutzes keineswegs ausschließlich sozialfürsorgerisch motiviert sein müsse.[157] So auch *Hopt*:

> „Anlegerschutz ist kein Geschenk und erst recht kein Almosen an eine sozial schutzbedürftige Gruppe, sondern eine Notwendigkeit im System, das ohne die Anleger nicht auskommt."[158]

Sind nämlich einzelne Personen rechtlos gestellt und erkennen sie das, liegt der Versuch nahe, sich selbst durch den Rückzug vom Markt zu schützen, wodurch der Kapitalmarkt insgesamt in Funktionsprobleme geraten wird.[159] Nach modernem Verständnis ist Einzelanlegerschutz also nicht zwingend sozialpolitisch veranlasst oder gar geboten, sondern wird auf der Ebene der Emittenten als Element zur Verwirklichung von kapitalmarktrechtlichem Funktionsschutz wahrgenommen.[160] Das bedeutet im Ergebnis natürlich nicht, dass zivilrechtliche Haftungsansprüche im Verhältnis von Anleger zu Emittenten bzw. sonstigen Verantwortlichen daneben nicht auch andere Zwecke, insbesondere den Zweck der Kompensation des Anlegers für erlittene Vermögensschäden bzw. den Schutz seiner Dispositionsfreiheit verfolgt. An dieser „Gemengelage" von Individualschutz und Funktionsschutz in den verschiedenen anlegerschützenden Gesetzen sollte man sich aber auch nicht stören, weil sich beide Schutzobjekte gegenseitig bedingen.[161] Für die Bejahung eines Individualschutzes genügt es deshalb, wenn die Gesetzesbestimmung zugleich *auch* die Individualinteressen der Anleger schützen will.[162] Die Instrumente des überindividuellen Anleger- und

156 *Hopt*, Kapitalanlegerschutz, 1975, S. 336.

157 *Merkt*, Unternehmenspublizität, 2001, S. 299 f.

158 *Hopt*, Kapitalanlegerschutz, 1975, S. 337.

159 *Hopt*, Kapitalanlegerschutz, 1975, S. 51 f., 334 f.; *Schwark*, in: FS-Stimpel, S. 1087, 1092.

160 *Brellochs*, Publizität und Haftung, 2005, S. 14 ff.

161 *Hopt*, Kapitalanlegerschutz, 1975, S. 337.

162 Dient die kapitalmarktrechtliche Bestimmung auch dem Schutz der individuellen Interessen, wird diese Norm zu einem Schutzgesetz im Sinne des § 823 Abs. 2 BGB. Es muss deshalb unterschieden werden, ob der Gesetzgeber auch Individualschutz *bezweckt* hat, oder ob der Schutz der individuellen Interessen des Anlegers bloßer Rechtsreflex einer lediglich das Anlegerpublikum schützenden Norm ist, *Kümpel*, in: Küm-

Funktionsschutzes vermengen sich schließlich zu einer einheitlichen, gleichgerichteten Absicherung im wechselseitigen Interesse[163]. Beide Regelungsziele sind untrennbar miteinander verbunden.[164] Gut funktionierende Kapitalmärkte wecken Vertrauen und rufen weitere Anleger, während mangelnder Anlegerschutz Vertrauen kostet und so zulasten des Kapitalmarkts geht.[165]

Die marktbezogene gesetzgeberische Tendenz bei der Auslegung der neuen verkaufsprospektgesetzlichen Regelungen vor dem Hintergrund einer Verbesserung des Anlegerschutzes muss deshalb Berücksichtigung finden, weil es gerade bei Normen, die beidseitigen Schutz bieten, schließlich doch zu Zielkonflikten kommen kann, die der Gesetzgeber im Interesse des einen oder anderen Schutzziels lösen muss. Und wenn kapitalmarktrechtliche Individualansprüche von Anlegern gegen die Prospektverantwortlichen zunehmend als Mittel des Funktionsschutzes begriffen werden, ist bei der Diskussion um die Wahl des richtigen Sanktionsinstrumentes zur effektiven Durchsetzung von Emittentenpublizität eine funktionale Betrachtung geboten. Damit ist bei der rechtspolitischen Frage, ob und ggf. wie eine Informationspflichtverletzung durch eine Haftungsnorm zu sanktionieren ist, vorrangig darauf abzustellen, ob die Haftungsnorm im Interesse der Funktionsfähigkeit des Kapitalmarktes erforderlich ist und wie bei der Ausgestaltung der Norm bestmöglich ein sauberes Publizitätsverhalten gefördert werden kann.[166]

3. Prospektpublizität

Wirksames Mittel zur Verwirklichung der kapitalmarktrechtlichen Regelungsziele ist demzufolge die Gewährleistung von hinreichender Kapitalmarktinformation. Das moderne Kapitalmarktrecht beruht auf einem sog. Publizitätsprinzip.[167] Während es zum einen das leitende Prinzip der europäischen Richtlinien auf dem Gebiet des Kapitalmarktrechts darstellt und auch in Deutschland eine Entwicklung zu einer marktbezogenen Regelung mit einer Betonung der Publizitätspflichten stattgefunden hat,[168] enstammt die Idee ursprünglich aus dem US-amerikanischen Kapitalmarktrecht. Die sog. *„disclosure philosophy"* wurde erstmals in den US-amerikanischen Kapitalmarktgesetzen von 1933 und 1934 normiert. Durch sie werden dem Emittenten weitgehende Publizitätspflichten aufer-

---

pel/Hammen/Ekkenga, Kapitalmarktrecht, Band 1, Loseblatt, Stand 5/04, Kapitel 050 Rn. 63, 66; 67.

163 *Brandt*, Prospekthaftung, 2005, S. 31.

164 Vgl. hierzu insbesondere *Hopt*, Kapitalanlegerschutz, 1975, S. 51 f., 334 f.; *Merkt*, Unternehmenspublizität, 2001, S. 301 ff.

165 *Merkt*, Unternehmenspublizität, 2001, S. 301.

166 *Brellochs*, Publizität und Haftung, 2005, S. 22.

167 *Hopt*, ZHR 140 (1976), S. 201, 203.

168 *Assmann*, in: Assmann/Schneider, WpHG-Kommentar, 2003, Einl. Rn. 1.

legt, deren Erfüllung durch Aufsichtsbehörden überwacht wird. Dabei erfolgt keine inhaltliche Überprüfung der angebotenen Anlageobjekte, denn Sinn und Zweck des Publizitätsprinzips ist nicht die Gewährleistung eines qualitativen Mindeststandards und dadurch ein Schutz des Anlegers vor gefährlichen Anlageobjekten. Es soll vielmehr sichergestellt werden, dass der Anleger über ausreichende Information verfügt, um die angebotenen Anlageobjekte zu bewerten.[169]

Ausgangspunkt des Publizitätsprinzips ist, dass auf dem Kapitalmarkt eine Macht- und Informationsasymmetrie zuungunsten des Einzelanlegers besteht, die es gebietet, durch institutionelle Arrangements eine hinreichende Informationsversorgung des Anlegerpublikums sicherzustellen und das Wissensgefälle zwischen den Marktgegenseiten einzuebnen.[170] Dabei sollen die Anleger durch zutreffende und vollständige Information in die Lage versetzt werden, Risiken richtig einzuschätzen, damit sie ihre Anlageentscheidungen in voller Kenntnis der Sachlage treffen können.[171] An dieser Stelle wird die „Gemengelage" von Individual- und Funktionsschutz ganz deutlich. Auf der einen Seite wird durch hinreichende Information die Dispositionsfreiheit des einzelnen Anlegers gewährleistet. Denn nur eine verlässliche, dauerhafte und regelmäßige Information eröffnet dem Anleger die Möglichkeit der eigenen, gesicherten Beurteilung seines Investitionsrisikos und somit einer selbstbestimmten, eigenverantwortlichen Anlageentscheidung.[172] Auf der anderen Seite werden Publizität und Information zunehmend als zentrale Bedingungen für die Funktionsfähigkeit des Kapitalmarkts verstanden.[173] Denn nur eine möglichst wahre und vollständige Informationsbasis bildet die Grundlage für eine rationale Anlageentscheidung, und der verlässliche Anleger investiert regelmäßig vornehmlich dort, wo er überhaupt eine – möglichst gesicherte – Risikoabwägung vornehmen kann.[174] Informationen stellen deshalb auch ein wirksames Mittel zur Stärkung des Vertrauens in Vermögensanlagen dar und tragen so zu mehr und vor allem zu sinnvolleren Investitionen bei. Dieses unverzichtbare Marktvertrauen der Anleger ist dauerhaft nur dann gewährleistet, wenn die Rechtsordnung einen wirksamen Schutz vor Marktmissbräuchen bietet.[175] Die kapitalmarktliche Risikoverteilung im Blick hat die Rechtsordnung die Aufgabe, solche Rahmenbedingungen zu schaf-

---

169 Vgl. ausführlich *Benicke*, in: FS-Jayme, 2004, S. 25, 26 f. m.w.N.

170 *Merkt*, Unternehmenspublizität, 2001, S. 140; *Fleischer*, Gutachten F zum 64. DJT, 2002, F 23.

171 So ausdrücklich der 1. Erwägungsgrund der Richtlinie 89/298/EWG vom 17.4.1989, ABl EG Nr. L 124 vom 5.5.1989, S. 8.

172 *Brandt*, Prospekthaftung, 2005, S. 32.

173 *Merkt*, Unternehmenspublizität, S. 140 ff.; *Kümpel*, Bank- und Kapitalmarktrecht, 2004, Rn. 8.388 ff.; *Brellochs*, Publizität und Haftung, 2005, S. 1.

174 *Brandt*, Prospekthaftung, 2005, S. 28.

175 *Fleischer*, Gutachten F zum 64. DJT, 2002, F 26.

fen, die den Anleger vor einer „über die wirtschaftlichen Risiken einer informierten Anlageentscheidung hinausgehenden Schädigung und Übervorteilung schützen"[176]. Publizitätsvorschriften werden so zunehmend marktbezogen konzipiert, dies auch deshalb, weil die kapitalmarktrechtlichen Publizitätspflichten den vielfach von komlexen, teils irrationalen, teils spekulativen Erwägungen getragenen individuellen Anlageentscheidungen schwerlich Rechnung tragen können.[177]

Das prominenteste Beispiel einer angemessenen Informationsbasis bildet die Prospektpublizität, die durch eine präventive Prospektkontrolle und eine postventive Prospekthaftung abgesichert wird.[178] Der Verkaufsprospekt stellt das zentrale Informationsmedium des Primärmarktes dar.[179] In ihm bündeln Anbieter von Kapitalanlagen die für den Beitrittsinteressenten wichtigen Informationen über die Kapitalanlage, so dass der Prospekt als Bindeglied zwischen Emittenten und Anlegern gilt und regelmäßig die Grundlage für die wirtschaftlich bedeutsame und mit Risiken verbundene Anlageentscheidung bildet.[180] Der Verkaufsprospekt dient damit der langfristigen und umfassenden Information eines Anlegers über seine Investition.[181] Darin besteht ein wesentlicher Unterschied zu den sekundärmarktlichen Informationspflichten wie den Ad-hoc Mitteilungen, die immer nur einzelne kursrelevante Informationen beinhalten.[182] Aus der Emittentenperspektive stellt der Verkaufsprospekt eine Mitteilung des kapitalwerbenden Unternehmens dar und ist so im Grundsatz immer auch ein Stück Kapitalmarktpublizität.[183]

Der Anleger darf in diesem Zusammenhang ungeachtet dessen, dass er ein Risikogeschäft eingeht, erwarten, dass der Prospekt ihn über alle Umstände, die für seine Entschließung von wesentlicher Bedeutung sind oder sein können, sachlich richtig und vollständig unterrichtet, insbesondere über die Tatsachen, die den Vertragszweck vereiteln können; die der Risikoanlage zugrunde liegenden Unwägbarkeiten sollen dagegen beim Anleger verbleiben.[184] Die Anforderungen an einen Verkaufsprospekt lassen sich nicht abstrakt umschreiben, vielmehr zeigt sich erst für jede Art der verschiedenen Vorhaben, welcher Aufklärungs- und Informationsbedarf besteht. Diese Unterschiede bei der Markteintrittspublizität für die verschiedenen Sektoren des Kapitalmarkts tragen genauso

176 *Brandt*, Prospekthaftung, 2005, S. 31.

177 *Hopt/Voigt*, WM 2004, S. 1801, 1802.

178 *Fleischer*, Gutachten F zum 64. DJT, 2002, F 23.

179 *Baums/Fischer*, in: FS-Drukarczyk, 2003, S. 36, 40.

180 *BGH* NJW 1980, S. 1840, 1841; *Weimann*, Prospekthaftung, 1998, § 3 Rn. 2, S. 23; *Lenz/Kopp-Colomb*, Wertpapierverkaufsprospekte, 2001, S. 13.

181 *BGHZ* 123, S. 106, 109 f.

182 Vgl. *Spindler*, WM 2004, S. 2089, 2090.

183 *Ochs*, Prospekthaftungstheorie, 2005, S. 140.

184 *BGHZ* 79, S. 337, 344.

wie Haftungsbeschränkungen bzw. -freizeichnungen bei der Einräumung von zivilrechtlichen Einzelansprüchen dazu bei, den Kapitalmarkt vor einer Überregulierung zu schützen.[185]

4. Prospekthaftung

Die Publizitätsregelungen des Primärmarktes werden durch die postventive Prospekthaftung ergänzt.[186] Wie bereits dargestellt, hat die für die Zulassung zuständige Stelle den Prospekt primär auf die formelle Vollständigkeit zu kontrollieren; es ist vom Gesetzgeber grundsätzlich nicht vorgesehen, dass darüber hinaus die inhaltliche Richtigkeit der Angaben überprüft wird.[187] Als zentralen Mechanismus zur Sicherstellung der inhaltlichen Richtigkeit der Prospektangaben bedarf es damit der Prospekthaftung.[188] Die Prospekthaftung für geschlossene Fonds wird im Folgenden noch detailliert zu untersuchen sein, an dieser Stelle soll dennoch vorab ein Gesamtüberblick über das Haftungsinstitut geschaffen werden.

Die Prospekthaftung ist ein gesetzlicher Schadensersatzanspruch und schafft dann einen zivilrechtlichen Einzelanspruch des Anlegers gegen die Prospektverantwortlichen, wenn eine kapitalmarktrechtliche Pflicht zur zutreffenden und vollständigen Information über eine bestimmte Kapitalanlage im Rahmen eines Prospekts gegenüber dem Anlegerpublikum verletzt wird.[189] Da die Prospekthaftung eng mit der Publizitätspflicht zusammenhängt, sie diese im Grunde genommen sogar erst komplettiert, ist auch sie Teil des auf umfassender und korrekter Information basierenden Anlegerschutzkonzeptes, das janusköpfig dem Individualschutz sowie dem Schutz eines funktionsfähigen Kapitalmarktes dient.[190]

Die Prospekthaftung wird dabei zunehmend als wirtschaftliches Institut zur Sicherstellung der Marktinformation beim Vertrieb von Kapitalanlagen verstanden.[191] Ihre Funktion erschöpft sich damit nicht mehr nur im Ausgleich des Schadens, den der einzelne Anleger erlitten hat. Die Entwicklung hin zu einer institutionsschützenden Dimension der Prospekthaftung hat seinen Niederschlag vor allem in den Bestimmungen des Prospektinhaltes und den Kriterien zur Beurteilung der Prospektrichtigkeit und -vollständigkeit gefunden und wurde durch

185 *Merkt*, Unternehmenspublizität, 2001, S. 141; *Brandt*, Prospekthaftung, 2005, S. 31.

186 *Hopt*, ZHR 141 (1977), S. 389, 399 f.

187 Im Schrifttum ist der Prüfungsumfang der BaFin zumindest für Wertpapierprospekte allerdings umstritten, vgl. FN 553.

188 *Benicke*, in: FS-Jayme, 2004, S. 25, 32.

189 *Van Look*, in: Vortmann, Prospekthaftung und Anlageberatung, 2000, § 1 Rn. 7.

190 Vgl. Erstes Kapitel III 2. ff.

191 *Merkt*, Unternehmenspublizität, 2001, S. 279; *Assmann*, Prospekthaftung, 1985, S. 248 f.; *Lenenbach*, Kapitalmarkt- und Börsenrecht, 2002, Rn. 8.78.

die Harmonisierung der EG im Bereich des Kapitalmarktrechts erheblich gefördert.[192] *Assmann* vertritt schon seit langem einen marktfunktionsbezogenen dogmatischen Ansatz; er präsentierte bereits 1985 die Prospekthaftung nicht mehr (nur) als individual- bzw. sozialschutzbezogenes Konzept, sondern (auch) als Maßnahme zur Verhinderung strukturbedingten (Kapital-)Marktversagens aufgrund von Informationsasymmetrie.[193] Zu der Zeit galt dieser marktfunktionsbezogene Ansatz noch als radikal, was sich aus der Entwicklung der Prospekthaftung und insbesondere aus der dogmatischen Herleitung des *BGH* erklären lässt.

Die Entstehungsgeschichte der Vorschriften über die Prospekthaftung zeigt, dass sie einen effektiven Individualschutz gewährleisten sollten und zu diesem Zwecke auch eingeführt wurden.[194] Die Prospekthaftung wurde als Anspruch des zu schützenden Publikums zuerst in das BörsG von 1896[195] eingeführt. Eine spezielle Haftungsnorm wurde notwendig, weil die allgemeinen Bestimmungen des Schadensersatzrechts nicht recht auf die zu regelnden Sachverhalte passten.[196] Vertragliche Ansprüche schieden bereits damals in der Regel aus, weil kein direkter vertraglicher Kontakt zwischen Anbieter und Anleger zustande kommt und zumeist eine vermittelnde Person zwischengeschaltet ist. § 823 Abs. 1 BGB bietet keinen unmittelbaren Vermögensschutz, und Ansprüche aus § 823 Abs. 2 BGB in Verbindung mit einem Schutzgesetz bzw. aus § 826 BGB sind schwerlich zu verwirklichen, weil Vorsatz und Sittenwidrigkeit nachgewiesen werden müssen. So stellte bereits die erste börsenrechtliche Haftungskonzeption den Versuch dar, die Schwierigkeiten des damaligen Vertrags- und Deliktsrechts bei der Herausbildung von Haftungsregeln in Bezug auf Prospekterklärungen zu überwinden.[197] Die Prospekthaftung stand somit von Anfang an dogmatisch zwischen der Vertrags- und Deliktshaftung, wobei die dogmatische Aufarbeitung zunächst offenblieb. Bis in die Mitte der siebziger Jahre diente der Begriff der Prospekthaftung allein zur Bezeichnung der Verantwortlichkeit für die Unrichtigkeit von Börsenzulassungsprospekten (§§ 45, 46 BörsG a.F. = §§ 44, 45 BörsG n.F.)[198] bzw. so genannten Verkaufsprospekten beim Vertrieb von Anteilen an inländischen (§§ 19, 20 KAGG a.F. = § 127, 42 InvG) bzw. ausländischen (§§ 3, 12 AuslInvestmG a.F. = §§ 127, 137 InvG) Kapitalanlagegesellschaften[199]. Mit dem Inkrafttreten des VerkProspG zum 1.1.1991 wurde

192 *Assmann*, in: Freundesgabe Kübler, 1997, S. 317, 328; *Merkt*, Unternehmenspublizität, 2001, S. 281.

193 *Assmann*, Prospekthaftung, 1985, S. 247 ff.

194 Ausführlich *Schwark*, Anlegerschutz, 1979, S. 204.

195 BörsG v. 22.6.1896, RGBl. S. 157.

196 *Schwark*, Anlegerschutz, 1979, S. 204.

197 *Merkt*, Unternehmenspublizität, 2001, S. 277.

198 Sog. börsenrechtliche oder börsengesetzliche Prospekthaftung.

199 Sog. investmentrechtliche Prospekthaftung.

der Begriff der Prospekthaftung dann auf Sachverhalte ausgedehnt, die ganz allgemein aus der Verantwortlichkeit für Prospekte entstanden sind, welche für ein erstmaliges öffentliches Angebot ohne Zulassung an einer inländischen Börse ausgegeben wurden (§§ 1, 13 VerkProspG).

Neben den spezialgesetzlichen Prospekthaftungstatbeständen hat sich seit den siebziger Jahren eine richterrechtlich fortentwickelte bürgerlich-rechtliche Prospekthaftung herausgebildet. Grund hierfür war der in den sechziger und frühen siebziger Jahren rasch wachsende, aber auch schnell mit ersten Opfern aufwartende Markt für Beteiligungen an Abschreibungsgesellschaften in Gestalt von Kommanditeinlagen in Publikumskommanditgesellschaften.[200] Hier konnte Anlegerschutz jedenfalls in unmittelbarer Anwendung nicht über die Vorschriften zur börsenrechtlichen Prospekthaftung vermittelt werden.[201] Nachdem die Bundesregierung einen Entwurf eines Gesetzes über den Vertrieb von Anteilen an Vermögensanlagen vom 2.1.1978 (Vermögensanlagengesetz)[202] parlamentarisch nicht weiterverfolgte,[203] machte es sich die Rechtsprechung zur Aufgabe, einerseits in Gestalt eines Sonderrechts für Publikumskommanditgesellschaften und andererseits durch Schaffung einer bürgerlich-rechtlichen Prospekthaftung die Anleger in diesem trotz hoher Anlegerschäden stetig wachsenden Marktsektor zu schützen.

Auf diese Weise entwickelte sich ein zweigleisiges Prospekthaftungssystem. Dabei wurde die bürgerlich-rechtliche Haftung nicht in Analogie zu den schon vorhandenen gesetzlichen Prospekthaftungsbestimmungen herausgebildet; vielmehr begründete der II. Zivilsenat die Dogmatik der Haftungsnorm als

> „eine in Weiterentwicklung der Grundgedanken einer Vertrauenshaftung statuierte Verantwortlichkeit“

in einem bestimmten, vom Gesetzgeber als regelungsbedürftig nicht vorhergesehenen, aber im Interesse des rechtlich gebotenen Anlegerschutzes ausfüllungsbedürftigen Bereich.[204] Regelungsbedürftig sei dieser Bereich, weil im Interesse eines rechtlich gebotenen Kapitalanlegerschutzes auf eine wahrheitsgemäße und vollständige Aufklärung des Rechtsverkehrs über das Risiko mögli-

---

200 *Assmann*, in: Freundesgabe Kübler, 1997, S. 317, 321.

201 *Merkt*, Unternehmenspublizität, 2001, S. 278.

202 BT-Drs. 8/1405, S. 1 ff.

203 Das Gesetz scheiterte zum einen, weil weite politische und politisch einflussreiche Kreise das vorhandene rechtliche Instrumentarium für ausreichend und eine gesetzgeberische Regelung nicht für erforderlich hielten, zum anderen aber auch, weil man in Deutschland mit rechtsformübergreifenden Kapitalanlageregelungen keine Erfahrung hatte und der vom reformspezifischen Regelungsansatz nicht ganz emanzipierte Gesetzesentwurf einige dogmatische Ungereimtheiten aufwies, *Assmann*, in: Freundesgabe Kübler, 1997, S. 317, 322.

204 *BGHZ* 79, S. 337, 341; *BGHZ* 83, S. 222, 223.

cher Anlagen hingewirkt werden müsse. Daher müssten für unzutreffende oder irreführende Prospektangaben nicht nur die unmittelbar am Vertragsschluss Beteiligten oder diejenigen, die einen auf ihre Person bezogenen besonderen Vertrauenstatbestand geschaffen hätten, haften, sondern auch diejenigen, die zu der für die Prospektherausgabe verantwortlichen Leistungsgruppe oder sonst zu den maßgeblichen Hintermännern des Anlageunternehmens gehören.[205] Terminologisch orientierte sich der *BGH* damit zumindest zu dieser Zeit noch eindeutig am *Individualschutz* des Kapitalanlegers.[206] Die Ableitung aus den Grundsätzen der culpa in contrahendo eröffnete der bürgerlich-rechtlichen Prospekthaftung im Übrigen einen grundsätzlich universellen, also nicht auf spezifische Anlageformen begrenzten Anwendungsbereich.[207]

Die dogmatische Ableitung der Rechtsprechung stieß in der Literatur zunehmend auf Kritik, und das Bedürfnis nach einer Angleichung der richterrechtlich fortentwickelten Prospekthaftung und der spezialgesetzlichen Haftung wuchs. Beispielhaft lassen sich verschiedene dogmatische Ansätze der Literatur anführen: *Köndgen* setzte z.B. an einem rechtsgeschäftlich orientierten Modell in Form einer „Selbstbindung ohne Vertrag" an, bei dem ein Vertragsverhältnis in dem Sinne „fingiert" wurde, dass die Prospektangaben ein in Selbstbindungsabsicht abgegebenes Qualitätsversprechen seien sollen.[208] Andere begründeten die Prospekthaftung in vollständiger Überwindung rechtsgeschäftlicher Kategorien etwa in Gestalt der Anlehnung an gesetzliche Regelungen zur Prospekthaftung[209] oder zur Maklerhaftung[210] sowie durch Anwendung wettbewerbsdeliktsrechtlicher Bestimmungen,[211] sei es durch eine Mischung solcher Elemente[212] oder durch eine allgemein-deliktische Lösung[213]. Trotz erheblicher Unterschiede im Detail treffen sich die verschiedenen Ansätze in einer Erkenntnis: Eine Vertrauenshaftung ist grundsätzlich auf die inter-partes-Verantwortlichkeit zweier individualisierter Parteien gestützt und deshalb mit der Bewältigung des Phänomens der Haftung für unvollständige oder fehlerhafte Prospektangaben beim Massengeschäft auf anonymen Märkten überfordert.[214]

Aus diesem Gedanken heraus und begünstigt durch die Harmonisierungsbestrebungen der EG auf dem Gebiet des Kapitalmarktrechts[215] wird die Prospekthaftung nunmehr nicht mehr nur als Instrument zur Information des einzelnen

205 *BGHZ* 79, S. 337, 341.

206 *Merkt*, Unternehmenspublizität, 2001, S. 278.

207 *Assmann*, in: Freundesgabe Kübler, 1997, S. 317, 322.

208 *Köndgen*, AG 1983, S. 85 ff.

209 *Coing*, WM 1980, S. 206.

210 *Lutter*, in: FS-Bärmann, S. 605 ff.

211 *Wiedemann/Schmitz*, ZGR 1980, S. 129, 143.

212 *Canaris*, Bankvertragsrecht, Rn. 2294.

213 *Von Bar*, ZGR 1983, S. 476; *Assmann*, Prospekthaftung, 1985, S. 273 ff.

214 Ausführlich *Merkt*, Unternehmenspublizität, 2001, S. 279 f.

215 Ausführlich *Assmann*, in: Assmann/Schütze, 1997, Rn. 81 ff., 103.

Anlegers begriffen, was vor allem die Anknüpfung der bürgerlich-rechtlichen Prospekthaftung an die Grundsätze der culpa in contrahendo nahe legt, sondern als Medium zur Information des Publikums und als präventives Instrument zur Produktsicherung. Letzteres geschieht ohne Einwirkung auf das Produkt selbst, sondern vollzieht sich in Gestalt indirekter Auswirkungen der Haftungsdrohung für ein fehlerhaftes Publizitätsinstrument im Hinblick auf die Konzeption, den Vertrieb und die Durchführung eines Projekts sowie auch auf die Organisation des Emittenten selbst.[216] Auch die Rechtsprechung zur bürgerlich-rechtlichen Prospekthaftung hat vor diesem Hintergrund eine Entwicklung durchlebt. Zunächst noch beschränkt auf Anteile an Publikumsgesellschaften hat sie sich in mittlerweile längst gefestigter Rechtsprechung sowohl vom Recht der Publikumsgesellschaft als auch von der Begründung aus culpa in contrahendo gelöst.[217] Darüber hinaus wurde ansatzweise dem Bedürfnis nach Angleichung der richterrechtlich fortentwickelten Prospekthaftung und der spezialgesetzlichen Prospekthaftung entsprochen, insbesondere im Bereich des verantwortlichen Personenkreises und der Verjährungsregeln.[218]

216 *Assmann*, in: Freundesgabe Kübler, 1997, S. 317, 328.

217 *Baumbach/Hopt,* 2006, Anh. § 177a Rn. 60; *Merkt*, Unternehmenspublizität, 2001, S. 279.

218 *Merkt*, Unternehmenspublizität, 2001, S. 279.

Zweites Kapitel Prospektpflicht und Prospekthaftung für geschlossene Fonds vor dem 1. Juli 2005

Geschlossene Fonds waren entsprechend der vorherigen Ausführungen bis zum 1. Juli 2005 nicht in das spezialgesetzliche Prospektpflicht- und Prospekthaftungssystem, das am organisierten Kapitalmarkt besteht, integriert.[219] Geschlossene Fonds zählten zu den Produkten des grauen Markts, der nicht bzw. kaum reglementiert war. Aufgrund von hohen Anlegerverlusten bestand aber zunehmend auch in diesem Marktsektor ein Schutzbedürfnis der Anleger vor unzutreffenden, irreführenden oder unvollständigen Prospektangaben. Mangels gesetzgeberischer Initiative machte es sich die Rechtsprechung zur Aufgabe, diesem Bedürfnis nachzukommen und bildete so mit der bürgerlich-rechtlichen Prospekthaftung ein Korrektiv heraus, das der *BGH* immer weiter ausdifferenzierte.[220]

Innerhalb der bürgerlich-rechtlichen Prospekthaftung werden zwei Haftungskonzepte unterschieden. Entwickelt wurde zum einen die bürgerlich-rechtliche Prospekthaftung im engeren Sinne (i.e.S.), die das *typische* Vertrauen des Anlegers auf die Richtigkeit und Vollständigkeit der von den Prospektverantwortlichen gemachten Angaben schützen soll. Und zum anderen die Prospekthaftung im weiteren Sinne (i.w.S.), die in erster Linie an die Inanspruchnahme besonderen persönlichen Vertrauens durch den Anleger anknüpft, und somit auf das ehemals außergesetzlich entwickelte und seit der Schuldrechtsmodernisierung im Jahr 2002 in § 311 Abs. 2 und Abs. 3 BGB gesetzlich festgeschriebene Rechtsinstitut der culpa in contrahendo (c.i.c.) gestützt wird.

Diese Untersuchung wird sich auf die Darstellung der bürgerlich-rechtlichen Prospekthaftung i.e.S. mit besonderem Blick auf geschlossene Fonds konzentrieren, nur dieser Bereich des grauen Kapitalmarktes wird seit dem 1. Juli 2005 von der spezialgesetzlichen Prospekthaftung erfasst. Die neu geschaffenen verkaufsprospektrechtlichen Regelungen (§§ 13, 13a VerkProspG) sollen die von der Rechtsprechung entwickelte Rechtsfortbildung insoweit ersetzen, als sich der Anwendungsbereich der bürgerlich-rechtlichen Prospekthaftung i.e.S. nach neuer Rechtslage wohl weitestgehend auf Altfälle sowie auf Vermögensanlagen, die nicht unter den § 8f Abs. 1 VerkProspG fallen, beschränkt.[221] Eine ausführliche Untersuchung, ob bzw. inwieweit die Grundsätze der bürgerlich-rechtlichen Prospekthaftung i.e.S. neben der spezialgesetzlichen Prospekthaftung auch für geschlossene Fonds noch Geltung haben könnten, folgt in der Darstellung der neuen Rechtslage; durch die generelle Bezeichnung als „alte" Rechtslage soll dieser Frage insofern nicht vorgegriffen werden. Die alte Rechtslage wird ver-

219 *Kiethe*, ZIP 2000, S. 216.

220 *BGHZ* 7, S. 284; *BGHZ* 111, S. 314; *BGH*, DStR 2004, S. 967.

221 *Bohlken/Lange*, DB 2005, S. 1259.

gleichsweise ausführlich dargestellt, zum einen um die Basis für einen Vergleich mit der neuen Rechtslage zu schaffen, zum anderen aber auch, weil man in zahlreichen Einzelfragen auch nach neuer Rechtslage die einschlägige Spruchpraxis des *BGH* unverändert heranziehen können wird.[222] Auf die bürgerlich-rechtliche Prospekthaftung i.w.S. wird dagegen nur kurz eingegangen, denn diese blieb von den Gesetzesänderungen weitestgehend unberührt.[223] Es wird hierzu auf die einschlägige Literatur verwiesen.[224]

I. Prospektierungspflichten

Die Pflicht, einen Prospekt zu erstellen und zu veröffentlichen, besteht grundsätzlich nur dort, wo das Gesetz dies ausdrücklich fordert. Dementsprechend konnten aus dem Rechtsinstitut der bürgerlich-rechtlichen Prospekthaftung keine unmittelbaren Prospektierungspflichten hergeleitet werden.[225] Eine spezialgesetzliche Prospektpflicht für Anbieter geschlossener Fonds existierte vor dem 1. Juli 2005 nicht. Gesetzliche Prospektierungspflichten herrschten lediglich auf dem „organisierten“ Markt, so bei Wertpapieren, die am amtlichen Markt gehandelt (§ 30 Abs. 3 Nr. 2 BörsG a.F.) oder öffentlich angeboten wurden (§ 1 VerkProspG a.F.), und bei inländischen oder ausländischen Investmentanteilen (§§ 121 f. InvestmG a.F.). Weiterhin bestand am geregelten Markt die Pflicht zur Veröffentlichung eines Unternehmensberichts (§ 51 Abs. 1 Nr. 2 BörsG a.F.), dessen inhaltliche Mindestanforderungen an § 7 VerkProspG a.F. angelehnt waren und ebenfalls Haftungsansprüche nach §§ 45-48 BörsG a.F. auslösen konnten (§ 55 BörsG a.F.).[226]

Auch wenn eine unmittelbare Prospektpflicht für Vermögensanlagen des grauen Marktes wegen Nichtreglementierung nicht besteht, wird teilweise in der Literatur vertreten, dass die Rechtsprechung zur bürgerlich-rechtlichen Prospekthaftung zumindest eine mittelbare faktische Prospektpflicht für die Anbieter nach sich zieht.[227] Die Rechtsprechung zielt, wie beschrieben, mittels der bürgerlich-rechtlichen Prospekthaftung auf eine wahrheitsgemäße und vollständige Aufklärung des Rechtsverkehrs über das Risiko der Anlagen im Interesse eines

222 *Fleischer*, BKR 2004, S. 339, 343.

223 *BegrRegE*, BT-Drs. 15/3174, S. 44.

224 Eingehend zur bürgerlich-rechtlichen Prospekthaftung i.w.S. vgl. *Eyles*, in: Vortmann, Prospekthaftung und Anlageberatung, 2000, § 2 m.w.N.

225 *Schwark*, FS-Stimpel, 1985, S. 1087, 1103.

226 Prospektierungspflichten für Wertpapiere sind seit dem 1.7.2005 vollständig und einheitlich im WpPG geregelt.

227 *Assmann*, in: Assmann/Schütze, 1997, § 7 Rn. 33; *Weimann*, Prospekthaftung, 1998, S. 31.

rechtlich gebotenen Anlegerschutzes ab.[228] Diese ständige Rechtsprechung führt in der Regel dazu, dass sich die gegenüber den Anlegern Aufklärungspflichtigen, um den vom *BGH* aufgestellten weitreichenden Aufklärungsanforderungen zu genügen, schon aus praktischen und Beweis sichernden Gründen für gewöhnlich eines Prospektes bedienen.[229] Der gebotene Umfang und Inhalt der Aufklärungspflichten erfordert dem Grunde nach eine schriftliche Information – und ein Prospekt ist dazu geeignet, die Einzelangaben übersichtlich zusammenzufassen. Bestärkend entschied das *OLG Hamm* im Jahr 2004, dass die den Beitritt zu einem geschlossenen Immobilienfonds finanzierende Bank verpflichtet ist, dem Anleger vor dem Beitritt zu einem Immobilienfonds einen Emissionsprospekt zu überlassen. Die Nichtübergabe eines Prospektes sollte in dieser Konstellation stets die Verletzung eines Auskunftsvertrages darstellen, welcher mit einem Anlagevermittler regelmäßig zustande kommt.[230]

Diese Entscheidung lässt zwar eine Tendenz zu einer mittelbaren Prospektpflicht erkennen, eine umfassende Verpflichtung zur Emissionspublizität darf allerdings hieraus nicht abgeleitet werden.[231] Der *BGH* begründete gerade keine unmittelbare Haftung des Emittenten und befasste sich ganz offenkundig nicht mit einer allumfassenden Prospektierungspflicht. Der Gesetzgeber wollte in der Vergangenheit Prospektierungspflichten offensichtlich nicht festschreiben, Gesetzesvorhaben in diese Richtung wurden stets wieder verworfen. Deshalb geht auch die Auffassung *Weimanns* zu weit, der eine direkte Prospektpflicht aus den Grundsätzen der Vertrauenshaftung begründet sehen will.[232] Es ergebe sich aus den Informations- und Aufklärungspflichten des § 242 BGB, dass der Anbieter der Kapitalanlage die zu einer Anlageentscheidung erforderlichen Informationen schulde. Entgegen einer Begründung der Prospektpflicht aus der Dogmatik zur Vertrauenshaftung vertritt *Schwark* die Auffassung, dass solange es an einem persönlichen Band fehle und lediglich die der Berufshaftung zuzuordnende Prospekthaftung eingreife, eine Rechtspflicht zu Prospektherstellung und Prospektbekanntgabe nicht angenommen werden könne.[233] Er verneint damit eine Prospektierungspflicht des Emittenten, weil es im Verhältnis zwischen ihm und dem Anleger eben genau an dem von *Weimann* behaupteten Vertrauensverhältnis mangelt. Das ist mit Blick auf die Rechtsprechung, die haftungsrechtliche Konsequenzen nur für die Fälle bejaht hat, in denen ein Auskunftsvertrag besteht, eine stringente Schlussfolgerung. Die besseren Argumente sprechen gegen eine universelle Pflicht der Anbieter zur Prospekterstellung.

---

228 Etwa *BGHZ* 79, 337, 341.
229 *Assmann*, in: Assmann/Schütze, 1997, § 7 Rn. 33.
230 *OLG Hamm*, Verbraucher und Recht 2003, S. 468.
231 So zutreffend *Schwark*, FS-Stimpel, 1985, S. 1087, 1103.
232 *Weimann*, Prospekthaftung, 1998, § 4 Rn. 2.
233 *Schwark*, FS-Stimpel, S. 1087, 1103.

Im Ergebnis bestand für Anbieter geschlossener Fonds in der Vergangenheit damit keine generelle und unmittelbare Pflicht, einen Verkaufsprospekt für die Anlageprodukte zu erstellen bzw. einen solchen zu veröffentlichen. Prospektierungspflichten können nicht aus einer abstrakten Vertrauenshaftung hergeleitet werden und sollen dementsprechend nur dort gelten, wo sie vom Gesetzgeber eingeführt und konkretisiert werden. Eine Prospektierungspflicht bestand allerdings im Falle eines direkten Vertrauensverhältnisses.

II. Prospekthaftung

Genau wie die Prospektpflicht war auch die Prospekthaftung vor dem 1. Juli 2005 für diverse Anlageformen spezialgesetzlich geregelt, nicht aber für Beteiligungen an Publikumspersonengesellschaften. So bestanden die §§ 44-48 BörsG (§§ 45 ff. BörsG a.F.) bei der Zulassung von Wertpapieren zum amtlichen Markt, welche ihrerseits die Grundlage der Haftung für den bei der Zulassung von Wertpapieren in den geregelten Markt (§ 55 BörsG a.F.) zu erstellenden Unternehmensbericht sowie die Haftung für den Verkaufsprospekt (§ 13 VerkProspG a.F.) bildete, außerdem die investmentrechtliche Prospekthaftung für den Vertrieb von Anteilen an dem inländischen Recht unterliegenden Kapitalanlagegesellschaften und den dem ausländischen Recht unterliegenden Investmentgesellschaften (§ 127 InvestmG).

Wie bereits dargelegt, reagierte die Rechtsprechung jedoch auf die Veränderungen der Kapitalmarktbedingungen und entwickelte ein sog. „Sonderrecht für Publikumspersonengesellschaften".[234] Für einen ausgiebigeren Anlegerschutz auf dem grauen Markt beinhaltete dieses Sonderrecht im weitesten Sinne auch die bürgerlich-rechtliche Prospekthaftung. Die Grundsätze der Prospekthaftung wurden ursprünglich nur für Publikumskommanditgesellschaften entwickelt, wurden aber im Laufe der Zeit auch auf alle anderen Kapitalanlagemodelle des nicht organisierten Kapitalmarkts ausgeweitet.[235] Darüber hinaus sind die Grundsätze der bürgerlich-rechtlichen Prospekthaftung i.e.S. immer wieder auch als Auffangtatbestand für Sachverhalte in der Diskussion, die grundsätzlich zwar einer spezialgesetzlichen (z.B. börsengesetzlichen) Prospekthaftung unterliegen, bei denen sich aber in Einzelfällen Regelungslücken aufzeigen, die durch die bürgerlich-rechtliche Prospekthaftung i.e.S. geschlossen werden könnten.[236] Diesbezügliche Fragestellungen werden für geschlossene Fonds allerdings erst

234 *Assmann*, in: Assmann/Schütze, 1997, § 7 Rn. 11.

235 Die Ausweitung wurde vom *BGH* ausdrücklich für das Bauherrenmodell (*BGHZ* 111, S. 314, 316 ff.) und das Hamburger Modell (*BGHZ* 115, S. 213, 217 ff.) festgestellt; vgl. auch *Weimann*, Prospekthaftung, 1998, S. 54.

236 Z.B. bei der sog. prospektrechtlichen Expertenhaftung oder bei freiwillig herausgegebenen Prospekten, vgl. dazu ausführlich Drittes Kapitel II. 2. i).

innerhalb der Darstellung der aktuellen Rechtslage (ab dem 1. Juli 2005) relevant, so dass eine Auseinandersetzung in diesem Abschnitt unterbleibt.

1. Bürgerlich-rechtliche Prospekthaftung im engeren Sinne

Die bürgerlich-rechtliche Prospekthaftung i.e.S. ist primär auf die Anlageprodukte begrenzt, für die keine spezialgesetzlichen Prospektregelungen bestehen, also in der Vergangenheit auf die Anlageprodukte des grauen Kapitalmarkts. Im Gegensatz zur normalen Vertrauenshaftung nach §§ 311 Abs. 2 und 3, 280 Abs. 1 BGB (ehem. c.i.c.) beruht die bürgerlich-rechtliche Prospekthaftung i.e.S. indes nicht auf einem konkret durch den Prospekt hervorgerufenen Vertrauenstatbestand, sondern bereits auf der abstrakten Überlegung, dass das Vertrauen eines beitretenden Anlegers bestimmten Beteiligten typischerweise entgegengebracht werde.[237] Die Rechtsprechung geht davon aus, dass der Prospekt regelmäßig die einzige Grundlage für den Anleger sei, sich die für seine Investitionsentscheidung erforderlichen wesentlichen Informationen zu verschaffen.[238] Es kommt daher bei der bürgerlich-rechtlichen Prospekthaftung i.e.S. nicht auf ein einer bestimmten Person gegenüber gewährtes konkretes Vertrauen an; als Anknüpfungspunkt sind Tätigkeit und Verantwortlichkeit ausreichend.[239] Der *BGH* hält es dementsprechend für erforderlich, dass nicht nur diejenigen für unzutreffende und irreführende Prospektangaben haften, die unmittelbar am Vertragsschluss beteiligt sind oder einen auf ihre Person bezogenen Vertrauenstatbestand schaffen, sondern vielmehr auch diejenigen Unternehmen und Personen, die zu der für die Herausgabe des Prospekts verantwortlichen eigentlichen Leistungsgruppe oder den sonst maßgeblichen Hintermännern des Kapitalanlageunternehmens zu rechnen sind.[240]

a) Adressaten

Die Rechtsprechung setzte es sich also offensichtlich zum Ziel, dem einzelnen Anleger stets einen solventen Anspruchsgegner zuzuweisen.[241] Dementsprechend entwickelte sie im Laufe der Zeit drei Gruppen von Prospektverantwortlichen, die allgemein als Leistungsträger, Hintermänner und Garanten durch Sachkenntnis ihre Bezeichnung gefunden haben.[242] Grundlage einer Haftung ist das typisierte Vertrauen auf die Richtigkeit und Vollständigkeit der in dem Prospekt durch diejenigen Personen gemachten Angaben, die für den Prospekt

---

237 *Crezelius*, BB 1985, S. 209, 213.

238 *BGHZ* 111, S. 314, 317.

239 *BGHZ* 79, S. 337, 341 f.

240 *BGHZ* 79, S. 337, 341.

241 *Kiethe*, NZG 1999, S. 858, 860.

242 *Weimann*, Prospekthaftung, 1998, S. 62; *Eyles*, in: Vortmann, Prospekthaftung und Anlageberatung, 2000, § 2 Rn. 34.

verantwortlich sind, ohne selber die Stellung eines Vertragspartners des mit dem Prospekt Geworbenen einzunehmen.[243] Es handelt sich hier folglich um eine Haftung aufgrund der Prospekt*erstellung*, die damit gerechtfertigt wird, dass das Vertrauen der Anlegergesellschafter von Publikumspersonengesellschaften den hinter der Gesellschaft stehenden Personen gilt, die als wirtschaftliche Vertragspartner und Verantwortliche erscheinen.[244] Mittels des Vertrauensbegriffs weitet der *BGH* den Kreis der Prospektverantwortlichen immer mehr aus, was von Teilen der Literatur kritisch beäugt wird. So stellt *Kiethe*[245] fest, dass dem *BGH* mit dem Vertrauen ein Instrument zur Verfügung steht, mit dem sich nahezu jede Erweiterung des Kreises derer, die bei Fehlschlagen einer Kapitalanlage haften sollen, begründen ließe. Der von der Rechtsprechung gebildete Kreis der Prospektverantwortlichen ist deshalb im Folgenden näher zu bestimmen.

Gegen die *Anlagegesellschaft* selber kann nach allgemeiner Ansicht kein Prospekthaftungsanspruch geltend gemacht werden. Zum einen wird dagegen angeführt, dass die Publikumsgesellschaft selbst nicht Vertragspartner der Anleger sei und die Anleger untereinander in keinerlei Beziehung stünden, die sonst in einer herkömmlichen Personengesellschaft üblich sei.[246] Dementsprechend schenkten die Beitrittsinteressenten ihr Vertrauen auch nicht der Anlagegesellschaft selbst.[247] Zum anderen sprechen Gründe des Gläubigerschutzes und der Anlegergleichbehandlung gegen eine Inanspruchnahme der Fondsgesellschaft.[248] Eine eingehende Auseinandersetzung mit der Problematik erfolgt innerhalb der Darstellung der verkaufsprospektrechtlichen Prospekthaftung nach § 13 Abs. 1 VerkProspG n.F., auf die an dieser Stelle verwiesen wird.[249] Ebenso wenig wie die Gesellschaft selbst können die Mitanleger aufgrund Prospekthaftung i.e.S. in Anspruch genommen werden,[250] sofern sie nicht zugleich zum Kreis der Initiatoren gehören[251] bzw. selbst falsche Prospektangaben machen.[252]

---

243 *BGHZ* 72, S. 382, 387; *BGH* DStR 2003, S. 1494; *Lüdicke/Arndt/Götz*, 2005, S. 102.

244 *Kümpel*, Bank- und Kapitalmarktrecht, 2004, Rn. 9.398.

245 *Kiethe*, NZG 1999, S. 858, 860.

246 *Assmann*, in: Assmann/Schütze, 1997, § 7 Rn. 103; *Eyles*, in:Vortmann, Prospekthaftung und Anlageberatung, 2000, § 2 Rn. 38; *Siol*, in: Schimansky/Bunte/Lwowski, Bankrechts-Handbuch Band I, 2001, § 45 Rn. 27.

247 *Eyles*, in: Vortmann, Prospekthaftung und Anlageberatung, 2000, § 2 Rn. 38.

248 Insbesondere *Ulmer/Dopfer*, BB 1978, S. 461, 463.

249 Vgl. Drittes Kapitel II. 2. a) aa).

250 Dies wurde wiederholt höchstrichterlich entschieden, vgl. *BGH* NJW 1978, S. 1625, 1626; *BGH* NJW 1991, S. 1608 f. Grundsätzlich müsste die Täuschung den beitretenden Gesellschaftern zwar zugerechnet werden können, weil die Publikumsgesellschaft selbst diejenige ist, die den typisierten Vertrauenstatbestand setzt, nimmt man aber eine wirtschaftliche Betrachtung vor, erscheint es unbillig, den in der Regel an der Prospekterstellung und Werbung für die Anlagegesellschaft nicht beteiligten Anlegern ein Haftungsri-

Prospektverantwortlich sind hingegen die so genannten Leistungsträger. Leistungsträger sind all diejenigen, die den Prospekt herausgeben und dafür Verantwortung tragen.[253] Dies sind vor allem die Initiatoren, Gründer und Gestalter des Projekts, die das Management bilden oder beherrschen. Unerheblich ist hierbei, ob diese Personen ausdrücklich im Prospekt benannt sind oder lediglich nach außen in Erscheinung treten. Die Haftung kann auch einen Treuhandkommanditisten erfassen, über den die Anleger an der Publikumspersonengesellschaft beteiligt sind, wenn dieser an den Verhandlungen über den Beitritt zumindest mittelbar selbst beteiligt ist und wenn er zu dem Kreis der Personen gehört, die hinter der Gründung der Gesellschaft stehen.[254] Weiterhin können zum Kreis der Initiatoren auch Banken gehören, wenn sie Treuhandkommanditisten und/oder Mitherausgeber des Prospektes sind.[255] Die Prospektherausgeber, Initiatoren, Gründer sowie ihnen gleichstehende Hintermänner haften grundsätzlich persönlich und unbeschränkt.[256]

Als Hintermänner werden die Personen bezeichnet, die hinter einer Publikums- oder Anlagegesellschaft stehen und auf ihre Geschäfte entscheidend Einfluss nehmen,[257] wobei es auch hier unerheblich ist, ob sie ausdrücklich im Prospekt genannt werden oder lediglich nach außen in Erscheinung treten.[258] Ohne die Ansprüche der Prospekthaftung i.e.S. wären die Hintermänner, weil sie nicht als Funktionsträger vertragliche Beziehungen zu den Erwerbern begrün-

---

siko aufzubürden, so auch *Gummert*, Münchener Handbuch des Gesellschaftsrechts, Band 2, 2004, § 69 Rn. 32.

251 Wie beispielsweise die Gründungskommanditisten. Es stellte sich in diesem Zusammenhang die Frage, ob die jeweils früher der Anlagegesellschaft beitretenden Mitgesellschafter den anschließend beitretenden Gesellschaftern möglicherweise deshalb haften, weil sie mit ihrem Beitritt den Gesellschaftsvertrag anerkannt und somit die Komplementärin ermächtigt haben, weitere Gesellschafter aufzunehmen, und ihnen das eine Prospekthaftung auslösende Verhalten der Komplementärin damit zuzurechnen ist. Da der typische Anleger aber keine Einflussmöglichkeit auf die Gesellschaft hat und vor allem künftige Beitrittsverhandlungen und -abschlüsse dem Verantwortungsbereich der Mitgesellschafter entzogen und ausschließlich auf den geschäftsführenden Gesellschafter verlagert ist, hat der *BGH* die Prospekthaftung von Anlegergesellschaftern, die zwar schon zu einem früheren Zeitpunkt, aber nach der Gründung der Gesellschaft beigetreten sind, zurecht verneint. Etwas anderes soll aber dann gelten, wenn ein Mitgesellschafter besonders finanziell engagiert ist und somit ein besonderes Interesse an dem durch die Aufnahme weiterer Gesellschafter ermöglichten Fortbestand der Gesellschaft hat, *BGHZ* 79, S. 337, 343; *BGH* BB 1991, S. 715, 716.

252 *BGHZ* 72, S. 382, 385; *BGHZ* 79, S. 337, 343; *BGH* DB 1992, S. 673.

253 *BGHZ* 71, S. 284 ff.

254 *BGHZ* 84, S. 141.

255 *BGH* WM 1985, S. 533.

256 *BGHZ* 111, S. 314; *Lüdicke/Arndt/Götz*, 2005, S. 101.

257 Z.B. als Beirats- oder Aufsichtsratsmitglieder, vgl. *Gehrlein*, BB 1995, S. 1965.

258 *BGHZ* 72, S. 382 ff.

den, keiner vertraglichen Haftung ausgesetzt.[259] Anknüpfungspunkt für die Begründung einer Haftung ist für die Rechtsprechung ihr Einfluss auf die Gesellschaft bei der Initiierung des Projekts.[260] Die Abgrenzung zwischen Leistungsträgern und Hintermännern ist oftmals schwierig, und die Grenze ist dabei fließend.[261]

Während Leistungsträger und Hintermänner auch der spezialgesetzlichen Prospekthaftung als Haftungsadressat nicht unbekannt sind, entstand die dritte Gruppe der „Garanten" zunächst in reiner Rechtsfortbildung. Die so genannte Garantenhaftung wurde von der Rechtsprechung für Produkte des grauen Kapitalmarkts, insbesondere für Wirtschaftsprüfer, aber auch weitere berufliche Sachkenner wie Steuerberater, Rechtsanwälte, Notare, Gutachter oder andere Sachverständige[262] und Kreditinstitute[263] entwickelt. Prospektverantwortung im Sinne der bürgerlich-rechtlichen Prospekthaftung tragen danach auch diejenigen, deren Namen im Prospekt als Referenz angegeben werden, die durch ihr Mitwirken am Prospekt oder bei der Abwicklung der Geschäfte einer Publikums- oder Anlagegesellschaft nach außen in Erscheinung treten und die aufgrund ihrer beruflichen Stellung oder ihrer besonderen Sachkenntnis eine Erklärung oder Bewertung des Anlageprojekts oder einzelner Bestandteile davon abgegeben haben, auf die ein durchschnittlicher Anleger sich regelmäßig verlassen darf.[264] Es muss also durch den Akt der Mitwirkung ein Vertrauenstatbestand geschaffen worden sein. Darüber hinaus muss die nach außen sichtbare Mitwirkung mit der Zustimmung des beruflichen Sachkenners, also mit seinem Wissen und Wollen erfolgt sein.[265] Nicht zwingend erforderlich ist, dass der Garant namentlich im Prospekt genannt wird, es ist aber eine leichte Identifizierbarkeit erforderlich und es muss werbewirksam auf die betreffende Person im Prospekt hingewiesen worden sein.[266] Allein der Hinweis in einem Prospekt, dass es z.B. ein Prospektprüfungsgutachten gibt, vermag ebenso wenig zu einer Haftung führen wie der Umstand, an dem Prospekt oder Vertragswerk mitgewirkt zu haben, so lange

---

259 *BGH* DNotZ 2001, S. 360, 361.

260 *BGHZ* 115, S. 214.

261 In der Literatur wird aus diesem Grund zum Teil nur von zwei Gruppen Prospektverantwortlicher gesprochen, vgl. *Gehrlein*, BB 1995, S. 1965.

262 Etwa in technischen Bereichen. Deshalb kann beispielsweise auch der Ingenieur, der in einem Prospekt mit Angaben über die Betriebsleistung einer Windstromanlage zitiert wird, als beruflicher Sachkenner angesehen werden, vgl. *Assmann*, AG 2004, S. 435, 438.

263 Kreditinstitute nehmen auf Grund ihrer wirtschaftlichen Aktivitäten – etwa als Finanziers des Anlageobjekts oder des Emittenten – oder auf Grund besonderer anderweitiger Sachkunde im Umfang der Erklärung, mit der sie im Prospekt erscheinen, eine Garantenstellung ein, vgl. *Assmann*, AG 2004, S. 435, 438.

264 *BGHZ* 77, S. 172, 175.

265 *Assmann*, AG 2004, S. 435, 439.

266 *BGHZ* 111, S. 314.

dies nicht nach außen vertrauensbildend eingesetzt worden ist.[267] Nicht ausreichend ist somit auch die bloße Nennung einer Person oder eines Unternehmens.[268] Zum Schutze der Wirtschaftsprüfer vor einer Prospekthaftung sah deshalb z.B. Ziffer 31 der Bestimmung des IDW S4-Standards[269] sogar ausdrücklich vor, darauf zu verzichten, im Prospekt auf das Vorliegen des Prospektgutachtens sowie auf die Tätigkeit des Wirtschaftsprüfers im Rahmen der Prospektbeurteilung hinzuweisen.[270] Im Unterschied zu den zwei vorher dargestellten Gruppen trifft die Garanten kraft Berufsstellung eine Einstandspflicht nur, sofern sie durch ihr nach außen in Erscheinung tretendes Mitwirken an der Prospektgestaltung einen besonderen Vertrauenstatbestand schaffen.[271] Ihre Haftung reicht mithin nur so weit, wie die Angaben dem einzelnen Berater zugerechnet werden können. Durch Auslegung ist dann zu ermitteln, wie weit die Erklärung des jeweiligen berufsmäßigen Sachkenners im Einzelfall reicht.[272] Innerhalb der spezialgesetzlichen Prospekthaftung ist eine solche Garantenhaftung höchst umstritten und vom Gesetzeswortlaut zunächst nicht vorgesehen.[273]

Exkurs: Einwendungsdurchgriff

Der für das Gesellschaftsrecht zuständige *II. Zivilsenat des BGH* gab Anlegern noch die zusätzliche Möglichkeit, im Wege eines Einwendungsdurchgriffs nach §§ 358, 359 BGB (§ 9 Abs. 3 VerbrKrG a.F.) Schadensersatzansprüche aus bürgerlich-rechtlicher Prospekthaftung i.e.S. gegen die die Beteiligung an der Publikumsgesellschaft finanzierende Bank geltend zu machen, wenn der Darlehensvertrag der Finanzierung des Geschäftsbeitritts diente und beide Verträge als eine wirtschaftliche Einheit anzusehen waren, also verbundene Verträge im Sinne von § 358 Abs. 3 BGB darstellten.[274] Der *II. Senat* hat auf diese Weise das Anlagerisiko weitestgehend vom Anleger auf die finanzierende Bank verlagert

---

267 *BGH* NJW-RR 1986, S. 1158; *Wagner*, DStR 2001, S. 497, 500.

268 *Assmann*, AG 2004, S. 435, 439, der weitere Beispiele nennt; so ist eine Person nicht als Garant anzusehen, von der es im Prospekt lediglich hieß, sie nehme die Aufgabe eines Treuhänders wahr, *BGH* NJW 1995, S. 1025.

269 IDW Standard 4, veröffentlicht in WPg 2000, S. 922 ff. – seit 15.7.2005 liegt im Entwurf einer Neufassung des bisherigen IDW S4 unter Berücksichtigung der Anforderungen der VermVerkProspV vor (IDW ES4). Mehr zum IDW S4 vgl. Zweites Kapitel II. 1. c) bb) bzw. zum IDW ES4 Drittes Kapitel I. a) cc).

270 Vgl. eingehend zur Dritthaftung des Wirtschaftsprüfers: *Janert/Schuster*, BB 2005, S. 987, 991.

271 Damit hat der *BGH* die bürgerlich-rechtliche Prospekthaftung i.e.S. der Garanten von vornherein eingeschränkt, vgl. *BGH* ZIP 1984, S. 173; *Gehrlein*, BB 1995, S. 1965.

272 *Kiethe*, ZIP 2000, S. 216, 222.

273 Vgl. Drittes Kapitel Teil II. 2. a) aa) ccc).

274 *BGH* DStR 2004, S. 1346 ff.; *BGH* DStR 2004, S. 1352; *BGH* DStR 2004, S. 1353; *BGH* DStR 2004, S. 1354, 1355; *BGH* DStR 2004, S. 1356; *BGH* DStR 2004, S. 1358.

und damit den Verbraucherschutz wesentlich weiter ausgedehnt.[275] Auch der für das Bank- und Börsenrecht zuständige *XI. Zivilsenat des BGH* hatte über verschiedene Klagen zu entscheiden, in denen es um kreditfinanzierte Beteiligungen von Verbrauchern an geschlossenen Immobilienfonds ging. Der *XI. Zivilsenat* kommt allerdings im Hinblick auf mögliche Prospekthaftungsansprüche gegen die finanzierende Bank im Wege des Einwendungsdurchgriffs zu anderen Ergebnissen als der *II. Senat.*

Einhellige Ansicht der Senate ist, dass zwischen Fondsbeitritt und Darlehensvertrag eine wirtschaftliche Einheit im Sinne von § 358 Abs. 3 BGB (§ 9 Abs. 1 VerbrKrG a.F.) besteht, wenn sich Fonds und Bank derselben Vertriebsgesellschaft bedienen.[276] Eine wirtschaftliche Einheit wird unwiderleglich vermutet, wenn sich der Kreditgeber bei der Vorbereitung oder dem Abschluss des Kreditvertrags der Mitwirkung der Initiatoren des Fonds bedient. Von einer Mitwirkung der Fondsgesellschaft ist nach höchstrichterlicher Rechtsprechung[277] auszugehen, wenn der Kreditvertrag nicht auf Grund eigener Initiative des Kreditnehmers (Anlegers) zustande kommt, der von sich aus eine Bank um die Finanzierung seines Gesellschaftsbeitritts ersucht, sondern deshalb, weil der Vertriebsbeauftragte des Fondsvertreibers dem Interessenten zugleich mit den Beitrittsunterlagen einen Kreditantrag des Finanzierungsinstituts vorgelegt hat, das sich zuvor dem Fondsvertreiber gegenüber zur Finanzierung bereit erklärt hatte. Ist ein Darlehensnehmer durch falsche Angaben zum Erwerb einer Fondsbeteiligung bewogen worden, kann er nach der Ansicht des *XI. Zivilsenats* bei Vorliegen eines verbundenen Geschäfts im Sinne des § 9 Abs. 1 VerbrKrG a.F. der die Fondsbeteiligung finanzierenden Bank seine Ansprüche gegen die Fondsgesellschaft entgegenhalten und gemäß § 9 Abs. 3 VerbrKrG a.F. die Rückzahlung des Kredits verweigern, soweit ihm *gegen die Fondsgesellschaft* ein Abfindungsanspruch zusteht.[278] Darüber hinaus kann er nach Ansicht beider Senate den mit dem Anlagevertrag gemäß § 9 Abs. 1 VerbrKrG a.F. verbundenen Darlehensvertrag nach § 123 BGB anfechten, wenn die Täuschung auch für dessen Abschluss kausal war. Den daneben bestehenden Anspruch aus Verschulden bei Vertragsschluss gegen den Vermittler kann der Darlehensnehmer ebenfalls gegen die kreditgebende Bank geltend machen, da der Vermittler bei einem verbundenen Geschäft nicht Dritter im Sinne von § 123 Abs. 2 BGB ist. Entgegen der Rechtsprechung des *II. Zivilsenats* hat der *XI. Senat* aber mehrfach

275 Zentrale Frage der in Fn. 274 benannten sechs *BGH*-Entscheidungen war die Rückabwicklung kreditfinanzierter Fondsbeteiligungen und damit, in welchen Fällen dem finanzierenden Kreditinstitut ein Anspruch auf Darlehensrückzahlung zusteht, vgl. hierzu eingehend *Schäfer*, DStR 2004, S. 1611 ff.; *Edelmann*, BB 2004, S. 1648 f.; *Fischer*, DB 2004, S. 1651 f.

276 *BGHZ* 156, S. 46 ff.; *BGH* DStR 2003, 2239.

277 *BGH* DStR 2003, S. 2237, 2238.

278 *BGH*, Urt. v. 25.4.2006, Az.: XI ZR 219/04; *BGHZ* 156, S. 46 ff.

und auch zuletzt eindeutig entschieden, dass der Darlehensnehmer Ansprüche gegen Gründungsgesellschafter, Fondsinitiatoren, maßgebliche Betreiber, Manager und Prospektherausgeber dem Rückzahlungsverlangen *nicht* entgegensetzen kann.[279]

Bei der ausführlichen Erörterung der durch die verschiedenen Ansichten der Senate hervorgerufenen Differenzen hat sich erwiesen, dass die spezifisch gesellschaftsrechtlichen Fragen, die nach Meinung beider Senate in der Vergangenheit zu der Befassung des *II. Senats* mit Fällen der kreditfinanzierten Fondsbeteiligungen geführt haben, zwischenzeitlich geklärt worden sind[280] und nunmehr die die Primärzuständigkeit des *XI. Zivilsenats* begründenden darlehens- und verbraucherkreditrechtlichen Probleme im Vordergrund stehen. Den bis dahin vom *XI. Zivilsenat* entwickelten, dem *II. Senat* entgegenstehenden Lösungen hat der *II. Senat* insoweit nicht widersprochen.[281] Insofern ist künftig davon auszugehen, dass die Möglichkeit, im Wege eines Einwendungsdurchgriffs nach §§ 358, 359 BGB (§ 9 Abs. 3 VerbrKrG a.F.) Schadensersatzansprüche aus bürgerlich-rechtlicher Prospekthaftung i.e.S. gegen die die Beteiligung an der Publikumsgesellschaft finanzierende Bank geltend zu machen, in der Regel für den Anleger nicht bestehen wird.

b) Anspruchsberechtigte Personen

Im Falle der Verletzung einer Aufklärungspflicht ist der Anleger anspruchsberechtigt, der sich im Vertrauen auf die Richtigkeit des Prospekts an einer Publikumspersonengesellschaft beteiligt.[282] Ebenfalls anspruchsberechtigt können mittelbar über einen Treuhänder beteiligte Anleger sein; sie sind also nicht allein auf Ansprüche gegen den Treuhänder beschränkt.[283] Nach ganz herrschender Meinung kann auch der fachkundige, erfahrene Anleger Prospekthaftungsansprüche i.e.S. geltend machen, weil sein Informationsdefizit über Interna des Anlageprojekts nicht von diesen personellen Eigenschaften abhänge.[284]

In der Diskussion steht, inwieweit der Rechtsnachfolger eines Anlegers, also ein Zweiterwerber, Ansprüche aus Prospekthaftung i.e.S. geltend machen kann. Problematisch erscheint die Anspruchsberechtigung des Zweiterwerbers unter dem Gesichtspunkt, dass auch die Prospekthaftung i.e.S. nach der Rechtsprechung eine Weiterführung der Vertrauenshaftung ist, wie sie für Grundfälle eines Verschuldens bei Vertragsverhandlungen entwickelt wurde. Dementspre-

279 Abweichend von *BGHZ* 159, S. 280 ff.: *BGH*, Urt. v. 25.4.2006, Az.: XI ZR 219/04.

280 *BGHZ* 156, S. 46 ff.

281 Als Begründung wurden unterschiedliche Fallkonstellationen angeführt, vgl. *BGH*, Mitteilung der Pressestelle Nr. 62/2006.

282 Ausführlich *Gummert*, in: Münchener Handbuch des Gesellschaftsrechts, Band 2, 2004, § 69, Rn. 57 m.w.N.

283 *BGH* NJW 1987, S. 2677, 2678.

284 *BGH* WM 1984, S. 960; *Assmann*, Prospekthaftung, 1985, S. 359 f.

chend ist hierbei Voraussetzung die Verletzung vertraglicher oder vorvertraglicher Aufklärungspflichten.[285] Solche lassen sich mangels Kontakt schwer für den Zweiterwerber begründen. Allerdings räumt *Assmann* zutreffend ein, dass im Interesse umfassender, effizienter Kapitalmarktinformation auf Prospektangaben bezogene Informationsverkehrspflichten unabhängig von der jeweiligen Anlageart grundsätzlich gegenüber jedem Anleger gelten müssten, der aufgrund eines Prospekts eine Anlage erworben hat. Davon wären dann sowohl Erst- als auch Zweiterwerber erfasst.[286] Für eine Anspruchsberechtigung spricht zudem, dass die Wirkungen des unrichtigen Prospekts fortdauern, wenn ein Anleger seine Beteiligung unter Hinweis auf den Prospekt auf einen Dritten überträgt.[287] Eine Haftung müsste zumindest so lange bestehen, bis der haftungsrechtliche Kausalzusammenhang unterbrochen wird, indem der Ersterwerber von der Unrichtigkeit des Prospekts erfahren hat und bei der Veräußerung der Anlage selber Aufklärungspflichten verletzt.[288]

Im Ergebnis geht es also mit Sinn und Zweck der Prospekthaftungsansprüche i.e.S. konform, eine Anspruchsberechtigung für den Zweiterwerber anzunehmen. Die Haftung der Prospektverantwortlichen ist schließlich auch nicht grenzenlos gewährleistet; die kurzen Verjährungsfristen geben insoweit hinreichenden Schutz.[289] Die Berechtigung des Zweiterwerbers wurde zwar von der Rechtsprechung nicht ausdrücklich entschieden. Dabei muss aber die Tatsache Berücksichtigung finden, dass diese Frage in der Vergangenheit aufgrund mangelnder Handelbarkeit der Anlagen des nicht organisierten Kapitalmarktes von geringer praktischer Relevanz war. Zweitmärkte für geschlossene Fonds etablieren sich erst seit kurzer Zeit.

c) *Verwendung mangelhafter Prospekte*

Die bürgerlich-rechtliche Prospekthaftung i.e.S. knüpft in Anlehnung an die spezialgesetzliche Prospekthaftung daran an, dass der Prospektpflichtige mangelhafte Prospekte verwendet. Da der Prospekt zentrale Gestalt der Prospekthaftung ist, erfolgt vorab eine Auseinandersetzung mit dem Prospektbegriff der bürgerlich-rechtlichen Prospekthaftung i.e.S. Nachfolgend wird dann die Frage behandelt, wann ein Prospektmangel in diesem Sinne gegeben ist.

---

285 *Gummert*, Münchener Handbuch des Gesellschaftsrechts, Band 2, 2004, § 69 Rn. 59; *Assmann*, Prospekthaftung, 1985, S. 359.

286 *Assmann*, Prospekthaftung, 1985, S. 359.

287 *Gummert*, Münchener Handbuch des Gesellschaftsrechts, Band 2, 2004, § 69 Rn. 59.

288 Dabei ist allerdings zu berücksichtigen, dass es im Zweifel für den Zweiterwerber wie auch den Anspruchsgegner schwierig zu beweisen sein wird, dass bzw. ob die Kausalkette tatsächlich unterbrochen wurde.

289 Vgl. Zweites Kapitel II. 1. h).

aa) Prospekt

Mangels Reglementierung einer Prospektierungspflicht existiert auch keine gesetzliche Definition vom Anlageprospekt. Eine abschließende höchstrichterliche Entscheidung, welche Publikationen, Anlegerinformationen und Werbemittel als Prospekte im Sinne der bürgerlich-rechtlichen Prospekthaftung anzusehen sind, blieb bisher aus. Die gerichtliche Praxis befasste sich im Besonderen mit den in der Branche üblichen, umfassend ausgestalteten Werbebroschüren für Vermögensanlagen, deren Einordnung als Prospekt im Sinne der bürgerlich-rechtlichen Prospekthaftung nicht in Frage gestellt wird.[290] Anbietern von geschlossenen Fonds standen theoretisch daher unzählige Möglichkeiten zur Verfügung, um den Anleger mit gezielten und werblich ausgeschmückten Informationen zur Anlageentscheidung zu veranlassen. Die Abgrenzung bloßer Werbung zu einem Verkaufsprospekt im Sinne der allgemein zivilrechtlichen Prospekthaftung mit der Folge einer Haftung für den Anbieter, stellt sich aufgrund der Vielzahl an Gestaltungsmöglichkeiten mangels klarer Begriffsbestimmung dementsprechend als äußerst schwierig dar.

Eine Vielzahl von Autoren legen der bürgerlich-rechtlichen Prospekthaftung im Interesse der Einheitlichkeit der Rechtsordnung den Prospektbegriff des § 264a StGB zugrunde. Nach § 264a StGB ist ein Prospekt jedes Schriftstück, das für die Beurteilung der Anlage wesentliche Angaben enthält oder den Eindruck eines solchen Inhalts erwecken soll.[291] Es gibt aber auch Befürworter eines weiteren Prospektbegriffes im Sinne von allen marktbezogenen schriftlichen Erklärungen, die solche Angaben enthalten, die einem unbestimmten Kreis von Personen die Beurteilung von Vermögensanlagen ermöglichen sollen.[292]

Einigkeit besteht, dass *schriftliche Verkaufsofferten*, durch die eine *Vielzahl von potentiellen Anlegern* angesprochen wird, stets unter den bürgerlich-rechtlichen Prospektbegriff fallen.[293] Der *BGH* hat nämlich zumindest negativ entschieden, dass es für eine Prospekthaftung nicht ausreiche, wenn ein Werbeschreiben lediglich zur Förderung des Abschlusses einzelner noch auszuhandelnder Verträge zwischen Privatpersonen eingesetzt werde.[294] Der *BGH* stellte durch diese Entscheidung heraus, dass er die Frage des Aufklärungsbedarfs im Hinblick auf die individuelle Investitionsentscheidung eines Anlegers und die Versorgung des Marktes mit Anlageinformationen zu trennen gewillt ist.[295] Eine

290 *Siol*, in: Schimansky/Bunte/Lwowski, Bankrechts-Handbuch Band I, 2001, § 45 Rn. 46; *Eyles*, in: Vortmann, Prospekthaftung und Anlageberatung, 2000, § 2 Rn. 56.

291 *Groß*, Kapitalmarktrecht, 2002, § 48 BörsG Rn. 5; *Assmann*, in: Assmann/Schütze, 1997, § 7 Rn. 57.

292 *Hamann*, in: Schäfer, WpHG etc., 1999, §§ 45, 46 a.F. (Fassung vor dem Dritten Finanzmarktförderungsgesetz) Rn. 25.

293 *Eyles*, in: Vortmann, Prospekthaftung und Anlageberatung, 2000, § 2 Rn. 57.

294 *BGH* WM 1989, S. 1715, 1717.

295 *Assmann*, in: Freundesgabe für Friedrich Kübler, 1997, S. 317, 330.

Eingrenzung des Prospektbegriffs im Sinne der bürgerlich-rechtlichen Prospekthaftung kann mithin zumindest insoweit stattfinden, dass der Prospekt darauf ausgerichtet sein muss, eine Vielzahl von Adressaten anzusprechen.[296]

Das Erfordernis einer schriftlichen Zusammenfassung der Informationen ergibt sich insoweit schon aus Sinn und Zweck und dem Begriff der Prospekthaftung selbst. Im Hinblick auf die gegenwärtigen modernen Kommunikationstechniken, muss es sich hierbei jedoch nicht um einen traditionellen Werbeprospekt handeln; dem Merkmal der Schriftlichkeit ist auch dann genüge getan, wenn sich Anbieter anderer Kommunikationswege (Internet, eMail etc.) bedienen, um den Interessenten Informationen über die Anlage zu übermitteln. Hier ist somit eine weite Auslegung zu bevorzugen, denn der Anlegerschutz darf grundsätzlich nicht davon abhängig gemacht werden, welcher Vertriebsmedien und Technologien sich der Anbieter einer Vermögensanlage bedient.[297]

Im Fokus der Auseinandersetzung um den Prospektbegriff der bürgerlichrechtlichen Prospekthaftung steht die Behandlung von Werbeschreiben, Serienbriefen, Kurzexposés, Zeitungsanzeigen, Handzetteln und vergleichbaren Darstellungen. Diese haben gemeinsam, dass sie der bloßen Anpreisung dienen und somit in der Regel offenkundig nicht dazu in der Lage bzw. auch nicht dazu geschaffen sind, Interessenten ein vollständiges Bild über die Kapitalanlage zu vermitteln.[298] Es drängt sich also die Frage auf, ob der Anleger noch schutzwürdig ist, wenn er der Vollständigkeit an Informationen gar kein Vertrauen (mehr) entgegenbringt.

---

296 In diesem Zusammenhang ist dann wieder umstritten, ob der Adressatenkreis unbegrenzt sein muss. Insbesondere in Anlehnung an § 2 Nr. 2 VerkProspG a.F. wird vertreten, dass ein Verkaufsprospekt, der sich an einen begrenzten Adressatenkreis richtet, aus dem Anwendungsbereich der bürgerlich-rechtlichen Prospekthaftung heraus fällt, vgl. *Siol*, in: Schimansky/Bunte/Lwowski, Bankrechts-Handbuch Band I, 2001, § 45 Rn. 47. Andere erachten es für sinnvoll, hier auf eine solche Ausnahmeregelung zu verzichten, weil der Schutz des Anlegers gerade im ungeregelten Bereich des grauen Kapitalmarktes nicht davon abhängig gemacht werden solle, ob lediglich ein kleiner Adressatenkreis oder ein breites Anlegerpublikum durch die Verkaufsofferte angesprochen werde. Dies gelte umso mehr, als die Initiatoren von Publikums- und Anlagegesellschaften es durchaus in der Hand hätten, in sukzessiven Schritten weitere begrenzte Personenkreise auszuwählen und diese gezielt im Hinblick auf Kapitalanlagen anzusprechen, vgl. *Eyles*, in: Vortmann, Prospekthaftung und Anlageberatung, 2000, § 2 Rn. 57.

297 Dies gilt nach h.L. nicht für den Straftatbestand des Kapitalanlagebetrugs gem. § 264a StGB, denn hier ist der Wortlaut auf schriftliche Unterlagen begrenzt. Eine Ausdehnung auf nicht schriftliche Unterlagen, die mittels moderner Kommunikationsmedien übermittelt werden, würde an die Grenzen des strafrechtlichen Analogieverbots und der zulässigen Wortlautinterpretation stoßen, vgl. *Eyles*, in: Vortmann, Prospekthaftung und Anlageberatung, 2000, § 2 Rn. 59.

298 Die Definition des Prospektbegriffs der bürgerlich-rechtlichen Prospekthaftung wird für das Konkurrenzverhältnis zu den spezialgesetzlichen Haftungstatbeständen besonders relevant, vgl. Drittes Kapitel II. 2. i).

Vom Prospektbegriff ausdrücklich ausgenommen hat der *BGH* solche Werbeschreiben, mit denen der konkrete Abschluss eines einzelnen Vertrages gefördert werden soll, selbst dann, wenn die Werbeschreiben für eine Mehrzahl von Personen bestimmt gewesen sein sollten.[299] Das *OLG Frankfurt* hat in einer Entscheidung zwar mal Anzeigen in Magazinen oder Tageszeitungen dem eigentlichen „Werbeprospekt" in seiner ursprünglichen Form gleichgestellt.[300] Nach einer Ansicht im Schrifttum soll darüber hinaus einzig entscheidend sein, dass die von der Anlagegesellschaft oder in Abstimmung mit ihr und den Initiatoren zusammengestellten Informationen darauf abzielen, Anleger zum Beitritt zur Publikumsgesellschaft zu animieren.[301] Hiernach kann jede marktbezogene, standardisierte Information, das heißt an eine bestimmte Zahl von Personen gerichtete schriftliche Erklärung, auch der sog. Flyer, unter den Prospektbegriff der bürgerlich-rechtlichen Prospekthaftung i.e.S. fallen.[302] Zur Begründung wird angeführt, dass ansonsten solche Emittenten und Vertriebsorganisationen privilegiert würden, die bei der Erstellung eines Prospektes besonders nachlässig sind oder schlichtweg auf andere Werbemittel als den klassischen „Werbeprospekt" ausweichen. Um aus dem Anwendungsbereich der bürgerlich-rechtlichen Prospekthaftung i.e.S. heraus zu fallen, sollten die Unterlagen zumindest einen Hinweis enthalten, dass eine umfassende schriftliche und kostenlose Unterrichtungsmöglichkeit für den Interessenten besteht und wie diese zu erlangen sei.[303] Vertretern einer Gegenansicht zufolge können regelmäßig nur solche Schriftstücke eine Prospekthaftung i.e.S. auslösen, die bei den Adressaten zumindest den Eindruck erwecken, als enthielten sie für die Beurteilung wesentliche Angaben,[304] so dass auch die Vermittlung von minimalen Informationen grundsätzlich nicht ausreiche, z.B. Handzettel, Zeitungsanzeigen, Kurzexposés.[305] Würden nämlich offenkundig unvollständige Anpreisungen ausgeteilt, sei logische Konsequenz, dass der Anleger im Vertrauen auf die vollständige Ausführung aller für die Anlageentscheidung wesentlichen Angaben nicht schützenswert sei.

Ausgangspunkt der Diskussion ist, dass ein potenzieller Anleger in der Regel dann nicht schutzbedürftig ist, wenn er auf den Inhalt eines Dokuments, mithin auf seine Vollständigkeit und Richtigkeit gar nicht vertraut. Das entspricht so auch den Vorschriften der spezialgesetzlichen Prospekthaftung. Erkennt der An-

---

299 *BGH* ZIP 1989, S. 1455, 1457 f.

300 Urteil v. 29.2.1982, Az.: 21 U 296/81, S. 8.

301 *Gummert*, in: Münchener Handbuch des Gesellschaftsrechts, Band 2, 2004, § 69 Rn. 10.

302 Vgl. *Assmann*, in Assmann/Schütze, 1997, § 7 Rn. 57, wobei *Assmann* seine diesbezüglichen Ausführungen zu Kurzinformationen als Prospekte nicht mehr aufrechterhält. Andere in der Literatur folgen jedoch noch immer seinen Ausführungen, vgl. *Gummert*, in: Münchener Handbuch des Gesellschaftsrechts, Band 2, 2004, § 69 Rn. 10.

303 *Eyles*, in: Vortmann, Prospekthaftung und Anlageberatung, 2000, § 2 Rn. 58.

304 Dies entspricht dem Prospektbegriff des § 264a StGB, vgl. BT-Drucks 10/318, S. 23.

305 Vgl. *Assmann*, in: Assmann/Schütze, Ergänzungsband 2001, § 7 Rn. 10, Fn. 30.

leger also, dass er durch ein Dokument nicht vollständig informiert wird bzw. werden soll, ist – zumindest im Regelfall – ein Anspruch nach den Grundsätzen der allgemeinen bürgerlich-rechtlichen Prospekthaftung ausgeschlossen.[306] Das *OLG München* hat darüber hinaus allerdings entschieden, dass auch ein Kurzexposé, das neben einem Hauptprospekt besteht, den Grundsätzen der Prospekthaftung unterliegen kann. Ein Kurzexposé dürfe keine unrichtigen Angaben enthalten und die Darstellungen sollten nicht irreführend sein.[307] Auch aus der Entscheidung des *OLG München* geht aber die deutliche Trennung von Hauptprospekt und Kurzexposé hervor. Es handelte sich hier um eine Einzelfallentscheidung, in dem das Kurzexposé als Ergänzung zum Hauptprospekt angesehen und beide als Einheit behandelt wurden. Eine generelle Aussage zu den in der Diskussion stehenden Schriftstücken geht auch aus dieser Entscheidung nicht hervor.

Nach den vorgenannten Erwägungen lässt sich ein Prospekt im Sinne der allgemeinen bürgerlich-rechtlichen Prospekthaftung jedenfalls als jede schriftliche Darstellung im weitesten Sinne umschreiben, die für die Beurteilung einer Anlage erhebliche Angaben enthält oder den Eindruck eines solchen Inhalts erwecken soll, sich an eine Vielzahl von Adressaten richtet und die vom durchschnittlichen Anleger nicht als offensichtlich unvollständig/unrichtig eingeordnet wird.[308] Welche Publikationen, Anlegerinformationen und Werbemittel darüber hinaus von den Grundsätzen der bürgerlich-rechtlichen Prospekthaftung i.e.S. erfasst sind, unterliegt stets einer Einzelfallbetrachtung. Insgesamt ist aber eine weite Auslegung des bürgerlich-rechtlichen Prospektbegriffs geboten.

bb) Prospektmängel

Für die Bestimmung, wann ein die bürgerlich-rechtliche Prospekthaftung auslösender Prospektmangel vorliegt, ist an folgender Grundaussage des *BGH* anzusetzen: Der Anleger darf erwarten, ein zutreffendes Bild über das Beteiligungsobjekt zu erhalten, das heißt, dass der Prospekt ihn über alle Umstände, die für seine Entscheidung von wesentlicher Bedeutung sind oder sein können, sachlich richtig und vollständig unterrichtet, insbesondere über Tatsachen, die den Vertragszweck vereiteln können.[309] Ein Prospektmangel liegt damit vor, wenn der Prospekt unvollständig, unrichtig oder irreführend ist.[310] Der *BGH* legt bei der Beurteilung eines Prospektmangels einen objektiven Maßstab an,[311] er stellt auf

306 *Grumann*, BKR 2002, S. 310, 312.

307 *OLG München* NZG 1999, S. 730, 731.

308 So in etwa auch *Grumann*, BKR 2002, S. 310, 313.

309 *BGHZ* 79, S. 337, 341; *BGHZ* 123, S. 106, 110; *BGH* NJW 1982, S. 1095.

310 *BGHZ* 79, S. 337, 341; *BGHZ* 84, S. 141, 145.

311 In der Literatur wird dagegen als relevanter Beurteilungsmaßstab regelmäßig die Verständnismöglichkeit der Personenkreise angesehen, an die sich der Prospekt richtet, wobei die Auffassungen dementsprechend mit der dem Prospekt zugeschriebenen Publizi-

die Verständnismöglichkeiten eines durchschnittlichen, mit der gebräuchlichen Schlüsselsprache nicht vertrauten Anlegers ab, der allerdings in der Lage sein soll, eine Bilanz zu lesen.[312] Diese Beurteilungsperspektive entspricht im Wesentlichen derjenigen bei der spezialgesetzlichen Prospekthaftung. Auf die grundsätzliche Widersprüchlichkeit des angelegten Maßstabes wird deshalb innerhalb der Darstellung der neuen Rechtslage näher eingegangen.[313] Insgesamt kommt es nicht darauf an, ob es sich im Einzelfall um einen Laien oder einen Fachmann handelt. Weiterhin wird nach *BGH* davon ausgegangen, dass der Prospektadressat den Prospekt sowie beigefügte Anlagen sorgfältig und eingehend liest.[314]

Die Beurteilung von Vollständigkeit und Richtigkeit der im Prospekt enthaltenen Angaben und insbesondere auch die Frage nach der Erheblichkeit der Angaben erfolgt aus einer ex-ante Betrachtung und bezieht sich damit auf den Zeitpunkt der Prospektherausgabe.[315] Tatsachen, welche erst danach bekannt werden (z.B. mit Eintritt des Schadensfalles), sollen der Beurteilung nicht zugrunde gelegt werden. Gleichzeitig verlangt die Rechtsprechung jedoch die Vorlage eines zeitnahen Prospekts. Wenn sich die im Prospekt enthaltenen Informationen bis zum Abschluss des Beitrittsvertrages ändern, müssen die Interessenten darauf rechtzeitig hingewiesen werden.[316] Dabei wird die Ergänzung des Prospekts durch einen Anhang als ausreichend angesehen.

Grundlage der Prospekthaftung können nur solche Umstände sein, die objektiv zu den wertbildenden Faktoren einer Anlage zählen und die ein durchschnittlicher und verständiger Anleger bei seiner Anlageentscheidung voraussichtlich berücksichtigen würde, mithin solche Umstände, die als erheblich anzusehen sind.[317] Ob ein Prospekt in diesem Sinne inhaltlich vollständig und richtig ist, lässt sich hingegen nicht abstrakt beurteilen und ist stets abhängig vom Einzel-

---

tätsfunktion variieren, vgl. *Assmann*, Prospekthaftung, 1985, S. 316. Die an den Prospekt bezüglich Richtigkeit und Vollständigkeit zu stellenden Anforderungen seien gerade nicht unabhängig vom Adressatenkreis zu bewerten, vgl. *Eyles*, in: Vortmann, Prospekthaftung und Anlageberatung, 2000, § 2 Rn. 65; *Siol*, in: Schimansky/Bunte/Lwowski, Bankrechts-Handbuch Band I, 2001, § 45 Rn. 50; *Kiethe*, ZIP 2000, S. 220. Daher sei im Einzelfall anhand der konkret vorhandenen Kapitalanlage eine Feststellung darüber zu treffen, welcher Maßstab insoweit heranzuziehen ist. Entscheidend sei, dass Informationsstand und Erkenntnismöglichkeiten sowohl der Urheber des Prospekts als auch der Anleger die Auslegung der Tatbestandsmerkmale „Richtigkeit“ und „Vollständigkeit“ bestimmen, vgl. auch *Assmann*, Prospekthaftung, 1985, S. 316.

312 *BGH* NJW 1982, S. 2823, 2824; *Lüdicke/Arndt/Götz*, 2005, S. 98.

313 Vgl. Drittes Kapitel II. 2. c).

314 *BGH* WM 1992, S. 901, 904.

315 *Assmann*, in: Assmann/Schütze, 1997, § 7 Rn. 65; *Lüdicke/Arndt/Götz*, 2005, S. 98 f.

316 *BGHZ* 71, S. 284, 290 f.; *BGHZ* 123, S. 106, 115; *OLG Frankfurt.* WM 2004, S. 1831, 1834.

317 *Assmann*, in: Assmann/Schütze, 1997, § 7 Rn. 66; *Lüdicke/Arndt/Götz*, 2005, S. 99.

fall.[318] Für gesetzlich vorgeschriebene Prospekte enthielten die BörsZulV und die VerkProspV[319] vor dem 1. Juli 2005 einen (nicht abschließenden Katalog) der notwendigen Prospektangaben.[320] Für geschlossene Fonds ist seit dem 1. Juli 2005 ebenfalls die inhaltlich an der VerkProspV a.F. orientierte VermVerkProspV in Kraft. Vor dem 1. Juli 2005 fehlte eine entsprechende Auflistung der erforderlichen Prospektangaben für Prospekte von Anbietern geschlossener Fonds bzw. Vermögensanlagen des grauen Kapitalmarktes insgesamt. Allerdings gaben die Grundsätze ordnungsgemäßer Beurteilung von Prospekten über öffentlich angebotene Kapitalanlagen (IDW S4)[321], verabschiedet vom wohnungswirtschaftlichen Fachausschuss (WFA) des Instituts der Wirtschaftsprüfer in Deutschland e.V., den Anbietern eine Orientierung.[322] Prospekte, die nach den Vorgaben des IDW Standard 4 erstellt wurden, hielten grundsätzlich einer gerichtlichen Überprüfung stand. Mit der Einführung der VermVerkProspV hat der WFA den IDW S4 überarbeitet und der Verordnung entsprechend umgestaltet.[323] Auf die Anpassungen soll im Dritten Teil dieser Untersuchung näher eingegangen werden. Schwerpunkt dieses Abschnitts ist die Prospekthaftung für geschlossene Fonds vor dem 1. Juli 2005, so dass der IDW S 4 in seiner Fassung vor dem 1. Juli 2005 an dieser Stelle zugrunde gelegt wird.

Nach Ziffer 2.1 des IDW S4[324] war Grundlage der Beurteilung von Prospekten über Kapitalanlagen durch Wirtschaftsprüfer, ob in den Prospekten die aus der Sicht eines verständigen und durchschnittlich vorsichtigen Anlegers für eine Anlageentscheidung erheblichen Angaben mit hinreichender Sicherheit vollständig und richtig enthalten sind, und ob diese Angaben klar – d.h. gedanklich geordnet, eindeutig und verständlich – gemacht werden. Eine Prospektbeurteilung bezog sich daher auf die Vollständigkeit, Richtigkeit und Klarheit der Prospektangaben einschließlich der Plausibilität der im Prospekt enthaltenen Werturteile, der Schlüssigkeit von Folgerungen sowie der Darstellung der mit der Kapitalanlage verbundenen Chancen und Risiken.

aaa) Vollständigkeit des Prospektes

Ein Prospekt war gemäß Ziffer 2.2 des IDW S4 im Einklang mit der ständigen Rechtsprechung zur bürgerlich-rechtlichen Prospekthaftung vollständig, wenn er

318 *Von Heymann*, DStR 1993, S. 840, 841.

319 Beide aufgehoben gemäß Art. 9 des Gesetzes vom 22.6.2005, BGBl. I S. 1698.

320 Jetzt vereinheitlicht im WpPG.

321 Stand: 1.9.2000.

322 Veröffentlicht in WPg 2000, S. 922 ff.

323 Seit dem 15.7.2005 liegt im Entwurf einer Neufassung des bisherigen IDW S4 unter Berücksichtigung der Anforderungen der VermVerkProspV vor, IDW ES4, veröffentlicht in WPg 2005, S. 903 ff.; vgl. zur Neufassung des IDW S4 auch *Kütting*, DStR 2006, S. 1007 ff.

324 Stand 2000.

alle wesentlichen Angaben zur angebotenen Vermögensanlage enthielt, wobei die Auswirkungen der Anlage auf die subjektiven Verhältnisse des Anlegers im Prospekt nicht dargestellt zu werden brauchten. Als wesentlich galten sämtliche Angaben, die aus der Sicht eines verständigen und durchschnittlich vorsichtigen Anlegers für die Anlageentscheidung erheblich waren. Der IDW S4 gab in Anlage 1 Mindestanforderungen an den Prospektinhalt vor. Dargestellt werden mussten:

- Das Angebot im Überblick und Beschreibung des Anlageobjektes
- Chancen und Risiken
- Rechtliche Verhältnisse
- Steuerliche Verhältnisse
- Kosten der Investition
- Finanzierung der Investition
- Nutzung der Kapitalanlage
- Beendigung der Kapitalanlage
- Wichtige Verträge und Vertragspartner
- Angaben bei Auslandsbezug
- Hinweise auf besondere Umstände
- Formelle Erfordernisse.

Besondere Umstände, für die hiernach eine Hinweispflicht bestehen sollte, waren zum Beispiel wesentliche kapitalmäßige und personelle Verflechtungen zwischen den Herausgebern des Prospektes/Initiatoren und/oder den (künftigen) Betreibern, Mietern, und sonst mit der Errichtung und Durchführung des Investitionsvorhabens befassten oder daran beteiligten Personen sowie anderen Vertragspartnern, die für die Realisierung des Investitionsvorhabens und die Verwendung von den Anlegern aufgebrachten Kapitals von Bedeutung waren. Eine solche Aufklärung im Verkaufsprospekt wird im Übrigen auch ausdrücklich vom *BGH* verlangt,[325] weil derartige Verflechtungen die Gefahr einer Interessenkollision zum Nachteil der Gesellschaft und der im Rahmen einer Unterbeteiligung beitretenden Gesellschafter begründen. Der einzelne Anleger könne deshalb erwarten, dass er über diesen Sachverhalt aufgeklärt werde, damit er in Kenntnis des Risikos seine Entscheidung treffen und gegebenenfalls der bestehenden Gefährdung begegnen könne.[326]

bbb) Richtigkeit des Prospektes

Das mit dem Anlagegeschäft verbundene Risiko wird für den Anleger nur dann kalkulierbar, wenn die Angaben im Prospekt richtig sind. Angegebene Tatsa-

325 *BGH* NJW 1982, S. 1095, 1096; *BGH* NJW 1995, S. 130.
326 *BGHZ* 79, S. 337, 345; *BGH* NJW 1995, S. 130.

chen müssen deshalb auch zutreffend sein.[327] Annahmen und Schätzungen müssen plausibel dargelegt werden und dürfen nicht in erkennbarem Widerspruch zu vorgelegten Unterlagen, erteilten Auskünften, sonstigen Angaben im Prospekt sowie allgemein bekannten wirtschaftlichen Tatsachen stehen. Folgerungen müssen sachlich und rechnerisch richtig entwickelt worden und damit schlüssig sein, wertende Aussagen durch Tatsachen gestützt werden.[328] Prognosen sind ausdrücklich als solche zu kennzeichnen, verwendete Prämissen müssen wirklichkeitsnah, die Berechnungen rechnerisch richtig und im Aufbau plausibel, Risiken und Unsicherheiten ausreichend dargestellt werden. Auch zu Werbezwecken verwendete Anpreisungen dürfen in ihrem Tatsachenkern nicht unrichtig sein.[329] Die Darstellung steuerlicher Verhältnisse muss den geltenden gesetzlichen Bestimmungen, der veröffentlichten Rechtsprechung und der veröffentlichten oder nachgewiesenen Verwaltungsauffassung entsprechen. Steuerliche Folgen sind klar und deutlich aufzuzeigen.[330] Darüber hinaus dürfen die Darstellungen im Prospekt insgesamt kein falsches Bild von dem Anlageangebot und dem Anlageobjekt vermitteln, vielmehr hat der Prospekt in seinem Gesamteindruck die Vermögens-, Finanz- und Liquiditätslage des Unternehmens zutreffend wiederzugeben.[331]

Insgesamt gebietet es der Grundsatz der Prospektklarheit, dass Prospektangaben gedanklich geordnet, eindeutig und verständlich dargestellt werden. Dies setzt voraus, dass die Angaben nach sachlichen Gesichtspunkten und logisch geordnet sowie innerhalb des zugehörigen Sachgebietes systematisch gegliedert ausgeführt werden.[332] Die Struktur des Prospektes muss gewährleisten, dass die wesentlichen Aussagen und bedeutsamen Sachverhalte in übersichtlicher Weise ausreichend deutlich hervorgehoben werden.[333] Ein Verstoß führt zwar nicht zwangsweise zu einer Haftung nach den Grundsätzen der bürgerlich-rechtlichen Prospekthaftung i.e.S., jedoch können Prospektgestaltungsmängel bei einem durchschnittlichen Anleger einen unzutreffenden Gesamteindruck hervorrufen, so dass die Grenzen der Unrichtigkeit überschritten werden.[334]

---

327 Ziffer 2.3 IDW S4; *Weimann*, Prospekthaftung, 1998, § 5 Rn. 23.

328 *BGH* WM 1982, S. 862, 865.

329 *Lüdicke/Arndt/Götz*, 2005, S. 99.

330 Ziffer 2.3 des IDW S4; *BGH* DStR 2003, S. 1760; *Gummert*, in: Münchener Handbuch des Gesellschaftsrechts, Band 2, 2004, § 69 Rn. 17.

331 Ziffer 2.3 des *IDW S4*, abgedruckt in NZG 2001, S. 709, 710; *Lüdicke/Arndt/Götz*, 2005, S. 99.

332 *BGH* WM 1982, S. 862, 863; *BGH* NJW-RR 1992, S. 879, 881; *Eyles*, in Vortmann, Prospekthaftung und Anlageberatung, 2000, § 2 Rn. 66.

333 Ziffer 2.3 des IDW Standards.

334 *Assmann*, in: Assmann/Schütze, 1997, § 7 Rn. 93; *Lüdicke/Arndt/Götz*, 2005, S. 101.

d) *Haftungsbegründende Kausalität*

Im Rahmen der haftungsbegründenden Kausalität wird gemäß der freien richterlichen Beweiswürdigung (§ 286 ZPO) geprüft, ob sich der Anleger im Fall mangelfreier Angaben bei Kenntnis der wahren Sachlage gegen die Vermögensanlage entschieden hätte.[335] Nach allgemeinen materiellrechtlichen und zivilverfahrensrechtlichen Regeln trifft den Anleger hierfür die Beweislast.[336]

In der Literatur herrscht indes Einigkeit, dass Beweisprobleme hinsichtlich des Kausalitätserfordernisses das Regelungsziel der Prospekthaftung nicht nachhaltig gefährden dürfen.[337] Eine wohl herrschende Ansicht spricht sich deshalb für eine Beweislastumkehr aus.[338] Andere befürworten zumindest für den Fall des non liquet, dass der Anspruchsgegner die Beweislast trage.[339] Dagegen fand der Ansatz von *Lutter* keine Zustimmung; er versucht, die Anforderungen an den Kausalitätsbeweis de facto durch Reduktion des Grundsatzes des Vollbeweises durch Wahrscheinlichkeitstheorien zu erleichtern,[340] indem er nur solche Angaben oder unterlassene Informationen als für einen Anlegerentschluss kausal ansieht, die ein vernünftiger Anleger mit größter Wahrscheinlichkeit seiner Entscheidung zugrunde gelegt hätte.[341]

Der *BGH* richtet sich nach den allgemeinen Beweislastregeln und begegnet den Bedenken des Schrifttums derart, dass er an das Merkmal der Kausalität lediglich sehr geringe Anforderungen stellt.[342] So nimmt die Rechtsprechung Kausalität bereits dann an, wenn der Anleger hinreichend darlegen kann, dass der Prospektmangel – unter Umständen neben anderen Motiven – *zumindest mitursächlich* für seine Anlageentscheidung war.[343] Im Regelfall genügt eine ernstzunehmende Behauptung des Anlegers.[344] Dazu sind die Gründe des Anlegers, sich gegen die Anlage bei voller Sachkenntnis zu entscheiden, vorzutragen und die objektive Bedeutung der fehlerhaften Angaben für die Werthaltigkeit des Anlageobjekts zu würdigen.[345] Lag der Erwerb zeitlich nach Herausgabe des Prospekts, vermutet die Rechtsprechung einen ursächlichen Zusammenhang zwischen den Prospektangaben und der Anlageentscheidung.[346]

---

335 *BGHZ* 71, S. 284, 291 f.; *BGHZ* 74, S. 103, 112; *BGH* NJW 1992, S. 3296, 3296 f.
336 *Siol*, in: Schimansky/Bunte/Lwowski, Bankrechtshandbuch, Band I, 2001, § 45 Rn. 61.
337 Vgl. *Assmann*, Prospekthaftung, 1985, S. 362 m.w.N.
338 *Pleyer/Hegel*, ZIP 1985, S. 1370, 1373; *Wittmann*, DB 1980, S. 1579, 1586.
339 *Assmann*, in: Assmann/Schütze, 1997, § 7 Rn. 139 m.w.N.
340 Vgl. *Assmann*, in: Assmann/Schütze, 1997, § 7 Rn. 139.
341 *Lutter*, in: FS-Bärmann, 1975, S. 604, 624.
342 *Assmann*, in: Assmann/Schütze, 1997, § 7 Rn. 140.
343 *BGHZ* 71, S. 284, 291 f.; *BGHZ* 79, S. 337, 346.
344 *BGHZ* 115, S. 213, 223.
345 *BGH* NJW 1992, S. 3296, 3297.
346 *BGH* NJW 1982, S. 2828, 2829; *OLG Frankfurt* AG 1995, S. 134, 137.

Haftungsbegründende Kausalität des Prospektmangels für die Anlageentscheidung des Investors wird dagegen verneint, wenn der Schaden des Anlegers auch bei pflichtgemäßem Verhalten des Anspruchgegners eingetreten wäre, weil sich der Geschädigte über jeden anderweitigen Rat oder Hinweis hinweggesetzt und auch bei zutreffender bzw. vollständiger Information die fragliche Anlage erworben hätte – hierbei obliegt allerdings dem Anspruchsgegner die Beweisführung.[347] Diesem Gedanken folgend muss Kausalität auch bei positiver Kenntnis des Anlegers von dem Prospektmangel verneint werden, wenn der Anleger dessen ungeachtet die Kapitalanlage erworben hat.[348]

e) *Ersatzfähiger Schaden*

aa) *Haftungsausfüllende Kausalität*

Es muss ein Ursachenzusammenhang zwischen behaupteter Pflichtverletzung und Schaden bestehen (haftungsausfüllende Kausalität). Der Anspruchsberechtigte eines bürgerlich-rechtlichen Prospekthaftungsanspruchs ist nachweispflichtig, dass die Pflichtverletzung im Hinblick auf die Erstellung eines beanstandungsfreien Prospekts zu dem geltend gemachten Schaden geführt hat.[349] Es besteht allerdings eine Haftungserleichterung dahingehend, dass die Beurteilung im Streitfall dem Richter nach § 287 Abs. 1 ZPO obliegt, ob und in welcher Höhe dem betroffenen Anlageinteressenten aus der bewiesenen Pflichtverletzung des Anspruchsgegners ein Schaden erwachsen ist.[350]

Im Unterschied zur üblichen Kausalitätsprüfung von Schadensersatzansprüchen stellt der *BGH* bei der Prüfung des ursächlichen Zusammenhangs zwischen der Schlechterfüllung der Prospektpflicht und dem Schaden des Anlegers nicht maßgeblich auf das letzte mögliche Glied der Kausalkette in Gestalt der Entwertung oder des Verlustes der Beteiligung ab.[351] Vielmehr soll es auf die Ursächlichkeit des Aufklärungsmangels für den Beteiligungsentschluss des Anlegers ankommen, so dass Anknüpfungspunkt wiederum die haftungsbegründende Kausalität ist.[352] Haftet der Vermögensanlage von Anfang an ein Mangel an, besteht der Schaden also im Erwerb der Anlage selbst, zu der der Anleger durch den fehlerhaften Prospekt veranlasst wurde, ergeben sich hinsichtlich des Nach-

347 *BGHZ* 115, S. 213, 223; *Assmann*, in: Assmann/Schütze, 1997, § 7 Rn. 140; *Lüdicke/Arndt/Götz*, 2005, S. 97.

348 Vgl. *Assmann*, in: Assmann/Schütze, 1997, § 7 Rn. 140; *Eyles*, in: Vortmann, Prospekthaftung und Anlageberatung, 2000, § 2 Rn. 84.

349 *BGHZ* 71, S. 284, 292; *Assmann*, in: Assmann/Schütze, 1997, § 7 Rn. 142.

350 *BGH* NJW 1983, S. 998; *Wagner*, NZG 2003, S. 897, 900.

351 *BGHZ* 79, S. 337, 346; *BGH* WM 1982, S. 90, 91; *BGHZ* 123, S. 106, 111.

352 *BGHZ* 123, S. 106, 111.

weises der haftungsausfüllenden Kausalität keine Anforderungen, die über die der haftungsbegründenden Kausalität hinausgehen.[353]

Deutlich schwieriger ist vor dem Hintergrund der zuvor dargestellten Grundsätze die Frage zu beantworten, ob dem Prospektverantwortlichen auch sog. Folgeschäden im Sinne eines Teil- oder Totalverlustes der Investition des Anlegers wegen der Veranlassung des Anlegers zum Erwerb der fraglichen Anlage zugerechnet werden können, wenn diese nicht oder nicht eindeutig auf den geltend gemachten Prospektfehler zurückzuführen sind.[354] Denkbar sind zwei Ansätze. Es besteht entweder die Möglichkeit, von vornherein eine Zurechnung auch für diese Folgeschäden mit der Begründung zu bejahen, dass sie im Ergebnis ein Risiko darstellen, dem der Prospektverantwortliche infolge der pflichtwidrigen Veranlassung auszusetzen ist. Oder aber es gilt auch für die bürgerlichrechtliche Prospekthaftung die sog. Schutzbereichsdoktrin[355], so dass grundsätzlich nur solche Schäden ersetzt werden, die im Schutzbereich der verletzten Pflicht liegen.

Im allgemeinen Schadenersatzrecht ist anerkannt, dass der Schaden im Schutzbereich der verletzten Pflicht liegen muss. Das gilt auch für den Schadensersatz aus der rechtswidrig schuldhaften Verletzung von Aufklärungspflichten, unabhängig davon, ob sie auf vertraglicher, vorvertraglicher oder deliktischer Grundlage beruhen.[356] Auch bei der bürgerlich-rechtlichen Prospekthaftung wendet die Rechtsprechung ausdrücklich die *Schutzbereichsdoktrin* an und agiert damit im Sinne des zweiten Ansatzes.[357] Vor diesem Hintergrund ist somit eine Betrachtung des Schutzbereichs der bürgerlich-rechtlichen Prospekthaftung geboten. Fraglich ist, ob auch solche Schäden in den Schutzbereich fallen, die auf andere Umstände zurückzuführen sind als die, über die falsch und unvollständig informiert wurde.

Eine Ansicht in der Literatur verwehrt dem Anleger Schadensersatzansprüche bzw. Rückgängigmachung seiner Anlageentscheidung wegen eines Prospektmangels, wenn sich der Mangel selbst wirtschaftlich nicht negativ auf die Entwicklung der Anlage ausgewirkt hat; das verbiete der Schutzzweck der Prospekthaftung.[358] Es könne dem Anleger kein Ersatzanspruch wegen eines Prospektfehlers zustehen, wenn der Schaden auch bei pflichtgemäßem Verhalten des Prospekturhebers entstanden wäre, denn dann habe der Schädiger die Möglichkeit, sich auf rechtmäßiges Alternativverhalten zu berufen. Der Anleger dürfe nicht besser gestellt werden, als er stünde, wenn sich sein Vertrauen in die Pros-

353 Vgl. *Assmann*, in: Assmann/Schütze, 1997, § 7 Rn. 142.

354 Vgl. zu dieser Problematik eingehend *Assmann*, in: Assmann/Schütze, 1997, § 7 Rn. 143; *Geibel*, Der Kapitalanlegerschaden, 2002, S. 336 f.; *Wagner*, NZG 2003, S. 897 ff.

355 Vgl. *Assmann*, in: Assmann/Schütze, 1997, § 7 Rn. 144.

356 Vgl. *Geibel*, Der Kapitalanlegerschaden, 2002, S. 327.

357 *BGH* WM 1990, S. 808, 809; *BGH* WM 1992, 1269, 1271.

358 *Geibel*, Der Kapitalanlegerschaden, 2002, S. 336 ff.;

pektaussage erfüllt hätte.[359] Fehlkalkulationen oder -spekulationen, die mit dem Inhalt des Prospektmangels nichts zu tun haben, müssten grundsätzlich im Risikobereich des Anlegers verbleiben. Nach dieser Ansicht würde aufgrund der normalen Beweislastverteilung auch eine non-liquit Situation zu Lasten des Anlegers gehen.

Der *BGH* zieht den Schutzbereich der bürgerlich-rechtlichen Prospekthaftung dagegen weiter. Dieser erschöpfe sich nicht lediglich darin, den Anleger davor zu schützen, dass der Prospekt unrichtige oder unvollständige Angaben über solche Umstände enthält, die sich später tatsächlich in negativer Weise auf die wirtschaftliche Entwicklung der Anlage ausgewirkt haben.[360] Der Schutzzweck der Verpflichtung des Prospektverantwortlichen zur möglichst vollständigen Aufklärung über sämtliche Umstände, denen Bedeutung für die Entscheidung des potentiellen Anlegers für oder gegen den Erwerb der angebotenen Kapitalanlage zukommen kann, beschränke sich nicht darauf, den Anleger nur vor einigen ganz bestimmten mit der Anlage verbundenen Risiken zu warnen, nämlich gerade denjenigen, die sich später tatsächlich verwirklichten. Vielmehr solle durch eine umfassende Aufklärungspflicht gegenüber den mit dem Prospekt geworbenen Interessenten deren Recht zur Selbstbestimmung über die Verwendung ihres Vermögens sichergestellt werden.[361]

Wagner wiederum setzt vielmehr am Merkmal der Adäquanz an. Haftungsausfüllende Kausalität sei nur dann gegeben, wenn das zum Schaden führende Ereignis im Allgemeinen und nicht nur unter besonders eigenartigen, nach dem gewöhnlichen Verlauf der Dinge außer Betracht zu lassenden Umständen geeignet war, einen Erfolg der eingetretenen Art herbeizuführen. Adäquanz läge nur dann vor, wenn durch das Verhalten des Schädigers eine gesteigerte Gefahrenlage geschaffen würde, die generell geeignet sei, Schädigungen der eingetretenen Art herbeizuführen, so dass der Schaden konkret zu ermitteln sei. Bei allgemeinen Risiken einer Fondsbeteiligung,[362] die einem Kapitalanleger bekannt seien bzw. bekannt sein müssten, müsste dann, wenn man bezüglich deren Nichtaufklärung nicht schon eine Pflichtverletzung verneinen würde, jedenfalls die Adäquanz verneint werden, weil dadurch keine gesteigerte Gefahrenlage geschaffen werde, die generell geeignet sei, Schädigungen der eingetretenen Art herbeizuführen. Denn mit den dargestellten allgemeinen Risiken müsse ein jeder eine Fondsbeteiligung zeichnender Kapitalanleger rechnen.[363]

---

359 *Geibel*, Der Kapitalanlegerschaden, 2002, S. 337 f.

360 *BGHZ* 123, S. 106, 112.

361 Vgl. auch *Assmann*, in: Assmann/Schütze, 1997, § 7 Rn. 144 f.

362 Aus Steuerspargründen, Erzielung von Gewinnausschüttungen, Teilhabe an Wertsteigerungen etc., bewusste Beteiligung an einer *langfristigen* Kapitalanlage, vgl. hierzu ausführlich *Wagner*, NZG 2003, S. 897, 898 ff.

363 *Wagner*, NZG 2003, S. 897, 900.

Auch die Rechtsprechung argumentiert mit Blick auf die kapitalmarktrechtliche Risikoverteilung, dass der Anleger mit der Vermögensanlage ein Risikogeschäft eingehe und ihm dieses wirtschaftliche Risiko auch verbleiben müsse. Trotzdem bzw. gerade deswegen habe er aber auch ein Recht darauf, seine Entscheidung eigenverantwortlich und in voller Kenntnis sämtlicher für die Beurteilung dieses Risikogeschäfts maßgeblicher Umstände zu treffen. Dabei stelle sich der schließlich für oder gegen die Beteiligung an der angebotenen Anlage gefasste Entschluss stets als das Ergebnis einer in Ausübung des wirtschaftlichen Selbstbestimmungsrechts getroffenen Gesamtentscheidungsprozesses dar, bei dem alle Vor- und Nachteile sowie sämtliche mit der betreffenden Anlage verbundenen Chancen und Risiken gegeneinander abgewogen würden. Da dem Anleger diese in eigener Verantwortung zu treffende Entscheidung von niemandem, am wenigsten von dem Anbieter der Anlage, abgenommen werden könne und dürfe, habe ihm der Beteiligungsprospekt, mit dem für die Anlage geworben werde, ein möglichst vollständiges Bild von den für eine sachgerechte Beurteilung der Anlage erheblichen Umständen zu vermitteln. Infolgedessen stellten in wesentlichen Punkten unrichtige und unvollständige irreführende Prospektangaben eine Verletzung der ihm gegenüber bestehenden Verhaltenspflichten des Prospektverantwortlichen dar. Der Anleger, der bei Kennntnis aller zutreffenden Umstände von einer Beteiligung abgesehen hätte, könne deshalb von dem für den Prospekt Verantwortlichen, wenn dieser schuldhaft gehandelt habe, verlangen, auf dem Schadensersatzwege so gestellt zu werden, als hätte er die Anlage tatsächlich nicht getätigt. Da ihn die verletzte Prospektaufklärungspflicht gerade vor Anlageentscheidungen schützen solle, die er in voller Kenntnis aller für die Beurteilung des Angebots maßgeblichen Verhältnisse nicht getroffen hätte, falle der von ihm erlittene Schaden in Gestalt einer andernfalls nicht erworbenen Beteiligung und der dafür gemachten Aufwendungen in den Schutzbereich der Verhaltensnorm, ohne dass es ausschlaggebend darauf ankomme, ob sich später gerade die im Prospekt verschwiegene Gefahr als solche verwirklicht habe. Dies werde besonders deutlich, wenn der Anleger die Rückgängigmachung seiner Beteiligung verlange, weil sie ihm im Hinblick auf bestimmte, vom Prospekt nicht erfasste Nachteile oder Risiken als nicht lohnend oder zu gefährlich erscheine. Dieses Recht könne der Anleger nicht dadurch verlieren, dass die Anlage nachträglich aus Gründen wertlos werde, die mit denjenigen, derentwegen er im Nachhinein von dem Erwerb Abstand nehmen will, unmittelbar nicht zusammenhängen.[364] Bei der Haftung von Garanten[365] ist aber eine Einschränkung des Schutzbereichs erforderlich, weil ein Garant die Verantwortung nicht für sämtliche Prospektangaben übernimmt, sondern nur für solche, auf die sich sei-

364 *BGHZ* 123, S. 106, 113.
365 Zu Garanten als Anspruchsgegner vgl. Zweites Kapitel II. 1. a).

ne „Garantieerklärung" in ihm zurechenbarer Weise bezieht. Der Garant darf somit nur für die Schäden haften, die aus seinem Gefahrenbereich stammen.[366]

Der *BGH* zieht den Schutzbereich der bürgerlich-rechtlichen Prospekthaftung i.e.S. im Ergebnis mithin sehr weit und rechnet dem Anspruchsgegner im Rahmen der haftungsausfüllenden Kausalität Folgeschäden im Sinne von Teil- oder Totalverlusten der Investition des Anlegers zu, auch wenn diese nicht kausal auf den Prospektfehler zurückzuführen sind.[367] Damit wird dem im Fokus der bürgerlich-rechtlichen Prospekthaftung stehenden Anlegerschutz Rechnung getragen. Bei der Beurteilung eines Schadens des Anlegers sind der Rechtsprechung durch die allgemeinen Schadensersatzregeln allerdings Grenzen gesetzt. Widersprüche könnten über die Einführung einer Beweislastumkehr sowie Beweiserleichterungen, wie sie bei der spezialgesetzlichen Prospekthaftung vorkommen, vermieden werden. Praktisch würden keine wesentlichen Abweichungen in den ergebnissen entstehen,[368] so dass dem Anlegerschutz noch hinreichend Rechnung getragen würde; die Rechtsprechung zu den einzelnen Tatbestandsmerkmalen wäre hingegen stringent.

bb) Haftungsumfang

Der Haftungsumfang ist auf das negative Interesse begrenzt; ersatzfähig ist damit der Schaden, den der Anleger dadurch erleidet, dass er auf die Richtigkeit und Vollständigkeit der im Prospekt gemachten Angaben vertraute.[369] Der Anleger hat hingegen keinen Anspruch darauf, so gestellt zu werden, wie er bei ordnungsgemäßer Vertragserfüllung stehen würde, es sei denn, der Ersatz des Erfüllungsinteresses wurde ausdrücklich vertraglich vereinbart.

In der Regel besteht der Schaden des Anlegers im Abschluss eines wirtschaftlich ungünstigen Vertrages, der eine Vermögenseinbuße durch Absinken des Wertes der Anlage oder einen unter der marktüblichen Verzinsung des Kapitals liegenden Ertrag zur Folge hat.[370] Wie bereits im Rahmen der haftungsausfüllenden Kausalität aufgezeigt, hat der Anleger dann die Möglichkeit, Befreiung von der eingegangenen Verbindlichkeit nebst Ersatz seiner mit dem Erwerb der Kapitalanlage verbundenen Aufwendungen (einschließlich Erwerbs- und Nebenkosten[371]) zu verlangen.[372] Hierbei ist wiederum zu differenzieren, ob die

366 So auch *Eyles*, in: Vortmann, Prospekthaftung und Anlageberatung, 2000, § 2 Rn. 90.

367 Vgl. hierzu auch *BGH* NZG 2002, S. 468, 469; *BGH*, NJW 2000, S. 3346, 3347 f.

368 vgl. neue Rechtslage Drittes Kapitel II. 2. d) bb).

369 *BGHZ* 72, S. 382, 389; *BGHZ* 115, S. 213, 220; *Siol*, in: Schimanski/Bunte/Lwowski, Band I, 2001, § 45 Rn. 64; *Eyles*, in: Vortmann, Prospekthaftung und Anlageberatung, 2000, § 2 Rn. 91; *Assmann*, in: Assmann/Schütze, 1997, § 7 Rn. 155.

370 *Schwark*, BB 1979, S. 897, 898.

371 Nebenkosten sind etwa das gezahlte Agio, Steuerberatungskosten und sonstige Spesen, vgl. *Gummert*, in: Handbuch des Gesellschaftsrechts, Band 2, 2004, § 69 Rn. 74.

Vermögensanlage inzwischen wertlos geworden ist, oder ob ihr noch ein gewisser Wert innewohnt. Hat der Anleger bereits Zahlungen auf eine wertlose Anlage geleistet, kann er Rückzahlung des angelegten Kapitalbetrages und Ersatz seiner Aufwendungen verlangen.[373] Dem Umstand, dass die Beteiligung noch werthaltig ist, wird hingegen dadurch Rechnung getragen, dass die Schadensersatzleistung *Zug um Zug* gegen Abtretung der Beteiligung erfolgt.[374]

Probleme bereitet ein Schadensersatzanspruch, wenn trotz nachgewiesener Fehlerhaftigkeit des Prospekts der Vertragsschluss für den Anleger insgesamt nicht nachteilig ist, weil der Wert der Vermögensanlage die Einlageleistung des Anlegers zumindest erreicht. Folge ist indes kein Vermögensschaden, sondern liegt der Schaden allenfalls in der Beeinträchtigung der Dispositionsfreiheit des Anlegers. Nach der Rechtsprechung des *BGH* zur haftungsausfüllenden Kausalität soll eben jenes Selbstbestimmungsrecht des Anlegers durch die bürgerlichrechtliche Prospekthaftung geschützt werden. Trotzdem verneint der *BGH* vorliegend einen Ersatzanspruch des Anlegers.[375] Die Gegenleistung soll nur dann unberücksichtigt bleiben, wenn es sich bei ihr um ein von dem im Prospekt beschriebenen Anlagemodell grundlegend verschiedenes, mit ihm in keiner Weise austauschbares Investitionsmodell handelt.[376] Diese Entscheidung ist in die Kritik geraten,[377] weil die Rechtsprechung in der genannten Konstellation den von ihr selbst aufgestellten Dispositionsschutz der Prospekthaftung zugunsten eines Leistungsäquivalenzschutzes aufweiche.[378] Die Kritik ist vor diesem Hintergrund auch gerechtfertigt. Auf der anderen Seite stößt die Rechtsprechung vorliegend schlichtweg an die Grenzen der §§ 249 ff. BGB, denn der Ersatz von immateriellen Schäden kann gemäß § 253 Abs. 1 BGB grundsätzlich nur in den durch das Gesetz bestimmten Fällen gefordert werden. Für die Anwendungsfälle der bürgerlich-rechtlichen Prospekthaftung existiert aber keine entsprechende gesetzliche Regelung, so dass eine Beeinträchtigung der Dispositionsfreiheit des Anlegers allein zunächst keinen Schadensersatzanspruch schaffen kann.

Folgedessen entsteht die unbefriedigende Situation, dass der Anleger im Falle eines Prospektfehlers bereits bei dem geringsten Wertverlust der erworbenen

---

372 *BGHZ* 115, S. 213, 221; *Eyles*, in: Vortmann, Prospekthaftung und Anlageberatung, 2000, § 2 Rn. 92.

373 *BGHZ* 79, S. 337, 346; *BGHZ* 115, S. 214, 221.

374 *BGHZ* 79, S. 337, 346 f.; *BGHZ* 115, S. 214, 221.

375 Der *BGH* hat das z.B. in dem Fall angenommen, in dem ein Anlagevermittler von einem am Objekt festhaltenden Anleger wegen Aufklärungspflichtverletzung auf Ausgleich der überhöhten Aufwendungen in Anspruch genommen wurde, *BGH* WM 1988, S. 1685, 1688.

376 *BGHZ* 115, S. 213, 221.

377 Vgl. *Assmann*, in: Assmann/Schütze, 1997, § 7 Rn. 156; *Eyles*, in: Vortmann, Prospekthaftung und Anlageberatung, 2000, § 2 Rn. 93; *Wagner*, NZG 2003, S. 897, 900; *Goette*, DStR 1993, S. 1565.

378 *Assmann*, in: Assmann/Schütze, 1997, § 7 Rn. 156.

Vermögensanlage, selbst wenn der wirtschaftliche Schaden nachgewiesenerweise nicht auf den Prospektfehler zurückzuführen ist, bei Bedarf eine komplette Rückabwicklung des Anlagegeschäfts von den Prospektverantwortlichen verlangen kann. Demgegenüber ist Anlegern die Möglichkeit eines Schadensersatzanspruches nach den Grundsätzen der bürgerlich-rechtlichen Prospekthaftung dann versagt, wenn kein Schaden eingetreten ist. Diese Lösung kann vom Ergebnis nicht überzeugen und trägt zu Verwirrung unter allen Marktteilnehmern bei.

Im Weiteren ist nicht erforderlich, dass der Anleger den Vertrag auflöst und er sich infolgedessen von der erworbenen Anlage trennt. Will er an der Kapitalanlage festhalten, dann muss ihm der Schaden ersetzt werden, den er im Vertrauen auf die Richtigkeit und Vollständigkeit der Prospektangaben beim Erwerb der fraglichen Kapitalanlage zuviel aufgewandt hat.[379] Bei der Schadensberechnung wird dann vorausgesetzt, dass es dem Anleger bei Kenntnis der wahren Sachlage gelungen wäre, einen marktgerechten Preis zu erzielen. Der Schaden umfasst dann den Differenzbetrag zwischen dem hypothetischen Preis und dem vereinbarten Preis sowie die Mehraufwendungen.[380]

Wie schon an anderer Stelle dargelegt, hat der Anleger keinen Anspruch auf das Erfüllungsinteresse. Der Vertrauensschaden hingegen ist grundsätzlich nicht durch das Erfüllungsinteresse begrenzt.[381] Das ist vor allem für die Geltendmachung von entgangenem Gewinn relevant (§ 252 BGB). Gelingt dem Anleger der Nachweis, dass er das für die Einlage verwendete Kapital für eine andere erfolgreiche Anlage verwendet hätte, kann er den dadurch entgangenen Gewinn gemäß § 252 BGB ersetzt verlangen.[382] Die Rechtsprechung unterstellt hierbei, dass das für die Anlage verwendete Kapital zumindest in dieser Höhe angelegt worden wäre, so dass auf jeden Fall ohne qualifizierten Nachweis durch den geschädigten Anleger nach § 252 BGB entgangener Gewinn *in Höhe der allgemein üblichen Zinsen* verlangt werden kann.[383] Macht der Anleger allerdings einen *höheren als den üblicherweise erzielbaren entgangenen Gewinn* mit der Begründung geltend, er habe andere, ertragreichere Kapitalanlagen im Vertrauen auf die Richtigkeit und Vollständigkeit des Prospektes nicht getätigt, dann ist er darlegungs- und beweispflichtig.[384] Im Einzelfall kann der entgangene Gewinn

---

379 *Assmann*, in: Assmann/Schütze, 1997, § 7 Rn. 161; *Weimann*, Prospekthaftung, 1998, § 10 Rn. 13.

380 *Weimann*, Prospekthaftung, 1998, § 10 Rn. 13.

381 *BGH* WM 1990, S. 145, 148; *Eyles*, in: Vortmann, Prospekthaftung und Anlageberatung, 2000, § 2 Rn. 94; *Pleyer/Hegel*, ZIP 1985, S. 1370, 1377.

382 *BGH* WM 1983, S. 1387, 1388 ff.; *Lenenbach*, Kapitalmarkt- und Börsenrecht, 2002, § 9 Rn. 9.39.

383 *BGH* WM 1992, S. 143, 144; *Assmann*, in: Assmann/Schütze, 1997, § 7 Rn. 159; *Lenenbach*, Kapitalmarkt- und Börsenrecht, 2002, § 9 Rn. 9.39.

384 *BGH* WM 1983, S. 1387, 1388 f.

auch entgangene Steuervorteile beinhalten; diese müssen allerdings aus einer alternativen Kapitalanlage (und nicht aus der fehlgeschlagenen, tatsächlich getätigten Kapitalanlage) resultieren.[385]

Da die Grundsätze der §§ 249 ff. BGB uneingeschränkt auf die bürgerlichrechtliche Prospekthaftung i.e.S. anzuwenden sind, sind bei der Bemessung des Haftungsumfanges auch die Grundsätze der Vorteilsanrechnung zu berücksichtigen. Im Rahmen der Schadensberechnung werden so vorteilhafte Umstände, die mit dem schädigenden Ereignis in einem qualifizierten Zusammenhang stehen, berücksichtigt, soweit ihre Anrechnung dem Sinn und Zweck des Schadensersatzes entspricht und weder den Geschädigten unzumutbar belastet, noch den Schädiger unbillig entlastet. Es soll ein gerechter Ausgleich zwischen den bei dem Schadensfall widerstreitenden Interessen herbeigeführt werden. Der Geschädigte darf nicht besser gestellt werden, als er ohne das schädigende Ereignis stünde.[386] Andererseits sind nicht alle durch das Schadensereignis begründeten Vorteile auf den Schadensersatzanspruch anzurechnen, sondern nur solche, deren Anrechnung mit dem jeweiligen Zweck des Ersatzanspruchs übereinstimmt.[387] Ein auf den Schadensersatzanspruch eines Geschädigten anzurechnender Vorteil ist z.B. anzunehmen, wenn und soweit infolge der Schädigung von dem Geschädigten an sich geschuldete Steuern weggefallen sind.[388] Dies soll allerdings nicht gelten, wenn dem Steuervorteil ein Nachzahlungsanspruch des Finanzamtes gegenübersteht.[389] Weiterhin sind Steuervorteile auch dann nicht zu berücksichtigen, wenn die Schadensersatzleistung für den Geschädigten ebenfalls zu versteuern ist.[390]

Fraglich ist schließlich, inwieweit dem Anleger die Kosten ersetzt werden, die ihm durch Drittfinanzierung (z.B. Darlehen) entstanden sind. Bestand zwischen Fondsbeitritt und Darlehensvertrag eine wirtschaftliche Einheit im Sinne von § 358 Abs. 3 BGB, dann dürfte es spätestens seit den *BGH*-Entscheidungen zu den kreditfinanzierten Fondsbeitritten aus dem Jahre 2004[391] unstreitig sein, dass dem Anleger auch die Schäden ersetzt werden sollen, die ihm durch den Darlehensvertrag entstanden sind.[392]

---

385 *Assmann*, in: Assmann/Schütze, 1997, § 7 Rn. 159; *Eyles*, in: Vortmann, Prospekthaftung und Anlageberatung, 2000, § 2 Rn. 94.

386 *BGH* NZG 2002, S. 468, 469.

387 *BGH* NZG 2002, S. 468, 469.

388 *BGHZ* 79, S. 337, 347.

389 *BGHZ* 53, S. 132; *BGHZ* 79, S. 337, 347.

390 *BGH* NZG 2002, S. 468, 469.

391 *BGH* DStR 2004, S. 1352; *BGH* DStR 2004, S. 1353; *BGH* DStR 2004, S. 1354; *BGH* DStR 2004, S. 1356; *BGH* DStR 2004, S. 1358, vgl. Zweiter Teil II. 1. a) aa).

392 Das war auch schon vor den genannten Entscheidungen aus dem Jahre 2004 weitestgehend unstreitig. Es wurde die Ersatzfähigkeit dann angenommen, wenn die Drittfinanzierung integraler Bestandteil der Kapitalanlage ist, *Assmann*, in: Assmann/Schütze, 1997, § 7 Rn. 158.

Problematischer sind die Fälle, in denen die Drittfinanzierung nicht integraler Bestandteil der Kapitalanlage ist. Eine Ansicht lässt einen Ersatzanspruch ohne weiteres zu, wenn der Anleger nachweisen kann, dass er zum Zwecke der Finanzierung der Anlage einen kostspieligen Kredit aufnehmen musste.[393] Dagegen soll nach *Assmann* ein solcher Schaden aus Drittfinanzierung nur dann ersatzfähig sein, wenn dem Schädiger zumindest Anhaltspunkte dafür vorlagen, dass der Anleger die Investition durch Inanspruchnahme von Kredit finanzieren werde.[394] Auch *Eyles* hält es nicht für sachgerecht, den Prospektverantwortlichen mit dem Finanzierungsaufwand des Anlegers zu belasten.[395] Sofern in dieser Fallgestaltung nicht ausdrücklich die Möglichkeit einer Drittfinanzierung der Kapitalanlage angesprochen wurde, sei es grundsätzlich die eigene Angelegenheit und das Risiko des Anlegers, wie er sich die für die Anlage erforderlichen finanziellen Mittel beschaffe. *Eyles* macht von diesem Grundsatz jedoch dann die Ausnahme, wenn die mit der Vermögensanlage bezweckten Steuervorteile sich nur im Falle einer Fremdfinanzierung durch den Anleger realisieren ließen oder wenn ein an einen breiten Anlegerkreis adressierter Prospekt sehr hohe Beträge als Mindestzeichnungssummen vorgab, die sich ein Anleger mit geringem oder lediglich durchschnittlichem Einkommen im Regelfall nur durch eine Kreditaufnahme zu verschaffen vermag.[396] Diese Ansicht geht allerdings grundsätzlich nicht über die Meinung *Assmanns* hinaus, sondern es werden lediglich zwei praxisbezogene Beispiele herausgegriffen, die Anhaltspunkte für eine Fremdmittelaufnahme geben. Liegen solche Anhaltspunkte vor, vermag auch *Assmann* eine Haftung begründet sehen.

Im Rahmen der bürgerlich-rechtlichen Prospekthaftung i.e.S. sind die Schäden ersatzfähig, die der Anleger dadurch erlitten hat, dass er auf die Richtigkeit und Vollständigkeit der im Prospekt gemachten Angaben vertraute.[397] Das negative Interesse schließt damit grundsätzlich auch den Zinsaufwand, resultierend aus einer Drittfinanzierung der Kapitalanlage, ein. Als Korrektiv im Sinne einer Risikoverteilung reichen die haftungsausfüllende Kausalität und insbesondere das Mitverschulden aus.

Schließlich ist noch ein kurzer Blick auf die Rechtsfolge der *Zug um Zug* Leistung zu richten. Es ergeben sich zwar keine Schwierigkeiten, wenn es um einen Schadensausgleich zwischen Anleger und Gründungsgesellschafter geht. Macht ein Anleger hingegen bürgerlich-rechtliche Prospekthaftungsansprüche gegen einen Dritten geltend, der die Beteiligung selbst nicht übertragen hat (z.B.

---

393 *Weimann*, Prospekthaftung, 1998, § 10 Rn. 12 ; *Schwark*, BB 1979, S. 897, 898.

394 *Assmann*, in: Assmann/Schütze, 1997, § 7 Rn. 158.

395 *Eyles*, in: Vortmann, Prospekthaftung und Anageberatung, 2000, § 2 Rn. 95.

396 *Eyles*, in: Vortmann, Prospekthaftung und Anlageberatung, 2000, § 2 Rn. 95.

397 *BGHZ* 72, S. 382, 389; *BGHZ* 115, S. 213, 220; *Siol*, in: Schimanski/Bunte/Lwowski, Band I, 2001, § 45 Rn. 64; *Eyles*, in: Vortmann, Prospekthaftung und Anlageberatung, 2000, § 2 Rn. 91; *Assmann*, in: Assmann/Schütze, 1997, § 7 Rn. 155.

ein Anlagevermittler/Anlageberater oder eine Vertriebsorganisation), drängt sich die Frage auf, ob diesem Dritten die Beteiligung überhaupt „*zurück*gegeben“ werden kann bzw. vielmehr, ob diesem Dritten die Pflicht auferlegt werden kann, die Kapitalanlage zu übernehmen. Die Rechtsprechung bejaht eine „Rückgängigmachung“ der Beteiligung begründungslos auch im Verhältnis zwischen Anleger und Drittschädiger.[398] *Geibel*[399] wendet dagegen ein, dass die Naturalrestitution des § 249 Abs. 1 S. 1 BGB durch Rückabwicklung weder durch Aufhebung noch durch Übertragung auf einen Dritten erfolgen könne. Wäre der zum Ersatz verpflichtende Umstand nicht eingetreten, dann hätte, davon ist im Grundsatz auszugehen, der Anleger die Kapitalanlage nicht erworben und die Beteiligung des getäuschten Anlegers müsste sich noch beim Fonds oder bei den Gründungsgesellschaftern befinden. Der schädigende Dritte, der nun in Anspruch genommen werde, könne diesen Zustand nicht herstellen. Eine Naturalrestitution im Sinne einer Rückgängigmachung des Leistungsaustausches zwischen Fonds- bzw. Gründungsgesellschafter und Anleger sei somit für den Drittschädiger nicht erfüllbar, denn eine Übernahme durch den Drittschädiger sei keine Rückgängigmachung im Sinne des § 249 Abs. 1 S. 1 BGB. *Geibel* folgert, dass der Anleger im Verhältnis zum Drittschädiger selbst das Risiko einer Verwertung der bei ihm verbleibenden Anlage tragen müsse. Denn sowohl die im Sinne von § 249 Abs. 1 S. 1 BGB gebotene Herstellung des wirtschaftlichen Zustands, der ohne das schädigende Ereignis bestünde, als auch der Schadensersatz in Geld nach § 251 Abs. 1, 1. Alt. BGB gingen im Grundsatz auf den Ersatz der objektiven Differenz zwischen dem angelegten Geldbetrag und dem Wert der Anlage. Das beim Anleger verbleibende Verwertungsrisiko sei auch insofern sachgerecht, als die Anlage nicht aus der Sphäre des Drittschädigers stamme und die grundsätzliche Entscheidung für die Anlage im Wesentlichen eine Entscheidung des Anlegers selbst gewesen sei. Daher müsse der Anleger grundsätzlich auch das Risiko einer schweren Verwertbarkeit der Anlage tragen.[400]

Geibel liefert eine dogmatisch nachvollziehbare Begründung.[401] Im Hinblick auf die von der Rechtsprechung entwickelten Grundsätze zur bürgerlichrechtlichen Prospekthaftung i.e.S. erscheint es allerdings fraglich, ob die Folge, das Verwertungsrisiko beim Anleger zu belassen, „sachgerecht“ ist. Zwar liegt der wesentliche Entschluss zur Beteiligung an einem geschlossenen Fonds denknotwendig beim Anleger selbst. Dennoch ist für die Prospekthaftungstatbestände gerade wesentlich, dass die Entscheidung ausschlaggebend von dem Prospektmangel beeinflusst wurde. Auch ein Blick auf die Adressaten von Pros-

---

398 *BGHZ* 115, S. 213, 221; zustimmend *Gummert*, in: Münchener Handbuch des Gesellschaftsrechts, Band 2, 2004, § 69 Rn. 71.

399 *Geibel*, Der Kapitalanlegerschaden, 2002, S. 111.

400 In Ausnahmefällen bejaht *Geibel* eine Übernahmepflicht nach Treu und Glauben (§ 242 BGB), vgl. *Geibel*, Der Kapitalanlegerschaden, 2002, S. 115 ff., vgl. FN 384.

401 So auch *Wagner*, NZG 2003, S. 897, 901.

pekthaftungsansprüchen, die Prospektverantwortlichen, verdeutlicht, dass zwar richtigerweise die Vermögensanlage selbst vom Drittschädiger nicht übertragen wurde; wenn man aber den Sphärengedanken von *Geibel* aufgreift, muss immerhin Beachtung finden, dass die Anlage (auch) aufgrund von fehlerhaften Prospekten erworben wurde, die zumindest auch dem Verantwortungsbereich der Drittschädiger entstammen. Das Verwertungsrisiko nun auf den Anleger deshalb abzuwälzen, weil der letztendliche Entschluss, in den geschlossenen Fonds zu investieren, vom Anleger selbst stammt, erscheint unter Berücksichtigung des Sphärengedankens nicht schlüssig.[402] Der Drittschädiger hat im Falle der tatbestandlichen Bejahung eines bürgerlich-rechtlichen Prospekthaftungsanspruchs i.e.S. Anteil daran, dass die Kapitalanlage vom Anleger erworben wurde. Dennoch überzeugt neben den ausschlaggebenden dogmatischen Bedenken *Geibels* auch die Argumentation *Wagners*. Seiner Auffassung nach hätte eine *Zug um Zug* Verurteilung zur Folge, dass der zum Schadensersatz Verpflichtete neuer Gesellschafter würde, der folglich den anderen Gesellschaftern als neuer Mitgesellschafter aufgedrängt würde.[403] Sofern im Gesellschaftsvertrag eine Vinkulierungsklausel enthalten ist, wäre dies von der Zustimmung des geschäftsführenden bzw. vertretungsberechtigten Gesellschafters abhängig, und würde es an einer Vinkulierungsklausel fehlen, müssten sogar alle Gesellschafter zustimmen.[404] In einem solchen Fall dürfte daher der einzige praktikabele Weg sein, den Anleger – anstelle einer tatsächlichen Abtretung seiner Beteiligung an den Schädiger – wirtschaftlich so zu stellen, als sei dem Schädiger die Beteiligung abgetreten worden.[405] *Gummert* äußert diesbezüglich weitere Bedenken, wenn der Anspruchsgegner aus wirtschaftlichen Gründen nur zur teilweisen Erstattung der Einlage in der Lage ist.[406] Allerdings sieht er auch hier die

---

402 *Geibel* nennt selbst Ausnahmefälle, in denen eine Übernahmepflicht des Drittschädigers nach Treu und Glauben über § 242 BGB begründet werden kann. Eine solche Ausnahme könne z.B. vorliegen, wenn die Anlage aus der Sphäre des Drittschädigers stamme, er beispielsweise mit dem Anlagegeber in irgendeiner Weise derart verbunden sei, dass er sich redlicherweise nicht auf den Unterschied zwischen ihm und dem Anlagegeber berufen könne. Seiner Ansicht nach dürften diese Fälle allerdings selten vorkommen, vgl. *Geibel*, Der Kapitalanlegerschaden, 2003, S. 115. Deshalb ist nicht davon auszugehen, dass *Geibel* damit die Prospekthaftungstatbestände insgesamt zu diesen Ausnahmetatbeständen zählt.

403 *Wagner*, NZG 2003, S. 897, 902.

404 *Schmidt*, Gesellschaftsrecht, 2002, § 45, S. 1323; *Wagner*, NZG 2003, S. 897, 902.

405 So auch *Gummert*, in: Münchener Handbuch des Gesellschaftsrechts, Band 2, 2004, § 69 Rn. 71.

406 *Gummert*, in: Münchener Handbuch des Gesellschaftsrechts, Band 2, 2004, § 69 Rn. 71, obwohl er in der Praxis das Problem nicht sieht, weil der Anleger im Falle einer obsiegenden, den Schädiger zur Zahlung von Zug um Zug gegen Abtretung der Beteiligung verurteilenden Entscheidung die Vollstreckung auch betreiben kann, wenn der Gegner nicht vollständig zahlen kann, ohne diesem die Beteiligung abzutreten.

Möglichkeit, ebenso und anteilig, entsprechend der geleisteten Erstattung im Verhältnis zur geleisteten Einlage zu verfahren und hält damit an der Rechtsprechungslösung fest.

Es findet sich mithin keine gesetzliche Grundlage für die Übernahmepflicht des Drittschädigers; § 249 Abs. 1 Satz 1 BGB kann dem nicht abhelfen, denn eine Übernahmepflicht durch den Drittschädiger ist keine Naturalrestitution.[407] Dennoch macht der *BGH* bei der *Zug um Zug* Verurteilung auch bei Drittschädigern keine Ausnahme. Die praktische Umsetzung der Abtretung dürfte dann in den meisten Fällen am Gesellschaftsvertrag der Beteiligungsgesellschaft scheitern. Um diese Schwierigkeiten zu überwinden, bedarf es einer klaren gesetzlichen Regelung.

Die Ausführungen zum Haftungsumfang verdeutlichen das Bedürfnis nach klaren gesetzlichen Vorgaben. Die Rechtsprechung kann unter Einsetzung des allgemeinen Schadensersatzrechts nicht hinreichend auf die kapitalmarktrechtlichen Bedürfnisse eingehen bzw. verwickelt sie sich bei dem Versuch teilweise in Widersprüche. Im Ergebnis muss ein Schaden vorliegen. Dieser muss allerdings nicht zwingend kausal auf den Prospektmangel zurückzuführen sein. Es genügt zur Bejahung eines Prospekthaftungsanspruchs, dass ein Prospektfehler vorliegt, infolgedessen sich der Anleger zur Investition in die Anlage entschlossen hat. Der Umfang des Ersatzanspruchs richtet sich nach den §§ 249 ff. BGB, der Anleger hat Anspruch auf Befreiung von der eingegangenen Verbindlichkeit nebst Ersatz seiner mit dem Erwerb der Vermögensanlage verbunden Aufwendungen. Ersetzt werden kann zudem der entgangene Gewinn; die Grundsätze der Vorteilsanrechnung sind anwendbar.

f) Verschulden

Bei der bürgerlich-rechtlichen Prospekthaftung handelt es sich um eine verschuldens*abhängige* Haftung. Maßstab für ein Verschulden des Anspruchsgegners sind die §§ 276, 278 BGB,[408] so dass dieser Vorsatz und jede Fahrlässigkeit zu vertreten hat. Gesellschafter der Anlagegesellschaft dürfen sich im Falle ihrer Inanspruchnahme nicht auf das Privileg des § 708 BGB berufen.[409] Hierin liegt ein Unterschied zur spezialgesetzlichen Prospekthaftung. In der Literatur wird aus Gründen der Vereinheitlichung der Prospekthaftungstatbestände teilweise versucht, den Verschuldensmaßstab dem der spezialgesetzlichen Prospekthaftung anzupassen, denn dort ist das Verschulden auf Vorsatz und *grobe*

---

407 *Wagner*, NZG 2003, S. 897, 901.

408 *BGHZ* 71, S. 284, 291; *BGHZ* 72, S. 382, 388 f.; *BGHZ* 79, S. 337, 345; *Gummert*, in: Münchener Handbuch des Gesellschaftsrechts, Band 2, 2004, § 69 Rn. 61; *Assmann*, in: Assmann/Schütze, 1997, § 7 Rn. 146.

409 *BGH* NJW 1980, S. 589, 591; *Assmann*, in: Assmann/Schütze, 1997, § 7 Rn. 146.

Fahrlässigkeit beschränkt.[410] Dem wurde allerdings durch Rechtsprechung und der überwiegenden Literatur[411] genauso wenig entsprochen wie der Auffassung *Köndgens*, der im Fall unrichtiger Tatsachenangaben eine strikte Garantiehaftung des Prospektaufstellers vorschlug, wobei die Entscheidung, welche Prospektangaben garantiefähig sind, von den Umständen des Einzelfalls abhängen solle.[412]

Der *BGH* stellt beim Verschulden darauf ab, ob der Anspruchsgegner die Umstände kannte, die für ihn die Aufklärungspflicht begründeten und er Kenntnis von den Tatsachen hatte oder haben musste, über die die Beteiligten aufzuklären waren.[413] Welche Anforderungen an die Sorgfaltspflicht des Anspruchgegners zu stellen sind, hängt dabei von den Umständen des Einzelfalls ab.[414] Zu berücksichtigen ist zum Beispiel, dass es sich bei den Anspruchgegnern in der Regel um berufsmäßige Sachkenner oder Inhaber von Sonderwissen handelt, so dass von einem strengen Sorgfaltsmaßstab auszugehen ist.[415] Eine besondere Berücksichtigung des Einzelfalls ist nach der Rechtsprechung insbesondere bei der Frage angebracht, in welchem Umfang der Schädiger Nachforschungen über die Verlässlichkeit der von ihm erteilten Informationen anstellen muss.[416] So muss derjenige, dem persönliches Vertrauen gewährt wurde, eigene Ermittlungen anstellen und darf die Angaben Dritter nicht ungeprüft übernehmen und weitergeben.[417]

Nach altem Schuldrecht wurde für das Verschulden eine Beweislastumkehr über §§ 282, 285 BGB a.F. analog hergeleitet, im neuen Schuldrecht ist diese in

---

410 *Coing*, WM 1980, S. 206, 212. Auf der anderen Seite mehren sich auch die Stimmen, dass der Verschuldensmaßstab der spezialgesetzlichen Prospekthaftung der der bürgerlich-rechtlichen angepasst werden soll, dazu unten Zweites Kapitel II. 1. f).

411 Vgl. hierzu *Assmann*, Prospekthaftung, 1985, S. 366, der für einen Transfer der spezialgesetzlichen Verschuldensmaßstäbe keine Notwendigkeit sieht, weil die Prinzipien einer allgemeinen Prospekthaftung gerade nicht auf einer Analogie zu den entsprechenden Bestimmungen des BörsG beruhen, und dem Deliktsrecht zudem keine Regel bekannt sei, derzufolge ein besonderes Haftungsrisiko eine Milderung des Verschuldensmaßstabs nach sich ziehen müsse. Vgl. weiterhin zur Garantiehaftung *Pleyer/Hegel*, ZIP 1985, S. 1370, 1374, die eine Garantiehaftung für Aussagen im Prospekt als zu weitgehend empfinden, da viele Angaben im Prospekt sich auf Umstände beziehen, die ohnehin nur einer wertenden Stellungnahme zugänglich seien. An dieser Stelle stelle sich dann ständig die Frage der Abgrenzung garantiefähige/nichtgarantiefähige Aussage, was Rechtsunsicherheit nach sich zöge.

412 *Köndgen*, AG 1983, S. 85, 96 f.

413 Vgl. *BGHZ* 79, S. 337, 345.

414 Reichweite des schutzwürdigen Vertrauens des Informationsempfängers auf die Richtigkeit der Prospektangaben, vgl. *Assmann*, in: Assmann/Schütze, 1997, § 7 Rn. 147.

415 *Assmann*, in: Assmann/Schütze, 1997, § 7 Rn. 147; *Eyles*, in: Vortmann, Prospekthaftung und Anlageberatung, 2000, § 2 Rn. 86.

416 *BGHZ* 74, S. 103, 111.

417 *BGHZ* 74, S. 103, 111; vgl. auch *Assmann*, in: Assmann/Schütze, 1997, § 7 Rn. 148.

§ 280 Abs. 1 Satz 2 BGB bereits gesetzlich festgeschrieben. Demgemäß ist der Anspruchsgegner nachweispflichtig bezüglich der von ihm ergriffenen Maßnahmen, um ihn von dem Vorwurf entlasten zu können, seine Pflichtwidrigkeit sei schuldhaft begangen worden.[418]

g) Haftungsbeschränkung, Haftungsausschluss

aa) Mitverschulden

Es besteht die Möglichkeit einer Haftungsbeschränkung über § 254 BGB, wenn bei Entstehung des Schadens ein Verschulden des Anlegers mitwirkte. Bei uneingeschränkter Anwendung des § 254 BGB würde ein Mitverschulden grundsätzlich immer dann in Betracht kommen, wenn der Anleger die Fehlerhaftigkeit des Prospekts kannte oder hätte erkennen können und trotzdem auf die Richtigkeit der Prospektangaben vertraut hat. Fraglich ist indes, ob den Anleger auf dieser Ebene eine Nachforschungspflicht trifft oder ob eine restriktive Handhabung des § 254 BGB unter Berücksichtigung der Risikosphären der Parteien geboten ist.

Es gehört zu den grundlegenden Pflichten des Anlegers, sich über die Vermögensanlage, in die er investieren will, angemessen zu informieren. Diese Pflichten könnten auch umfassen, die Inhalte des Verkaufsprospektes zu überprüfen und diesbezüglich Nachforschungen anzustellen, so dass das Unterlassen ein Mitverschulden gemäß § 254 BGB begründen würde. Andererseits haben die Prospektverantwortlichen den Anleger in dem Verkaufsprospekt derart über die Kapitalanlage aufzuklären, dass dieser eine vernünftige Anlageentscheidung treffen kann. Der Anleger darf so erwarten, ein zutreffendes Bild über das Beteiligungsobjekt zu erhalten, das heißt, dass der Prospekt ihn über alle Umstände, die für seine Entscheidung von wesentlicher Bedeutung sind oder sein können, sachlich richtig und vollständig unterrichtet.[419] Deshalb darf den Anleger regelmäßig keine Pflicht mit der eigentlichen Folge einer Haftungsbeschränkung treffen, die im Prospekt enthaltenen Angaben oder die sonstigen Erklärungen eines Initiators, Anlagevermittlers oder Anlageberaters zu überprüfen und insoweit eigene Nachforschungen anzustellen.[420] Es würde dem Sinn und Zweck der Prospekthaftungsregeln zuwiderlaufen, wenn dem Anleger zur Last gelegt würde, dass er auf die im Prospekt gemachten Angaben vertraute. Eine eigene Nachforschungspflicht kommt nach dem *BGH* nur dann in Betracht, wenn – gemessen an den Umständen des Falles – eigene Überprüfungen des Informationsmaterials durch den Anleger erwartet werden mussten. Das kann zum Beispiel dann der Fall sein, wenn eine eigene Prüfungsabsicht bekundet wurde oder wenn sich

---

418 *Assmann*, in: Assmann/Schütze, 1997, § 7 Rn. 150 m.w.N.

419 *BGHZ* 79, S. 337, 341; *BGHZ* 123, S. 106, 110; *BGH* NJW 1982, S. 1095.

420 *Gummert*, in: Münchener Handbuch des Gesellschaftsrechts, Band 2, 2004, § 69 Rn. 82.

Bedenken gegen die Richtigkeit einzelner Angaben geradezu aufdrängten.[421] Im Ergebnis ist daher eine restriktive Handhabung des § 254 BGB geboten, so dass ein Mitverschulden des Anlegers dann vorliegt, wenn er bei Anwendung *zumutbarer* Sorgfalt den Prospektmangel ohne weiteres hätte erkennen können.[422]

Daneben kann nach dem *BGH* auch dem von einem Anlagevermittler geworbenen Interessenten der Einwand des Mitverschuldens entgegengehalten werden.[423] Zwar gibt derjenige, der einen Sachkundigen hinzuzieht, zu erkennen, dass er auf dem betreffenden Fachgebiet nicht die erforderlichen Kenntnisse besitzt und auf fremde Hilfe angewiesen ist, so dass sein Vertrauen grundsätzlich besonderen Schutz verdient; dennoch kann unter besonderen Umständen der Einwand des Mitverschuldens begründet sein, etwa wenn Warnungen von dritter Seite oder differenzierende Hinweise des anderen Teils nicht genügend beachtet wurden oder wenn im Hinblick auf die Interessenlage, in der der Anlageinteressent und der Anlagevermittler in vertragliche Beziehung zueinander treten, solche besonderen Umstände vorliegen.[424]

bb) Haftungsfreizeichnung

Es besteht weitgehend Einigkeit in Rechtsprechung[425] und dem neueren Schrifttum[426], dass sich die Prospektverantwortlichen nicht von ihrer Haftung freizeichnen können. Der Schutz der Kapitalanleger erfordere es, die Vollständigkeit und Richtigkeit von Prospektangaben als Kardinalspflicht zu werten, weil die Anlageentscheidung von der inhaltlichen Richtigkeit und Vollständigkeit der Prospektangaben unmittelbar abhänge.[427] Eine Freizeichnung widerspricht den Überlegungen zum Vertrauensschutz des Anlegers, auf denen die Prospekthaftung aufbaut.[428] Die Haftungsfreizeichnung in Prospekten wird im Wege der Inhaltskontrolle nach § 242 BGB[429] unter Heranziehung der in §§ 307 Abs. 2 Nr.

421 *BGHZ* 71, S. 284, 292; *BGH* WM 1977, S. 334, 337; *Pleyer/Hegel*, ZIP 1985, S. 1370, 1379.

422 *BGHZ* 71, S. 284, 292; *Siol*, in: Schimansky/Bunte/Lwowski, Bankrechts-Handbuch, Band I, 2001, § 45 Rn. 63; *Eyles*, in: Vortmann, Prospekthaftung und Anlageberatung, 2000, § 2 Rn. 107; *Seibel/Graf v. Westphalen*, BB 1998, S. 169, 172.

423 *BGH* WM 1992, S. 1238, 1240.

424 *BGH* WM 1992, S. 1238, 1240.

425 Vgl. *BGH* NZG 2002, S. 468, 469; *BGH* WM 1984, S. 1075, 1077.

426 Vgl. *Assmann*, in: Assmann/Schütze, 1997, § 7 Rn. 169; *Gummert*, in: Münchener Handbuch des Gesellschaftsrechts, Band 2, 2004, § 69 Rn. 89; *Koch*, DStR 1999, S. 1617, 1620; *Pleyer/Hegel*, ZIP 1985, S. 1370, 1376.

427 *OLG Hamburg* OLGR Hamburg 1999, S. 370 ff.; im Ergebnis auch *Koch*, DStR 1999, S. 1617, 1620; *Pleyer/Hegel*, ZIP 1985, S. 1370, 1376.

428 Vgl. *Weimann*, Prospekthaftung, 1998, § 10 Rn. 28.

429 Eine direkte Anwendung der §§ 305 ff. BGB ist nach h.M. wegen § 310 Abs. 4 BGB nicht möglich, wenn sich der Anlageerwerb im Wege einer Beitrittserklärung zu einer Gesellschaft vollzieht.

2, § 309 Nr. 7b, 444 BGB (§ 9 Abs. 2 S. 1 und 2; § 11 Nr. 7, 11 AGBG a.F.), § 47 Abs. 1 BörsG (§ 48 BörsG a.F.) zum Ausdruck kommenden Wertungen behandelt und ist damit unbeachtlich.[430] Der *BGH* hat bei einer Haftungsfreizeichnung bzw. -beschränkung in Verkaufsprospekten sogar § 9 AGBG (§ 307 Abs. 2 BGB n.F.) direkt angewendet.[431] Die in dem Prospekt enthaltene Beschränkung der Haftung auf Vorsatz und grobe Fahrlässigkeit sei wegen Verstoßes gegen § 9 AGBG unwirksam. Die Aufklärungspflicht der Prospektverantwortlichen und die sich daraus ergebende Prospekthaftung sei für den Schutz des Investors von grundlegender Bedeutung. Auch ein Haftungsausschluss für leichte Fahrlässigkeit widerspreche der Aufgabe des Prospekts, die potentiellen Anleger verlässlich, umfassend und wahrheitsgemäß zu informieren.[432] Im Ergebnis ist es demzufolge den Prospektverantwortlichen grundsätzlich nicht möglich, die Haftung für unrichtige oder unvollständige Darstellungen der Kapitalanlage in einem Verkaufsprospekt auszuschließen; das gilt aus Vertrauensschutzgesichtspunkten selbst für leichte Fahrlässigkeit.[433]

Im Hinblick auf eben jenen Vertrauensschutz kann jedoch die Verantwortung der Prospektverantwortlichen auch im Rahmen der bürgerlich-rechtlichen Prospekthaftung i.e.S. regelmäßig nur so weit gehen, wie die typisierten Vertrauenstatbestände, die durch die Prospektaussagen begründet werden, es vorsehen. Die Gruppen der Leistungsträger und Hintermänner haften dabei aufgrund ihrer umfassenden Prospektverantwortlichkeit weitgehend, während die Gruppe der Garanten kraft Berufsstellung eine Einstandspflicht nur dann trifft, sofern sie durch ihr nach außen in Erscheinung tretendes Mitwirken an der Prospektgestaltung einen besonderen Vertrauenstatbestand schaffen.[434] Ihre Haftung reicht somit nur so weit, wie die Angaben dem einzelnen Berater zugerechnet werden können.[435]

h) Verjährung

Da die Grundsätze zur bürgerlich-rechtlichen Prospekthaftung i.e.S. von der Rechtsprechung typisierend in Analogie zu den gesetzlich geregelten Prospekthaftungstatbeständen entwickelt wurden,[436] liegt es nahe, die gesetzlichen Be-

---

430 Vgl. *Assmann*, in: Assmann/Schütze, 1997, § 7 Rn. 169; *Weimann*, Prospekthaftung, 1998, § 10 Rn. 33.

431 *BGH* NZG 2002, S. 468, 469.

432 So auch *Seibel/Westphalen*, BB 1998, S. 169, 173.

433 Vgl. eingehend zur Haftungsfreizeichnung der Prospektverantwortlichen *Eyles*, in: Vortmann, Prospekthaftung und Anlageberatung, 2000, § 2 Rn. 99.

434 Damit hat der *BGH* die bürgerlich-rechtliche Prospekthaftung i.e.S. der Garanten von vornherein eingeschränkt, vgl. *BGH* ZIP 1984, S. 173; *Gehrlein*, BB 1995, S. 1965.

435 Vgl. *BGH* BB 2000, S. 1853.

436 Etwa *BGHZ* 71, S. 284, 286 ff.; *BGHZ* 111, S. 314, 316 ff.; *BGHZ* 115, S. 214, 217 ff.; *BGHZ* 123, S. 106, 109 f.; *BGH* DStR 1992, S. 189.

stimmungen nicht nur bei den Haftungsvoraussetzungen, sondern auch bei der Verjährungsfrist als Maßstab zu nehmen. Die gesetzlich geregelten Tatbestände sahen vor In-Kraft-Treten des Vierten Finanzmarktförderungsgesetzes durchweg vor, dass Ansprüche aus Prospekthaftung in sechs Monaten nach Kenntnis des Anlegers von dem Prospektfehler, spätestens jedoch nach drei Jahren, verjähren.[437] Dabei stellten § 20 Abs. 5 KAGG a.F. und § 12 Abs. 5 AuslInvestmG a.F. für den Beginn der Dreijahresfrist auf den Kaufvertrag, § 47 BörsG a.F. und § 13 VerkProspG i. V. m. § 47 BörsG a.F. auf die Prospektherausgabe ab.[438] In Anlehnung an diese Bestimmungen entschied der *BGH*, dass auch Ansprüche aus bürgerlich-rechtlicher Prospekthaftung i.e.S. in sechs Monaten ab Kenntnis des Prospektfehlers und spätestens drei Jahre nach dem Beitritt zu der Gesellschaft oder dem Erwerb der Anteile verjähren.[439] Hierzu zählten auch – wie der *BGH* wiederholt klargestellt hat – Prospekthaftungsansprüche, die sich aus dem Beitritt zu geschlossenen Immobilienfonds ergeben.[440] Dazu führt er aus, dass sich zwar die regelmäßige Verjährung bei Ansprüchen aus c.i.c. nach § 195 BGB richte, davon aber Ausnahmen zu machen seien, wenn vergleichbare Erfüllungs- oder Ersatzansprüche in kürzerer Zeit verjähren und der Zweck einer solchen Verjährungsregelung auch für die Haftung aus c.i.c. Geltung beanspruche. Den spezialgesetzlichen Prospekthaftungstatbeständen sei ein allgemeiner Rechtsgrundsatz zu entnehmen, nämlich dass es dem Anteilseigner wegen zunehmender Beweisschwierigkeiten und aus Gründen allgemeiner Rechtssicherheit nach einer bestimmten kürzeren Zeit versagt sein müsse, sich auf fehlerhafte Angaben im Prospekt zu berufen. Dieser allgemeine Rechtsgrundsatz sei auch auf die bürgerlich-rechtliche Prospekthaftung anzuwenden. Wegen des Abstellens auf typisiertes Vertrauen seien eindeutige Feststellungen zur Kausalität zwischen Fehlverhalten einerseits, Beitritt und Schaden andererseits vielfach schon kurz nach dem Beitritt nur schwer zu treffen und nach Ablauf mehrerer Jahre häufig ausgeschlossen.[441]

Es ist fraglich und von der höchstrichterlichen Rechtsprechung bislang nicht entschieden, ob auch nach der Schuldrechtsmodernisierung an der analogen Anwendung der Verjährungsregeln festzuhalten ist. Ansprüche aus c.i.c. und pVV sind nunmehr in den §§ 280 Abs. 1, § 311 Abs. 2, Abs. 3, § 241 Abs. 2

437 Dies war etwa in § 20 Abs. 5 KAGG a.F. und § 12 Abs. 5 AuslInvestmG a.F. sowie seit In-Kraft-Treten des Dritten Finanzmarktförderungsgesetzes vom 1.4.1998 in § 47 BörsG a.F. und § 13 VerkProspG i. V. m. § 47 BörsG a.F. vorgesehen.

438 *BGH* DStR 2001, S. 409, 410.

439 Grundlegend *BGHZ* 83, S. 222, 224 ff.; *BGH* DStR 2003, S. 1494; zustimmend *Assmann*, Prospekthaftung 1985, S. 371; *Kiethe*, BB 1999, S. 2253, 2257; speziell zum geschlossenen Immobilienfonds: *Michalski/Schulenburg*, NZG 1999, S. 615; *Schmidt/Weidert*, DB 1998, S. 2309, 2313 ff.; *Wagner*, NZG 1999, S. 614 f.

440 *BGH* DStR 2001, S. 409.

441 *BGHZ* 83, S. 222 ff.

BGB kodifiziert, so dass sich die Gesetzesgrundlagen für Ansprüche aus bürgerlich-rechtlicher Prospekthaftung nunmehr aus diesen Vorschriften ergeben. Die regelmäßige Verjährung wurde speziellen kürzeren Verjährungsfristen angeglichen und beträgt nun nicht mehr dreißig, sondern gemäß § 195 BGB drei Jahre. Die Verjährungsfrist beginnt regelmäßig gemäß § 199 Abs. 1 BGB mit dem Schluss des Jahres, in dem der Anspruch entstanden ist und der Gläubiger von den den Anspruch begründenden Umständen und der Person des Schuldners Kenntnis erlangt oder ohne grobe Fahrlässigkeit erlangen müsste. Nach § 199 Abs. 2, Abs. 3 und Abs. 4 BGB besteht daneben eine kenntnisunabhängige absolute Verjährungsfrist von 10 bzw. 30 Jahren.

Trotz dieser Änderungen und der zeitlichen Annäherung der regelmäßigen Verjährungsfrist an die verkürzte Verjährung für Prospekthaftungsansprüche spricht vieles für eine Beibehaltung der analogen Anwendung der investment- und börsenrechtlichen Verjährungsvorschriften, und es ist davon auszugehen, dass die Rechtsprechung daran auch festhalten wird. Zunächst wird § 199 Abs. 1 BGB den Besonderheiten der Prospekthaftung i.e.S. insofern nicht gerecht, dass der Verjährungsbeginn erst ab Schadenseintritt und Kenntniserlangung durch den Gläubiger anstelle ab Beitritt zur Fondsgesellschaft angenommen wird. Insofern besteht noch immer eine Regelungslücke für Tatbestände aus typisiertem Vertrauen. Weiterhin erscheint es nicht interessengerecht, dass es dem Gläubiger bei Anwendung der regelmäßigen Verjährungsfristen des § 195 BGB trotz Kenntnis der den Anspruch begründenden Umstände möglich wäre, den kompletten Zeitraum von 3 Jahren auszuschöpfen bzw. innerhalb dieser drei Jahre nach spekulativen Gesichtspunkten zu entscheiden, wann er seinen Anspruch geltend macht – die Rechtsprechung (bzw. der Gesetzgeber im Falle der spezialgesetzlichen Prospekthaftung) war stets bemüht, eine solche Folge zu vermeiden.[442] Mittlerweile wurden die Vorschriften des KAGG und des AuslInvestmG durch das Gesetz zur Modernisierung des Investmentwesens und zur Besteuerung von Investmentvermögen (InvG) vom 15. Dezember 2003[443] zusammengeführt; nach § 127 Abs. 5 InvG verjährt der Anspruch aus Prospekthaftung nun in einem Jahr seit dem Zeitpunkt, in dem der Käufer von der Unrichtigkeit oder Unvollständigkeit der Verkaufsprospekte Kenntnis erlangt hat, spätestens jedoch drei Jahre seit dem Abschluss des Kaufvertrages. Parallel dazu wurde gleichermaßen die Verjährungsfrist des § 46 BörsG n.F. für die Haftung wegen eines unrichtigen oder unvollständigen Börsenprospektes verlängert. Inwieweit die Rechtsprechung auch die Verjährungsvorschriften für Ansprüche aus bürgerlich-rechtlicher Prospekthaftung i.e.S. dieser Entwicklung anpassen wird, ist bisher noch unklar. Es ist allerdings davon auszugehen, dass wie bislang eine parallele Ausgestaltung gewollt ist; auch die Verjährung für bürgerlich-rechtliche Pros-

442 Ausführlich *Lüdicke/Arndt/Götz*, 2005, S. 104 f.
443 BGBl. I 2003 S. 2676.

pekthaftungsansprüche i.e.S. wird dementsprechend auf ein Jahr auszudehnen sein.

Exkurs: Verjährung von Erwerbermodellen

Problematisch ist schließlich die Behandlung der Verjährung bei Bauherren- und Bauträgermodellen oder vergleichbaren Anlageformen, die neben geschlossenen Fonds einen großen Teil des grauen Kapitalmarktes einnehmen. Die Anwendung der kurzen investment- bzw. börsenrechtlichen Verjährungsregeln wird diesen Modellen aufgrund ihrer überwiegend werkvertraglichen Prägung nach höchstrichterlicher Rechtsprechung und einem Großteil der Literatur nicht gerecht. Bauherren- und Erwerbermodelle sind primär auf den Erwerb von Grundeigentum und die Erstellung eines Bauwerkes gerichtet, so dass es an einem der Wertpapieranlage vergleichbaren Element fehlt.[444]

Der *BGH* ließ zunächst offen, ob Prospekthaftungsansprüche beim Bauherrenmodell nach der allgemeinen Frist des § 195 BGB a.F. verjähren oder ob die Verjährungsfrist des § 638 BGB a.F. Anwendung findet.[445] Später entschied er aber, dass es für die genannten Ansprüche bei der allgemeinen Verjährungsfrist des § 195 BGB a.F. verbleiben solle.[446] Die Vorschrift des § 638 BGB a.F. enthielte für die werkvertraglichen Gewährleistungsansprüche des Bestellers gegenüber dem Unternehmer eine spezielle und auf das Wesen dieser Ansprüche abgestellte Verjährungsregelung; dabei seien zur Vermeidung von bei Werkmängeln typischerweise auftretenden Beweisschwierigkeiten insgesamt kurze Verjährungsfristen vorgesehen, deren Beginn an die Abnahme geknüpft ist (§ 638 Abs. 1 Satz 2 BGB a.F.). Für den Beginn der Verjährung der Prospekthaftungsansprüche wird aber auf den Beitritt des Anlegers zum Bauherrenmodell abgestellt.[447] Die bürgerlich-rechtliche Prospekthaftung sei zudem von der Rechtsprechung aus den Grundsätzen der Haftung aufgrund Verschuldens bei Vertragsverhandlungen entwickelt worden.[448] Da der von den Anbietern herausgegebene Werbeprospekt oftmals die einzige Informationsquelle des Anlegers sei, müsse der Prospekt alle für dessen Entscheidung wesentlichen Angaben vollständig und richtig enthalten. Für die Vollständigkeit und Richtigkeit der in Verkehr gebrachten Prospekte habe deswegen jeder einzustehen, der durch den Prospekt auf den Entschluss des Anlegers Einfluss genommen habe.[449] Damit sei die vorvertragliche Haftung auf die für den Prospektinhalt verantwortlichen Ini-

---

444 *BGHZ* 111, S. 314, 322 f.; *BGHZ* 115, S. 214, 224; *Assmann*, in: Assmann/Schütze, 1997, § 7 Rn. 171; *Eyles*, in: Vortmann, Prospekthaftung und Anlageberatung, 2000, § 2 Rn. 111.

445 *BGHZ* 111, S. 314, 323; *BGHZ* 115, S. 214, 225.

446 *BGHZ* 126, S. 166 ff.

447 *BGHZ* 83, S. 222, 226.

448 *BGHZ* 79, S. 337, 341 f.

449 *BGHZ* 111, S. 314, 317 f.

tiatoren und andere Beteiligte erstreckt, die anderenfalls keiner Haftung ausgesetzt wären. Bereits hierdurch weiche das von der Rechtsprechung entwickelte Institut der Prospekthaftung in wesentlicher Weise von der Regelung der Mängelansprüche gemäß §§ 633 ff. BGB ab, die dem Besteller lediglich gegenüber dem Unternehmer zustünden. Auch in den Rechtsfolgen unterscheide sich die Prospekthaftung von der gesetzlichen Regelung der werkvertraglichen Rechte des Bestellers bei Sachmängeln. Bei der Prospekthaftung kämen für den geschädigten Anleger die in den §§ 633 ff. vorgesehenen Ansprüche auf Mängelbeseitigung, Aufwendungsersatz sowie Gewährleistung nicht in Betracht. Vielmehr könne der Anleger vom Prospektverantwortlichen grundsätzlich den Schaden ersetzt verlangen, den er dadurch erlitten habe, dass er auf die Richtigkeit und Vollständigkeit des Prospekts vertraut habe. Sei die unrichtige oder unvollständige Information ursächlich für die Anlageentscheidung gewesen, stehe dem Anleger ein Anspruch auf Befreiung von dem abgeschlossenen Vertrag und Ersatz seiner Aufwendungen zu.[450] Desgleichen sollte sich die Verjährung von Prospekthaftungsansprüchen beim Bauträgermodell wie beim Bauherrenmodell nach § 195 BGB a.F. und nicht nach § 638 BGB a.F. richten.[451]

Auch nach der Schuldrechtsmodernisierung und der hiermit einhergehenden Verkürzung der regelmäßigen Verjährungsfrist von 30 auf drei Jahre (§ 195 BGB n.F.) ist davon auszugehen, dass der *BGH* an seiner Rechtsprechung festhalten und nicht die werkvertraglichen Verjährungsregeln (§ 634a BGB n.F.) bei Bauherren-, Bauträger- oder vergleichbaren Modellen zur Anwendung kommen lässt.[452]

2. Bürgerlich-rechtliche Prospekthaftung im weiteren Sinne

Gemäß der Regierungsbegründung zum VerkProspG[453] tangieren die neu eingeführten Regelungen des VerkProspG die Grundsätze der bürgerlich-rechtlichen Prospekthaftung i.w.S. nicht. Das neue VerkProspG umfasst nur die Tatbestände, die in der Vergangenheit durch die Grundsätze der bürgerlich-rechtlichen Prospekthaftung i.e.S. geregelt wurden, so dass die Prospekthaftung i.w.S. nicht Gegenstand dieser Arbeit ist. Deshalb sollen an dieser Stelle lediglich der Voll-

---

450 *BGHZ* 115, S. 214, 220 f.

451 *BGH* DB 2004, S. 67.

452 Andeutend *BGH* DB 2004, S. 67: „Für Prospekthaftungsansprüche beim Bauträgermodell gilt wie beim Bauherrenmodell die regelmäßige Verjährungsfrist des § 195 BGB, bis zum 31.12.2001 damit eine Frist von 30 Jahren. § 638 BGB ist nicht entsprechend anwendbar. Gemäß Art. 229 § 6 Abs. 2 EGBGB ist die nunmehr dreijährige Verjährungsfrist gehemmt." Im Ergebnis erwarten auch *Lüdicke/Arndt/Götz,* 2005, S. 106 die Beibehaltung der bisherigen Rechtsprechung.

453 *BegrRegE*, BT-Drs. 15/3174, S. 44.

ständigkeit halber die wesentlichen Unterschiede in der gebotenen Kürze dargestellt werden.

Wie bereits dargelegt, gelten die Grundsätze der Prospekthaftung i.e.S. dann, wenn die Haftungsadressaten einen Beitrag bei der Prospekterstellung geleistet haben. Es kommt hierbei nicht auf ein einer bestimmten Person gegenüber gewährtes konkretes Vertrauen an. Als Anknüpfungspunkt sind Tätigkeit und Verantwortlichkeit ausreichend, es wird somit eine Art typisierter Vertrauenstatbestand gebildet.[454] Die Ansprüche aus bürgerlich-rechtlicher Prospekthaftung i.w.S. hingegen knüpfen nicht an typisiertes, sondern an die *konkrete* Inanspruchnahme persönlichen Vertrauens an.[455] Sie trifft Personen, die eine Aufklärungspflicht verletzen und persönlich Vertrauen in Anspruch genommen haben. Es handelt sich also um einen direkten Fall der c.i.c., die seit der Schuldrechtsmodernisierung in den §§ 311 Abs. 2 und Abs. 3 BGB kodifiziert ist.

Eine Abgrenzung der Prospekthaftung i.e.S. und derjenigen i.w.S. ist insbesondere bedeutsam, weil der Prospekthaftung i.w.S. Personen unterliegen können, die nicht zum Haftungsadressatenkreis der Prospekthaftung i.e.S. gehören, und weil die Rechtsprechung hinsichtlich beider Anspruchsgrundlagen von einer unterschiedlichen Verjährungsdauer der Ansprüche der geschädigten Anleger ausgeht.[456]

Alle Personen und Unternehmen, die Kapitalanlagen vertreiben oder vermitteln, können nach den Grundsätzen der Prospekthaftung i.w.S. haften, wenn die Prospekte in die Verhandlungen eingebracht wurden,[457] sie sich die Erklärungen in den Verkaufsprospekten zu Eigen machen oder ein besonderes persönliches Vertrauen in Anspruch nehmen.[458] Schuldner der Prospekthaftung i.w.S. sind damit regelmäßig Anlagevermittler, Anlageberater, Makler und Banken, die die Prospekte zur Erfüllung ihrer eigenen Informations- und Aufklärungspflichten verwenden.[459] Weiterhin erwecken gerade Personen und Unternehmen, die Beteiligungen vertreiben oder vermitteln, den Eindruck besonderer persönlicher Zuverlässigkeit, wenn sie als in dieser Branche vielfältig erfahren und damit sachkundig auftreten, und so für ihre Verhandlungspartner eine zusätzliche, wenn nicht gar ausschlaggebende Gewähr für die Richtigkeit der im Werbeprospekt oder anderweitig über die Kapitalanlage gemachte Angaben bieten.[460]

---

454 *BGHZ* 79, S. 337, 341 f.

455 *BGHZ* 83, S. 222, 227; *Eyles*, in: Vortmann, Prospekthaftung und Anlageberatung, 2000, § 2 Rn. 114.

456 *Gummert*, in: Münchener Handbuch des Gesellschaftsrechts, Band 2, 2004, § 69 Rn. 7.

457 Prospekte müssen nicht in ihrer ursprünglichen Form genutzt werden, es genügt, wenn der Berater, Vermittler etc. eine Zusammenfassung der Inhalte des Prospektes erstellt und diese in die Verhandlungen einführt.

458 *BGHZ* 74, S. 103, 109.

459 *Lüdicke/Arndt/Götz,* 2005, S. 107.

460 *BGHZ* 74, S. 103, 109; *BGH* DStR 2003, S. 1494, 1495; *BGH* DStR 2003, S. 1584.

Genau wie die Prospekthaftung i.e.S. ist die Prospekthaftung i.w.S. von einer vertraglichen Beziehung zwischen dem Haftungsadressaten und dem Anleger unabhängig.[461] Die Pflicht zur richtigen Information und Aufklärung ist nach höchstrichterlicher Rechtsprechung – wenn nicht auf einem (evtl. stillschweigend zustande gekommenen) Anlageberatungsvertrag beruhend – zumindest auf ein vorvertragliches Schuldverhältnis zurückzuführen, das aufgrund einer Sachwalterstellung des Anspruchgegners kraft außergewöhnlicher Sachkunde und eigenem wirtschaftlichen Interesse besteht.[462]

Prospekthaftungsansprüche i.w.S. unterliegen der regelmäßigen Verjährung des § 195 BGB (vor der Schuldrechtsmodernisierung betrug die Verjährung damit 30 Jahre und seit der Reform des Verjährungsrechts beträgt sie nunmehr drei Jahre). Auch wenn sich damit die Verjährung von Ansprüchen aus bürgerlichrechtlicher Prospekthaftung i.e.S. und der Prospekthaftung i.w.S. angenähert haben, können sich erhebliche Unterschiede durch die Regelung des Verjährungsbeginns ergeben. Macht ein Anleger Ansprüche aus bürgerlich-rechtlicher Prospekthaftung i.w.S. geltend, beginnt die Verjährungsfrist regelmäßig gemäß § 199 Abs. 1 BGB mit dem Schluss des Jahres, in dem der Anspruch entstanden ist und der Gläubiger von den den Anspruch begründenden Umständen und der Person des Schuldners Kenntnis erlangt hat oder ohne grobe Fahrlässigkeit erlangen müsste; nach § 199 Abs. 2, Abs. 3 und Abs. 4 BGB besteht daneben eine kenntnisunabhängige absolute Verjährungsfrist von 10 bzw. 30 Jahren. Ansprüche aus Prospekthaftung i.e.S. hingegen verjähren spätestens drei Jahre nach dem Beitritt zu der Gesellschaft oder dem Erwerb der Anteile. Relevant wird damit die Abgrenzung insbesondere in dem Fall, dass ein an der Prospekterstellung Beteiligter sich an den Verhandlungen mit einem Anleger direkt oder über einen Erfüllungsgehilfen (Zurechnung über § 278 BGB) beteiligt hat, denn dann kommen beide Prospekthaftungstatbestände in Betracht. Für Ansprüche aus Prospekthaftung i.w.S., die vor dem 1. Januar 2002 entstanden sind, gilt Art. 229 § 6 EGBGB.

III. Zusammenfassung der alten Rechtslage

Für geschlossene Fonds stellte sich damit die Rechtslage vor dem 1. Juli 2005 zusammenfassend wie folgt dar: Die bürgerlich-rechtliche Prospekthaftung gliedert sich nicht in das System der Prospektpublizität ein. Emittenten bzw. Anbieter geschlossener Fonds unterlagen keiner direkten Prospektierungspflicht. Eine solche wurde mittelbar nur dort angenommen, wo ein konkretes Vertrauensverhältnis bestand. Anbieter geschlossener Fonds standen grundsätzlich nicht unter

461 *Gummert*, in: Münchener Handbuch des Gesellschaftsrechts, Band 2, 2004, § 69 Rn. 8.
462 *BGHZ* 56, S. 81, 84 ff.; *BGHZ* 70, S. 337, 343 ff.; *Lüdicke/Arndt/Götz*, 2005, S. 108.

staatlicher Beaufsichtigung; deswegen konnte in der Vergangenheit auch nur geschätzt werden, wie viele und vor allem welche Fondsanbieter Vermögensanlagen auf dem freien Kapitalmarkt öffentlich anboten.

Der Schutz der Anleger dieses Marktsektors beschränkte sich insoweit auf die bürgerlich-rechtliche Prospekthaftung. Mangels gesetzlicher Vorgaben hatte die Rechtsprechung einen Spielraum, innerhalb der Grenzen des allgemeinen Schadensersatzrechts auf die individuellen Anlegerinteressen einzugehen. Mittels des Vertrauensbegriffs dehnte sie so beispielsweise den Kreis der Prospektverantwortlichen immer weiter aus. Die Prospektverantwortlichen hafteten im Gegensatz zu einer Haftung gemäß der spezialgesetzlichen Prospekthaftung bereits bei jeder Fahrlässigkeit. Der Prospektbegriff als Anknüpfungspunkt für die Prospekthaftung wurde von der Rechtsprechung nicht randscharf definiert, so dass die Entscheidungen stets einzelfallbezogen waren. Das Merkmal der haftungsausfüllenden Kausalität wurde im Rahmen der Prüfung eines Schadensersatzanspruches zumindest im Ergebnis mit Hinweis auf den Schutzzweck der bürgerlich-rechtlichen Prospekthaftung letztlich obsolet. Der *BGH* begründete dies mit der Dispositionsfreiheit des einzelnen Anlegers, so dass er bei der Prüfung des ursächlichen Zusammenhangs zwischen Prospektfehler und Schaden des Anlegers nicht maßgeblich auf das letzte mögliche Glied der Kausalkette in Gestalt der Entwertung oder des Verlustes der Beteiligung abstellte, sondern es vielmehr auf die Ursächlichkeit des Aufklärungsmangels für den Beteiligungsentschluss des Anlegers, also die haftungsbegründende Kausalität ankam. Damit war es irrelevant, ob sich der Prospektfehler im Schaden realisierte. Einerseits wurde derart ein sehr weitreichender individueller Anlegerschutz geschaffen. Auf der anderen Seite führte es aber auch dazu, dass den Prospektverantwortlichen beim Auftreten eines Prospektfehlers im Ergebnis das gesamte Marktrisiko aufgebürdet wurde.[463] Des Weiteren offenbaren sich dann Widersprüche in der Argumentation des *BGH*, wenn dem Anleger tatsächlich kein Schaden entstanden ist, beispielsweise weil der Wert der Vermögensanlage die Einlageleistung des Anlegers zumindest erreichte. Mangels wirtschaftlichen Schadens, der aber Voraussetzung für einen Schadensersatzanspruch nach allgemeinen Grundsätzen ist, musste der *BGH* in dieser Fallkonstellation schließlich dennoch den Dispositionsschutz zugunsten eines Leistungsäquivalenzschutzes aufweichen; ein Prospekthaftungsanspruch konnte dem Anleger in dem Fall nicht zugesprochen werden. Das Schrifttum kritisierte aus den vorgenannten Gründen die mangelnde Stringenz in den Begründungen der einzelnen Tatbestandsmerkmale.

Anleger geschlossener Fonds wurde ein Wahlrecht eingeräumt, vollständige Rückabwicklung des Anlagegeschäfts zu verlangen, oder an der Anlage selber festzuhalten und sich den Differenzschaden ersetzen zu lassen. Die §§ 249 ff.

---

463 Um Wiederholungen zu vermeiden, erfolgt eine umfassende Auseinandersetzung mit dieser Thematik erst innerhalb der Darstellung der neuen Rechtslage.

BGB kamen uneingeschränkt zur Anwendung, so dass unter anderem ein entgangener Gewinn geltend gemacht, andererseits aber auch eine mögliche Vorteilsanrechnung entgegengehalten werden konnte.

Eine gesetzliche Vorgabe für bestimmte Prospektinhalte existierte mangels Prospektpflicht nicht. Ausgehend vom Treu und Glauben-Grundsatz wurde durch umfangreiche höchstrichterliche Rechtsprechung für jeden Einzelfall gesondert ermittelt, welche Anforderungen an Verkaufsprospekte für geschlossene Fonds gestellt werden mussten. Inhaltliche Prospektmängel im Sinne der bürgerlich-rechtlichen Prospekthaftung i.e.S. liegen allgemein dann vor, wenn der Prospekt unvollständig ist oder unvollständige Angaben enthält, also insbesondere unrichtige vorteilhafte Angaben macht, oder nachteilige Umstände verschweigt. Die Rechtsprechung hat diverse offenbarungspflichtige Angaben herausgearbeitet, auf deren Richtigkeit und Vollständigkeit der durchschnittliche, verständige Anleger vertrauen darf. Weiterhin gab der IDW S4 bislang eine gute Orientierungshilfe, die in der Regel auch von seriösen Anbietern genutzt wurde. Die Einhaltung des IDW S4 war jedoch für Prospektherausgeber letztendlich nicht verpflichtend, so dass für den Vertrieb von geschlossenen Fonds mangels Reglementierung eine unsichere Rechtslage bestand. Auch an dieser Stelle konnte Sicherheit über das Vorliegen eines Prospektmangels erst durch eine gerichtliche Entscheidung erlangt werden.

Insgesamt bemühte sich die Rechtsprechung jedoch durch ständige Fortentwicklung des Haftungsinstituts, Anlegern des grauen Kapitalmarktes ausreichenden Schutz zukommen zu lassen und damit dem Ungleichgewicht, das zwischen den Marktgegenseiten besteht, entgegenzuwirken. Der Schutz des individuellen Anlegers hatte Priorität, auf die Besonderheiten des Kapitalmarkts ging die Rechtsprechung dabei – auch mangels hierfür notwendiger spezialgesetzlicher Vorgaben – nicht immer zufriedenstellend ein. Im Schrifttum und unter den Fondsanbietern herrschte Unzufriedenheit über die mangelnde Stringenz bei der Fortentwicklung des Rechtsinstituts, sowie darüber, dass die von der Rechtsprechung entwickelten Fallgruppen eine dahinter stehende Systematik oftmals nicht erkennen ließen. Die von der Rechtsprechung entwickelte Problemlösung litt teilweise an der notwendigen Vorhersehbarkeit der Verantwortlichkeit der Haftung. Negative Folge einer uferlosen und unberechenbaren Haftung ist, dass enttäuschte Anleger ermutigt werden, bei einer allgemeinen Verschlechterung des kapitalmarktrechtlichen Umfelds ihre Werbeprospekte in der Hoffnung durchzusehen, dort nachträglich Prospektfehler zu finden. Auch deshalb sind klare Haftungsfolgen für funktionierende Kapitalmärkte fundamental. Das wurde durch die bürgerlich-rechtliche Prospekthaftung nicht hinreichend erreicht. Auf der anderen Seite ergab sich auch für Anleger oftmals die unbefriedigende Situation, dass die rechtlichen Mechanismen der Schadensersatzhaftung oft erst dann griffen, wenn Initiatoren und Vermittler von bei einem Zusammenbruch der Fondsgesellschaft entweder nicht mehr greifbar waren, oder wenn bei ihnen nicht mehr genug Mittel vorhanden waren, um die gesamten Anlegerschäden zu begleichen. Insofern bestand auch auf Seiten der Anlegerschaft das Bedürfnis, neben der Einführung einer gesetzlichen Prospekthaftung bereits das Risiko von Anlegerschäden durch ausreichende Informationen im Vorfeld der Anlageentscheidung sowie gegebenenfalls einer Überwachung der Fondsbetreiber zu vermindern. Die bürgerlich-rechtliche Prospekthaftung trägt grundsätzlich zum Schutze des Anlegers bei und die Rechtsprechung bemühte sich, die Sicherheitslücken, die der Gesetzgeber auf dem grauen Markt geschaffen hatte, zu schließen. Die Ausführungen im Dritten Teil werden verdeutlichen, dass es der Rechtsprechung mangels strikter gesetzlicher Vorgaben ermöglicht wurde, einzelfallgerecht zugunsten des individuellen Anlegers zu entscheiden. Allerdings haben die vorherigen Ausführungen auch offenbart, dass die nachträgliche bürgerlichrechtliche Prospekthaftung für geschlossene Fonds zum einen nur lückenhaft Schutz bot und sie sich zum anderen nicht hinreichend in die kapitalmarktrechtlichen Strukturen eingliederte.

Drittes Kapitel Prospektpflicht und Prospekthaftung für geschlossene Fonds seit dem 1. Juli 2005

Mit der Einführung eines neuen Abschnitts IIIa in das VerkProspG durch Art. 2 AnSVG[464] wurde zum 1. Juli 2005 eine Prospektpflicht für nicht in Wertpapieren verbriefte Anlageformen eingeführt. Damit wurde die für börsennotierte und nicht börsennotierte Wertpapiere bereits bestehende Prospektpflicht erweitert auf die in § 8f Abs. 1 VerkProspG genannten Vermögensanlagen. Die neue Prospektpflicht soll eine bislang bestehende spezialgesetzliche Regelungslücke im Wesentlichen für Unternehmensbeteiligungen und Anteile an Treuhandvermögen schließen, die den Schwerpunkt des Marktes für nicht in Wertpapieren verbriefte Anlageformen bilden, und für die sich in der Vergangenheit anhand von erlittenen Schäden bis hin zu Totalverlusten ein besonderer Regelungsbedarf gezeigt hat.[465] Dem Erwerber sollen die Angaben zur Verfügung gestellt werden, die notwendig sind, um Risiken und Chancen des Produkts abwägen zu können. Zugleich wird die Prospekthaftung ausgelöst (geregelt in Abschnitt IV des VerkProspG), die den Erwerber so stellt, als hätte er die auf einen fehlerhaften Prospekt gestützte Anlageentscheidung nicht getroffen. Darüber hinaus wurde mit der Einführung einer spezialgesetzlichen Prospektpflicht und -haftung für nicht in Wertpapieren verbriefte Anlageformen eine bislang nicht geregelte Haftung für die pflichtwidrige Nichterstellung eines Verkaufsprospektes festgeschrieben.[466] Aufsichtsbehörde für Emissionshäuser für geschlossene Fonds ist die Bundesanstalt für Finanzdienstleistungsaufsicht (*BaFin*). Dies war bis zum 1. Juli 2005 nicht der Fall, da die Beteiligung an einer Personengesellschaft mangels ihrer freien Übertragbarkeit kein Wertpapier im technischen und rechtlichen Sinne darstellt und eine Prospektpflicht bis dato nur für handelbare Wertpapiere bestand. Die folgende Untersuchung soll einen Gesamtüberblick über die neuen gesetzlichen Regelungen verschaffen, wobei im Fokus der Untersuchung die geschlossenen Fonds stehen.

I. Prospektierungspflichten

Die Neuregelungen der Prospektpflicht für nicht in Wertpapieren verbriefte Anlageformen geben ein vierstufiges Verfahren vor. Vor der Veröffentlichung erfolgt gemäß § 8i Abs. 1 VerkProspG die Übermittlung des Verkaufsprospektes

464 BGBl. Jahrgang 2004 Teil I Nr. 56, S. 2630, 2647. Das VerkProspG wurde dann nochmals durch Art. 7 des Gesetzes vom 16.8.2005 geändert, BGBl. Jahrgang 2005 Teil I Nr. 50, S. 2437, 2445.

465 *BegrRegE*, BT-Drs. 15/3174, S. 27, 41 f.

466 *BegrRegE*, BT-Drs. 15/3174, S. 27 f.

durch den Anbieter zur Hinterlegung bei der *BaFin*. Auf der zweiten Stufe muss die Veröffentlichung des Prospekts durch die *BaFin* „gestattet“ werden, § 8i Abs. 2 VerkProspG. Im Anschluss an die Gestattung ist der Verkaufsprospekt in der in §§ 9 ff. VerkProspG beschriebenen Art und Weise zu veröffentlichen. Ist eine derartige Veröffentlichung erfolgt, kann einen Tag nach der Veröffentlichung auf der vierten und letzten Stufe mit dem öffentlichen Angebot begonnen werden.

1. Anwendungsbereich der Prospektpflicht

§ 8f VerkProspG regelt den Anwendungsbereich des neuen Abschnitts IIIa. Absatz 1 legt fest, für welche Produkte die Prospektpflicht eingeführt wird, und Ausnahmen von der Prospektpflicht ergeben sich aus Absatz 2.

a) Prospektpflichtige Vermögensanlagen

Gemäß § 8f Abs. 1 Satz 1 VerkProspG wird die Prospektpflicht eingeführt für im Inland öffentlich angebotene, nicht in Wertpapieren im Sinne des WpPG[467] verbriefte Anteile, die eine Beteiligung am Ergebnis eines Unternehmens gewähren, für Anteile an einem Vermögen, das der Emittent oder ein Dritter in eigenem Namen für fremde Rechnung hält oder verwaltet (Treuhandvermögen), oder für Anteile an sonstigen geschlossenen Fonds, sofern nicht bereits nach anderen Vorschriften eine Prospektpflicht besteht oder ein Prospekt nach den Vorschriften des VerkProspG veröffentlicht worden ist. Weiterhin gilt die Prospektpflicht gemäß § 8f Abs. 1 Satz 2 VerkProspG nun auch für Namensschuldverschreibungen.[468]

467 Der Begriff „Wertpapier“ wird im WpPG in § 2 Nr. 1 bestimmt. Wertpapiere im Sinne dieses Gesetzes sind übertragbare Wertpapiere, die an einem Markt gehandelt werden können, insbesondere a) Aktien und andere Wertpapiere, die Aktien oder Anteilen an Kapitalgesellschaften oder anderen juristischen Personen vergleichbar sind, sowie Zertifikate, die Aktien vertreten, b) Schuldtitel, insbesondere Schuldverschreibungen und Zertifikate, die andere als die in Buchstabe a) genannten Wertpapiere vertreten, c) alle sonstigen Wertpapiere, die zum Erwerb oder zur Veräußerung solcher Wertpapiere berechtigen oder zu einer Barzahlung führen, die anhand von übertragbaren Wertpapieren, Währungen, Zinssätzen oder -erträgen, Waren oder anderen Indizes oder Messgrößen bestimmt wird, mit Ausnahme von Geldmarktinstrumenten mit einer Laufzeit von weniger als zwölf Monaten.

468 Eine Schuldverschreibung ist häufig ein festverzinsliches, selten zinsvariables Wertpapier mit dem sich der Aussteller (Emittent) in einer Urkunde verpflichtet, eine bestimmte Leistung zu erbringen. Schuldverschreibungen gewähren im Vergleich zu anderen Wertpapieren Sicherheit bei niedrigen Gewinnchancen. Die Namensschuldverschreibung ist in § 806 BGB ausdrücklich erwähnt. Bei Namenschuldverschreibungen wird der Inhaber namentlich auf der Urkunde festgehalten, und gemäß § 806 BGB kann die Umschreibung

aa) *Vermögensanlagen im Sinne des § 8f Abs. 1 VerkProspG*

Zu den Unternehmensbeteiligungen im Sinne des Satzes 1 gehören konkret Unternehmensbeteiligungen an Personenhandelsgesellschaften, GmbH-Anteile, Anteile an BGB-Gesellschaften, Genossenschaftsanteile sowie stille Beteiligungen an den genannten Gesellschaften oder an bestimmten Vermögensmassen solcher Gesellschaften und auch Beteiligungen an ausländischen Unternehmen anderer Rechtsformen.[469] Das Treuhandvermögen, das ein Treuhänder im eigenen Namen für die Rechnung der Anleger hält oder verwaltet, kann entweder aus bestimmten Vermögenswerten bestehen, zu deren direktem Erwerb die Mittel der Anleger bestimmt sind oder aus Rechten, z.B. Gesellschaftsanteilen, kraft derer sich der Treuhänder für die Rechnung der Anleger eine Beteiligung am Ergebnis eines anderen Unternehmens verschafft.[470]

bb) *Öffentliches Angebot, Inlandsbezug*

Die Vermögensanlagen im Sinne des § 8f Abs. 1 VerkProspG müssen *im Inland öffentlich angeboten* werden. Die Merkmale der Öffentlichkeit und des Inlandsbezugs entsprechen laut Regierungsbegründung der Regelung des § 1 VerkProspG a.F. und tragen dem Umstand Rechnung, dass ein Bedürfnis nach einer gesetzlich festgeschriebenen Prospektpflicht erst entsteht, sobald sich ein Anbieter zielgerichtet an den Kapitalmarkt wendet, in dem der Vertrieb der Anteile stattfindet.[471]

Dem VerkProspG sowie der Regierungsbegründung mangelt es an einer Definition zum Angebotsbegriff. Somit erlaubt sich ein Rückgriff auf andere Prospektregelungen. Nahe liegt zunächst ein Blick auf § 1 VerkProspG a.F., weil die Regierungsbegründung schon für die Begriffe der Öffentlichkeit und des Inlandsbezugs auf jene Regelung verweist.[472] Doch auch das VerkProspG in seiner alten Fassung[473] enthielt diesbezüglich keine Regelung. Allerdings setzte die Gesetzesbegründung daran an, dass es nicht darauf ankommen sollte, ob ein Angebot im Rechtssinne vorliege oder nur eine Abgabe von Angeboten.[474] Der Angebotsbegriff im Sinne des VerkProspG war somit nicht mit einem Angebot im Sinnes der Rechtsgeschäftslehre nach § 145 BGB gleichzusetzen und auch die invitatio ad offerendum, also eine Aufforderung zu Angeboten, sollte unter

---

einer auf den Inhaber lautenden Schuldverschreibung auf den Namen eines bestimmten Berechtigten nur durch den Aussteller erfolgen.

469 *BegrRegE*, BT-Drs. 15/3174, S. 42.

470 *BegrRegE*, BT-Drs. 15/3174, S. 42.

471 *BegrRegE*, BT-Drs. 15/3174, S. 42.

472 *BegrRegE*, BT-Drs. 15/3174, S. 42.

473 Wirksam bis zum 1.7.2005.

474 BT-Drs. 11/6340, S. 11 zu § 1 VerkProspG (a.F.); *Hüffer*, Das Wertpapier-Verkaufsprospektgesetz, 1996, § 3, S. 14.

den Angebotsbegriff des § 1 VerkProspG a.F. fallen können.[475] Im neuen WpPG, das das Ziel realisiert, die Prospektvorschriften der verschiedenen Tatbestände zu vereinheitlichen und auch Wertpapiere im Sinne des § 1 VerkProspG a.F. erfasst, wird das „öffentliche Angebot von Wertpapieren" in § 2 Nr. 4 nun definiert. Ein öffentliches Angebot im Sinne des WpPG ist eine Mitteilung an das Publikum in jedweder Form und auf jedwede Art und Weise, die ausreichende Informationen über die Angebotsbedingungen und die anzubietenden Wertpapiere enthält, um einen Anleger in die Lage zu versetzen, über den Kauf oder die Zeichnung dieser Wertpapiere zu entscheiden, § 2 Nr. 4 WpPG. Die Definition entspricht grundsätzlich dem Begriffsverständnis des öffentlichen Angebots nach dem VerkProspG a.F. Für das Vorliegen eines Angebots im Sinne des WpPG kommt es damit genauso wenig darauf an, ob bereits ein Angebot im Rechtssinne vorliegt. Dies ergibt sich auch aus Art. 4 Abs. 1 Buchstabe e) der Prospektrichtlinie.[476] In der Regierungsbegründung zum Gesetzesentwurf zum WpPG heißt es, dass eine Ausnahme von der Prospektpflicht für das öffentliche Angebot von Wertpapieren nicht notwendig sei, wenn der Begriff des Angebots nicht auch den Fall erfassen würde, dass Wertpapiere zugeteilt werden oder zugeteilt werden sollen.[477]

Trotzdem ist damit noch offen, ob auch tatsächlich *jede* verkaufsvorbereitende oder -begleitende Werbung unter den Angebotsbegriff fällt. Grundsätzlich widerspricht eine solche Ausdehnung der Gesetzessystematik des VerkProspG n.F. Gemäß § 12 VerkProspG müssen Veröffentlichungen, in denen das öffentliche Angebot angekündigt und auf die wesentlichen Merkmale der Vermögensanlagen im Sinne des § 8f Abs. 1 VerkProspG hingewiesen wird, einen Hinweis auf den Prospekt und dessen Veröffentlichung enthalten. Das Gesetz differenziert damit klar zwischen Ankündigung des öffentlichen Angebots und dem öffentlichen Angebot selber, obwohl auch in der Ankündigung bereits eine invitatio ad offerendum gesehen werden kann.[478] Gegen die Einbeziehung solcher Ankündigungen im Sinne von § 12 VerkProspG spricht ferner die Interpretation des Angebotsbegriffs des WpPG. Laut Regierungsbegründung nimmt das Merkmal der „ausreichenden Informationen über die Angebotsbedingungen und die anzubietenden Wertpapiere, um einen Anleger in die Lage zu versetzen, sich für den Kauf oder die Zeichnung dieser Wertpapiere zu entscheiden", in Übereinstimmung mit dem bisherigen Begriffsverständnis lediglich allgemeine Wer-

475 So auch die herrschende Literaturmeinung, stellvertretend *Ritz*, in: Assmann/Lenz/Ritz, VerkProspG, 2001, § 1 VerkProspG Rn. 25.

476 Richtlinie 2003/71/EG des *Europäischen Parlaments* und des *Rates* v. 3.11.2003 betreffend den Prospekt, der beim öffentlichen Angebot von Wertpapieren oder bei deren Zulassung zum Handel zu veröffentlichen ist, ABl EG Nr. L 345 v. 31.12.2003, S. 64 ff.

477 *BegrRegE*, BT-Drs. 15/4999, S. 28.

478 *Hüffer*, Das Wertpapier-Verkaufsprospektgesetz, 1996, S. 14 (zu den §§ 1, 12 VerkProspG a.F.).

bemaßnahmen, Veröffentlichungen und Informationen vom „öffentlichen Angebot“ aus, in denen auf die Möglichkeit zum Erwerb von Wertpapieren hingewiesen wird und bei denen noch keine Erwerbs- oder Zeichnungsmöglichkeit besteht.[479] Im Interesse der Einheitlichkeit ist unter einem Angebot nach § 8f Abs. 1 VerkProspG daher der Verkauf der Vermögensanlagen im Sinne eben dieser Norm zu verstehen. Er beginnt in dem Moment, in dem der Emittent sich bereit erklärt, den Fonds aufzulegen. Das Angebot endet mit der Schließung des Fonds.[480] Schriftliche Bezugs- oder Verkaufs-„Angebote“ sind damit nicht selbst Angebot, sondern nur Ankündigung i.S.d. § 12 VerkProspG.

Öffentlich im Sinne von § 8f Abs. 1 Satz 1 VerkProspG ist ausweislich der Regierungsbegründung zu Art. 2 AnSVG jedes Anbieten oder jede Werbung zur Abgabe eines Kaufangebotes, welche sich über ein beliebiges Medium an einen unbestimmten Personenkreis wenden.[481] Das entspricht so im Kern der Begriffsbestimmung in Art. 2 Abs. 1 lit. d) der Prospektrichtlinie für das öffentliche Angebot von Wertpapieren.[482] Das Angebot kann somit insbesondere auch mittels elektronischer Medien wie dem Internet erfolgen.[483]

Die §§ 8f ff. VerkProspG sind ihrem eindeutigen Wortlaut nach nur dann anwendbar, wenn das Angebot im Inland erfolgt, § 8f Abs. 1 VerkProspG. Probleme treten beim Vertrieb über das Internet auf, denn dabei ist fraglich, wann tatsächlich ein Angebot im deutschen Inland stattfindet. Entscheidend soll hierbei sein, ob Personen im Geltungsbereich des jeweiligen Gesetzes angesprochen werden, so dass nicht an die Staatsbürgerschaft der angesprochenen Anleger angeknüpft wird, sondern daran, ob diese im betreffenden Hoheitsgebiet ansässig sind.[484] Indizien für einen Inlandsbezug sind die Verwendung der deutschen Sprache, die Benennung von Ansprechpartnern in Deutschland sowie Erläuterungen zur steuerlichen Behandlung der Kapitalanlage bzw. des Steuersparmo-

---

479 *BegrRegE*, BT-Drs. 15/4999, S. 28.

480 Vgl. *Hüffer*, Das Wertpapier-Verkaufsprospektgesetz, 1996, S. 18 zum Angebotsbegriff in § 1 VerkProspG a.F.

481 *BegrRegE*, BT-Drs. 15/3174, S. 42.

482 Richtlinie 2003/71/EG des *Europäischen Parlaments* und des *Rates* v. 4.12.2003 betreffend dem Prospekt, der beim öffentlichen Angebot von Wertpapieren oder bei deren Zulassung zum Handel zu veröffentlichen ist; ABl. EG Nr. 345 v. 31.2.2003, S. 64; hiernach ist ein öffentliches Angebot von Wertpapieren eine Mitteilung an das Publikum in jedweder Form und auf jedwede Art und Weise, die ausreichende Informationen über die Angebotsbedingungen und die anzubietenden Wertpapiere enthält, um einen Anleger in die Lage zu versetzen, über den Kauf oder die Zeichnung dieser Wertpapiere zu entscheiden, vgl. auch § 2 Nr. 4 WpPG.

483 Bekanntmachung des *BAWe* v. 6.9.1999, Gliederungspunkt I.2. (öffentliches Angebot); *Heisterhagen*, DStR 2004, S. 1089, 1090.

484 *Ritz*, in: Assmann/Lenz/Ritz, VerkProspG, 2001, § 1 VerkProspG Rn. 70 (zum Inlandsbezug im § 1 VerkProspG a.F.).

dells in Deutschland.[485] Soll sich das Angebot nicht auf das deutsche Inland beziehen, muss zu Beginn der Internet-Seite ein entsprechender „disclaimer“ aufgenommen werden.[486]

cc) *Zwischenergebnis*

Anbietern geschlossener Fonds, die den Schwerpunkt der Anlageprodukte auf dem grauen Kapitalmarkt bilden, wurde damit eine umfassende Prospektierungspflicht auferlegt. Indessen bleibt aufgrund der Vielfältigkeit des grauen Marktes eine Missbrauchsgefahr und damit eine Gefahr für Anleger bestehen. Sollten nämlich Modelle entwickelt werden, die am Rande der Definition von Beteiligungen atypisch mit derselben potentiellen Gefahr Verbraucher schädigen könnten und von der oben genannten Definition nicht erfasst werden, verbleibt eine Regelungslücke.[487] Die Bundesregierung hat in der Regierungsbegründung auch unzweifelhaft deutlich gemacht, dass der Anwendungsbereich keine Interpretationsmöglichkeiten offen lässt.

Im Rahmen eines kurzen Exkurses zum Untersuchungsgegenstand drängt sich daher die Frage auf, ob der Gesetzgeber nicht schlichtweg dem gesamten grauen Kapitalmarkt eine Prospektpflicht hätte auferlegen können. Das unberechenbare des grauen Marktes ist indessen gerade, dass sich dieser nicht randscharf definieren lässt und er durch großen Formenreichtum gekennzeichnet ist.[488] In der Regierungsbegründung wird in der Vorbemerkung zu Art. 2 Nr. 1 AnSVG ausgeführt, dass eine für den Anbieter mit nicht unerheblichem Aufwand verbundene Prospektpflicht einen klar abgrenzbaren Anwendungsbereich haben muss.[489] Es ist sehr unwahrscheinlich, dass sich eine Regelung erarbeiten ließe, die alle Finanztransaktionen außerhalb der bereits geregelten Kapitalmärkte umfassen könnte, zum Beispiel den Erwerb von Diamanten oder von Fantasieprodukten wie Bankgarantien oder Depositendarlehen.[490] Nur ein klarer Anwendungsbereich kann die geforderte Rechtssicherheit schaffen, die notwendige Voraussetzung für einen funktionierenden Kapitalmarkt ist. Es besteht schließlich die Möglichkeit einer analogen Anwendung der §§ 8f ff. VerkProspG, wenn

---

485 *Ritz*, in: Assmann/Lenz/Ritz, VerkProspG, 2001, § 1 VerkProspG (a.F.) Rn. 71; *Groß*, Kapitalmarktrecht, 2002, § 1 VerkProspG (a.F.) Rn. 33; *Lüdicke/Arndt/Götz*, 2005, S. 113.

486 *Groß*, Kapitalmarktrecht, 2006, § 8f VerkProspG Rn. 4.

487 Stellungnahme des *Verbraucherzentrale Bundesverbands* (vzbv) zum Gesetzesentwurf der Bundesregierung eines Gesetzes zur Verbesserung des Anlegerschutzes BT-Drs. 15/3174, unter www.bundestag.de/ausschuesse/archiv15/a07/protokolle.

488 *Fleischer*, BKR 2004, S. 339; *Steck/Schmitz*, Finanz Betrieb 3/2005, S. 187.

489 *BegrRegE*, BT-Drs. 15/3174, S. 41.

490 Bericht der *Bundesregierung* zum „Grauen Kapitalmarkt“, BT-Drs. 14/1633, S. 5.

die Voraussetzungen der Analogie vorliegen[491] bzw. kann der gesetzliche Anwendungsbereich bei Bedarf auch in § 8f Abs. 1 Satz 2 VerkProspG erweitert werden.[492]

b) Ausnahmen von der Prospektpflicht

Absatz 2 des § 8f VerkProspG schränkt den Anwendungsbereich für die Prospektpflicht ein. Damit soll sichergestellt werden, dass der Markt durch die Prospektierungspflicht nicht überreguliert und in begründeten Einzelfällen der Zugang zum Markt nicht unverhältnismäßig erschwert wird.[493] Ausnahmen von der Prospektpflicht rechtfertigen sich z.B. dann, wenn in anderer geeigneter Weise Prüfung und Information bereits gewährleistet ist und eine zusätzliche Prospektpflicht aus diesem Grunde überflüssig erscheint. Weiterhin ist eine Einschränkung dann möglich, wenn eine besondere Schutzbedürftigkeit des Anlegers schlichtweg nicht besteht.

Von maßgeblicher Bedeutung für Fondsgesellschaften ist die Ausnahmevorschrift des § 8f Abs. 2 Nr. 3 VerkProspG. Hiernach entfällt die Prospektpflicht sowohl für besonders niedrige als auch für besonders hohe Beteiligungen. Gemäß § 8f Abs. 2 Nr. 3 VerkProspG sind Angebote von der Prospektpflicht ausgenommen, bei denen von derselben Vermögensanlage im Sinne des § 8f Abs. 1 VerkProspG *nicht mehr als 20 Anteile* angeboten werden oder bei denen der Verkaufspreis *der im Zeitraum von zwölf Monaten angebotenen Anteile insgesamt 100.000 Euro nicht übersteigt* oder bei denen der Preis *jedes angebotenen Anteils mindestens 200.000 Euro je Anleger* beträgt. Die Nummer 3 legt damit zum einen „Bagatellgrenzen“ fest, bei denen – laut Regierungsbegründung – trotz der Öffentlichkeit des Angebots ein besonderes Schutzbedürfnis nicht gegeben erscheint bzw. zum anderen aufgrund der Größe unterstellt werden kann, dass die Erwerber selbst in der Lage sind, sich entsprechend zu informieren und eine qualifizierte Anlageentscheidung zu treffen.[494]

---

491 Eine Analogie ist nur zulässig, wenn das Gesetz eine planwidrige Regelungslücke enthält, *BGH* NJW 2003, S. 1932, 1933; *Larenz/Canaris*, Methodenlehre der Rechtswissenschaft, 3. Aufl. 1999, S. 194 ff. Darüber hinaus muss der zu beurteilende Sachverhalt in rechtlicher Hinsicht so weit mit dem Tatbestand, den der Gesetzgeber geregelt hat, vergleichbar sein, dass angenommen werden kann, der Gesetzgeber wäre bei einer Interessenabwägung, bei der er sich von den gleichen Grundsätzen hätte leiten lassen wie bei dem Erlass der herangezogenen Gesetzesvorschrift, zu dem gleichen Abwägungsergebnis gekommen, *BGHZ* 105, S. 140, 143; *BGHZ* 120, S. 239, 252. Probleme wird vorliegend das Merkmal der Planwidrigkeit bereiten, weil die Bundesregierung bewusst nur bestimmte Anlageformen in den Anwendungsbereich einbezogen hat.

492 Stellungnahme des *Verbraucherzentrale Bundesverbands* (vzbv) zum Gesetzesentwurf der Bundesregierung eines Gesetzes zur Verbesserung des Anlegerschutzes BT-Drs. 15/3174, unter www.bundestag.de/ausschuesse/archiv15/a07/protokolle.

493 *BegrRegE*, BT-Drs. 15/3174, S. 42; *Hasenkamp*, DStR 2004, S. 2154, 2155.

494 *BegrRegE*, BT-Drs. 15/3174, S. 42.

Während die ersten beiden Alternativen nur in seltenen Fällen gegeben sein dürften und sich somit für diese Ausnahmetatbestände keine Probleme ergeben, weil sie den Markt angemessen vor Überregulierung schützen,[495] gab es über die Festlegung des Schwellenwertes in der 3. Variante Auseinandersetzungen. Im Laufe des Gesetzgebungsverfahrens zum AnSVG sollte der Schwellenwert noch bei 50.000 Euro und nicht bei 200.000 Euro liegen, Art. 2 Nr. 1 RegE-AnSVG. Der Entwurf orientierte sich dabei an den Vorgaben von Art. 3 Abs. 2 lit. d) der EU-Prospektrichtlinie.[496] Der Bundesrat beanstandete einen ihrer Meinung nach zu niedrigen Schwellenwert und forderte, die Angabe „50.000 Euro“ in Art. 2 Nr. 1 AnSVG innerhalb des § 8f Abs. 2 Nr. 3 VerkProspG durch die Angabe „200.000 Euro“ zu ersetzen,[497] was auch umgesetzt wurde.

Die Annahme der Bundesregierung, dass bei der Anteilshöhe von 50.000 Euro unterstellt werden könne, dass der Erwerber selbst in der Lage sei, sich entsprechend zu informieren und eine qualifizierte Anlageentscheidung zu treffen, konnte nicht überzeugen.[498] Gerade Fälle der jüngsten Vergangenheit zeigen, dass Anleger ohne vertiefte Information in Höhe von 100.000 bis 200.000 Euro in Immobilien-Projekte investiert haben, die sich als nicht dem Kaufpreis entsprechend werthaltig herausgestellt haben (im allgemeinen Sprachgebrauch als sog. „Schrottimmobilien“ bezeichnet).[499] Beträge von 50.000 Euro stehen Privatanlegern z.B. häufig bei Auszahlung ihrer Lebensversicherung oder im Erbfall zur Verfügung.[500] Außerdem können durch kreditfinanzierte Fondsbeitritte auch Durchschnittsverbraucher Beträge in Höhe von 50.000 Euro ohne vertiefte Information investieren.[501] Die zahlreichen gerichtlichen Auseinandersetzungen über kreditfinanzierte Fondsbeitritte zeigen deutlich, dass sich Privatanleger häufig dieser Form von Drittfinanzierung bedienen. Es ist darüber hinaus auch

---

495 Angebote mit einem überschaubaren Anteilsvolumen werden trotz der Öffentlichkeit des Angebots nahezu keine Auswirkungen auf das gesamte Marktvolumen von „sonstigen Vermögensanlagen“ haben. Ferner werden Anlagen bis zu einem jährlichen Vertriebsvolumen bis zu 100.000 Euro keinen nennenswerten gesamtvolkswirtschaftlichen Einfluss ausüben, *Moritz/Grimm*, BB 2004, S. 1352, 1354.

496 Richtlinie 2003/71/EG, ABl. EG Nr. L 345 v. 31.12.2003, S. 64 ff.

497 *Stellungnahme des Bundesrates* zum Entwurf eines Gesetzes zur Verbesserung des Anlegerschutzes – Drucksache 15/3174 - , BT-Drs. 15/3355, S. 4.

498 *Stellungnahme des Bundesrates* zum Entwurf eines Gesetzes zur Verbesserung des Anlegerschutzes – Drucksache 15/3174 - , BT-Drs. 15/3355, S. 4; *Hasenkamp*, DStR 2004, S. 2154, 2155; *Moritz/Grimm*, BB 2004, S. 1352, 1354; *Fleischer*, BKR 2004, S. 339, 341.

499 Beispielhaft *BGH* DStR 2004, S. 1346 ff.; *BGH* DStR 2004, S. 1352; *BGH* DStR 2004, S. 1353; *BGH* DStR 2004, S. 1354, 1355; *BGH* DStR 2004, S. 1356; *BGH* DStR 2004, S. 1358.

500 *Stellungnahme des Bundesrates* zum Entwurf eines Gesetzes zur Verbesserung des Anlegerschutzes – Drucksache 15/3174 – , BT-Drs. 15/3355, S. 4.

501 *Hasenkamp*, DStR 2004, S. 2154, 2155.

gerechtfertigt, im Segment des grauen Kapitalmarkts über die für den Wertpapiermarkt aufgrund EU-weiter Erfahrungen vorgesehene Schwelle hinauszugehen und damit eine Differenzierung zum organisierten Kapitalmarkt vorzunehmen. Der Bundesrat gab richtigerweise zu bedenken, dass der für die Befreiung von der Prospektpflicht zu bestimmende Mindestanteil für Vermögensanteile im Sinne des § 8f Abs. 1 VerkProspG schon deshalb deutlich höher als bei in Wertpapieren verbrieften Anlagen anzusetzen sei, weil die Anteilswerte auf Grund der deutlich größeren Stückelung in weit geringerem Maße eine Risikostreuung des Anlagekapitals zulassen, als dies bei Wertpapieranlagen möglich ist.[502] Trotz Gefahr der Unübersichtlichkeit der geltenden Regelungen, weil von dem EU-rechtlichen Ansatz abgewichen wurde,[503] sprechen die besseren Argumente für die Heraufsetzung des Schwellenwertes. Im Interesse des Anlegerschutzes wurde damit die Prospektpflicht für Vermögensanlagen im Sinne von § 8f Abs. 1 VerkProspG ausgeweitet.[504]

Die Ausnahmetatbestände nach § 8f Abs. 2 VerkProspG lassen sich kombinieren, so beispielsweise im Falle einer Kapitalerhöhung dergestalt, dass sich Neugesellschafter mit der Mindestzeichnungssumme von 200.000 EUR beteiligen müssen, Altgesellschafter hingegen mit einer Summe, die geringer ist (§ 8f Abs. 2 Nr. 6 und § 8f Abs. 2 Nr. 3 VerkProspG). Ferner ist beachtlich, dass durch die Trennung in Angebot im Erstmarkt und Angebot im Zweitmarkt die Ausnahmetatbestände (insbesondere die Schwellenwerte in § 8f Abs. 2 Nr. 3 VerkProspG) für jeden Markt gesondert gelten.

Aufgrund der besonderen Angebotssituation[505] werden darüber hinaus Angebote von den Prospektierungspflichten ausgenommen, die sich ausschließlich an Personen richten, die beruflich oder gewerblich für eigene oder fremde Rechnung Wertpapiere oder die in § 8f Abs. 1 VerkProspG genannten Vermögensanlagen erwerben oder veräußern, § 8f Abs. 2 Nr. 4 VerkProspG. Der Gedankengang ist hier dem der Nr. 3 ähnlich, denn aufgrund der fachlichen Kompetenz wird davon ausgegangen, dass die Erwerber selbst in der Lage sind, sich entsprechend zu informieren und infolgedessen keines besonderen Schutzes bedürfen. Es besteht gerade kein Ungleichgewicht im Sinne eines Wissensvorsprungs zwischen Anbieter und Erwerber, den es auszugleichen gilt.

---

502 *Stellungnahme des Bundesrates* zum Entwurf eines Gesetzes zur Verbesserung des Anlegerschutzes – Drucksache 15/3174 –, BT-Drs. 15/3355, S. 4.

503 Diese Zweifel wurden nochmals in der Ausschussempfehlung des Finanzausschusses von der Fraktion CDU/CSU vorgebracht, *Beschlussempfehlung und Bericht des Finanzausschusses* zu dem Gesetzesentwurf der Bundesregierung – Drucksachen 15/3174, 15/3355 –, BT-Drs. 15/3493, S. 61 f.

504 *Beschlussempfehlung und Bericht des Finanzausschusses* zu dem Gesetzesentwurf der Bundesregierung – Drucksachen 15/3174, 15/3355 – , BT-Drs. 15/3493, S. 68.

505 *BegrRegE*, BT-Drs. 15/3174, S. 42.

Weiterhin nimmt § 8f Abs. 2 VerkProspG in den Nummern 1 und 2 *bestimmte Vermögensanlagen* von der Prospektpflicht aus. Nicht der Prospektpflicht im Sinne des Abschnittes IIIa unterliegen Vermögensanlagen, die an eine Erwerbs- oder Wirtschaftsgenossenschaft i.S.d. § 1 des Gesetzes betreffend die Erwerbs- und Wirtschaftsgenossenschaften (§ 8f Abs. 2 Nr. 1 VerkProspG) und von Versicherungsunternehmen oder Pensionsfonds i.S.d. §§ 1, 112 des Versicherungsaufsichtsgesetzes (§ 8f Abs. 2 Nr. 2 VerkProspG) ausgegeben werden. Begründet wird die Ausnahmeregelung in Nummer 1 damit, dass die Genossenschaften von den entsprechenden Prüfungsverbänden, die einer Qualitätskontrolle unterliegen und darüber hinaus unter staatlicher Aufsicht stehen, umfassend geprüft würden. Laut Regierungsbegründung[506] werde damit dem Anlegerschutz ausreichend Rechnung getragen, so dass es einer zusätzlichen Prospektpflicht nicht bedürfe.[507] Für die in Nummer 2 von der Prospektpflicht ausgenommenen Versicherungsunternehmen und Pensionsfonds existieren neben den aufsichtsrechtlichen Regelungen auf der Grundlage der Richtlinien 92/49/EWG[508], 2002/83/EG[509] und 2003/41/EG über die Tätigkeiten und die Beaufsichtigung von Einrichtungen der betrieblichen Altersversorgung bereits besondere Informationspflichten gegenüber Dritten,[510] so dass hier die Anleger bereits hinreichend geschützt sind.

---

506 *BegrRegE*, BT-Drs. 15/3174, S. 42.

507 Der *Verbraucherzentrale Bundesverband* hält einen generellen Ausschluss von Erwerbs- und Wirtschaftsgenossenschaften für nicht unterstützenswert. Die Verbraucherzentralen hätten negative Erfahrungen mit zahlreichen Wohnungsgenossenschaften gemacht, die durch das neue VerkProspG erfasst werden, weil Anbieter des „grauen“ Kapitalmarktes die Konstruktion der Wohnungsbaugenossenschaft wählten. Statt auf Wohnungseigentumsbildung zielten die entsprechenden Angebote auf Anlagen von Beteiligungskapital, und es werde mit „Spitzenrenditen“ geworben. Hinzu komme, dass diese Angebote vor allem auf Steuerspareffekte abzielten. Begünstigt werde dies durch die Rechtsprechung des *BFH*, der mit seinem Urteil vom 15.1.2002 entschieden habe, dass die Gewährung der Eigenheimzulage gemäß § 17 EigZulG nicht voraussetze, dass der Anspruchsberechtigte irgendwann im Förderzeitraum eine Wohnung der Genossenschaft zu eigenen Zwecken nutze. In den letzten Jahren seien daher mehrere Wohnungsbaugenossenschaften gegründet worden, die nicht mehr in erster Linie auf Verkauf oder Vermietung günstigen Wohnraums ausgerichtet seien, sondern auf hohe Ausschüttungen. Einige Anbieter hätten sogar zugleich Konzeptionen entwickelt, die eine Auflösung der Genossenschaft wenige Jahre nach Ablauf des achtjährigen Förderzeitraumes vorsähen. Hier handele es sich um Kapitalsammelstellen anstatt um Gesellschaften im Sinne des klassischen Genossenschaftsgedankens. Damit bestehe in diesem Segment auch nach vorsichtiger Einschätzung ein erhöhtes Risiko, *Stellungnahme des Verbraucherzentrale Bundesverbands (vzbv)* zum Gesetzesentwurf der Bundesregierung eines Gesetzes zur Verbesserung des Anlegerschutzes, unter www.bundestag.de/auschuesse/archiv15/a07/protokolle.

508 3. Richtlinie Schadenversicherung.

509 4. Richtlinie Lebensversicherung.

510 *BegrRegE*, BT-Drs. 15/3174, S. 42.

c) *Rechtsfolge: Veröffentlichung eines Verkaufsprospekts*

Sofern die Voraussetzungen des § 8f Abs. 1 VerkProspG vorliegen, muss grundsätzlich ein Verkaufsprospekt nach den Vorschriften der §§ 8g ff. VerkProspG veröffentlicht werden. Um doppelte Prospektierungspflichten zu vermeiden, gilt dies allerdings nur dann, wenn nicht bereits nach anderen Vorschriften eine Prospektpflicht besteht, § 8f Abs. 1 Satz 1 VerkProspG.[511]

Die Verpflichtung zur Veröffentlichung des Verkaufsprospekts gemäß § 8f Abs. 1 VerkProspG trifft den Anbieter. Anbieter ist derjenige, der für das öffentliche Angebot der Vermögensanlage verantwortlich ist und den Anlegern gegenüber nach außen erkennbar als Anbieter auftritt.[512] Verantwortlich für das Angebot der Vermögensanlage ist in der Regel ihr Initiator. Sofern der Vertrieb der Vermögensanlage über Vertriebsorganisationen, ein Netz von angestellten oder freien Vermittlern oder Untervertrieben erfolgt, ist derjenige als Anbieter anzusehen, der die Verantwortung für die Koordination der Vertriebsaktivitäten innehat. Als Indiz hierfür dienen insbesondere entsprechende Vereinbarungen mit dem Emittenten, Aufträge an Untervertriebe und Provisionsvereinbarungen mit selbständigen oder freiberuflich tätigen Vermittlern.[513]

Vom Anbieterbegriff stets mitumfasst ist der Emittent der Vermögensanlage. Emittent ist gemäß § 8f VerkProspG derjenige, der die Vermögensanlage erstmalig auf den Markt bringt und diese für seine Rechnung unmittelbar oder durch Dritte öffentlich zum Erwerb anbietet.[514] Damit geht der Emittentenbegriff des neuen VerkProspG über den wertpapierrechtlichen gemäß § 2 Nr. 9 WpPG hinaus.[515] Emittent kann beispielsweise der Initiator der Vermögensanlage sein. Obwohl dies die ideale Konstellation für die neuen anlegerschützenden Vorschriften zu sein scheint, ist eine solche Vorgehensweise der Fondsinitiatoren eher unüblich. Die typische Publikums-KG wird von ihren Initiatoren gegründet.[516] Die Fondsgesellschaft, vertreten durch ihre Komplementärin (üblicherweise auch unter Hinzuziehung von Anlagevermittlern), beginnt dann nach ihrer Gründung mit der Einwerbung des prospektierten, für die von der Gesellschaft beabsichtigte Investition benötigten Kommanditkapitals. In der Regel ist die Fondsgesellschaft damit selbst Emittent der Vermögensanlage und fällt dann

---

511 Insbesondere das am 1.1.2004 in Kraft getretene Investmentgesetz, BGBl. I, S. 2676, sieht solche anderen Vorschriften vor, so z.B. für offene Fonds.

512 *BegrRegE*, BT-Drs. 15/3174, S. 42.

513 *Lüdicke/Arndt/Götz*, 2005, S. 111; *Moritz/Grimm*, BB 2004, S. 1352, 1354.

514 *BegrRegE*, BT-Drs. 15/3174, S. 42.

515 Gemäß § 2 Nr. 9 WpPG ist Emittent eine Person oder Gesellschaft, die Wertpapiere begibt oder zu begeben beabsichtigt.

516 Diese sind zum einen Gesellschafter der Komplementär-GmbH, zum anderen treten sie als Kommanditisten auf und übernehmen einen mehr oder weniger geringen Teilbetrag des insgesamt vorgesehenen Kommanditkapitals, vgl. *Gummert*, in: Münchener Handbuch des Gesellschaftsrechts, Band 2, 2004, § 61 Rn. 1.

unter den verkaufsprospektrechtlichen Anbieterbegriff.[517] Das wirft Schwierigkeiten auf.

Gemäß den neuen verkaufsprospektrechtlichen Vorschriften, wie beispielsweise § 8g VerkProspG, müssen nunmehr umfassende Angaben zu der Vermögensanlage und zum Emittenten der Anlage im Prospekt enthalten sein. Durch diesen vermeintlichen Informationsgewinn soll Anlegern im Vorfeld ihrer Entscheidung ein klares Bild von der Vermögensanlage sowie ausreichende Transparenz hinsichtlich des Emittenten vermittelt werden.[518] Ist der Initiator der Vermögensanlage der Emittent, trägt die Regelung diesem Ziel Rechnung. Ist jedoch – wie im Regelfall – die Fondsgesellschaft Emittent, könnte die Vorschrift dadurch sinnentleert werden, dass die Fondsgesellschaft im Ergebnis Gegenstand der Vermögensanlage ist. Daneben sind die vom VerkProspG i.V.m. der VermVerkProspV geforderten Informationen zum Emittenten vielfach derart ausgestaltet, dass sie für gewisse Fondsstrukturen gar nicht erfüllbar sind.[519] Und schließlich ergeben sich weitere Probleme bei der Prospekthaftung, soweit die Fondsgesellschaft als Emittent in den Kreis der Haftungsadressaten fällt.[520]

Vor diesem Hintergrund spricht vieles dafür, zur Bestimmung des Emittenten nicht darauf abzustellen, wer tatsächlich nach außen als solcher aufgetreten ist, weil der Fonds selber nicht im eigentlichen Sinne emittiert, sondern vielmehr Gegenstand der Vermögensanlage ist. Deshalb stellt eine Ansicht im Schrifttum auch für die Bestimmung des Emittenten darauf ab, wer die Vermögensanlage veranlasst hat, so dass „Emittent“ in der Regel der Initiator sei.[521] Für den gesetzlich verfolgten Ansatz sprechen allerdings Gründe der Rechtssicherheit. Stellt man auf das Auftreten nach außen ab, ist der Emittent stets ermittelbar. Vor allem für die Überwachung der Veröffentlichungspflicht des Verkaufsprospektes ist das vorteilhaft. Das Verfahren würde zusätzlich erschwert, wenn die Emittentenrolle nicht auf Anhieb eindeutig zugeordnet werden könnte. Somit ist es zweckmäßig, den Emittenten entsprechend der Definition in der Regierungsbegründung als denjenigen zu bestimmen, der die Vermögensanlage erstmalig auf den Markt bringt und auf seine Rechnung unmittelbar oder durch Dritte öffentlich zum Erwerb anbietet. Ist die Fondsgesellschaft Emittent, ergeben sich auch trotzdem noch Unterschiede in den geforderten Informationen zum Emittenten und zur Vermögensanlage, so dass die Regelungen nicht vollständig sinnentleert würden. Beispielsweise sind gemäß § 5 Nr. 2 VerVerkProspV zusätzliche Angaben über die Struktur des Komplementärs und die von der gesetzlichen Regelung abweichenden Bestimmungen der Satzung oder des Gesellschaftsver-

517 Vgl. auch *Gummert*, in: Münchener Handbuch des Gesellschaftsrechts, Band 2, 2004, § 61 Rn. 1.

518 *BegrRegE*, BT-Drs. 15/3174, S. 43.

519 Dazu sogleich.

520 Vgl. Drittes Kapitel II. 2. a) aa).

521 Im Ergebnis auch *Lüdicke/Arndt/Götz*, 2005, S. 111.

trages zu machen, soweit der Emittent die Rechtsform der KG hat, während nach § 4 VermVerkProspV Angaben über die Vermögensanlage in der Art vorzunehmen sind, dass Art und Gesamtbetrag der angebotenen Anlage sowie die mit ihr verbundenen Rechte darzustellen sind. Die Zielrichtungen der Informationen zum Emittenten und zur Vermögensanlage sind somit verschieden, so dass sich auch dann ein Informationsgewinn erzielen lässt, wenn die Fondsgesellschaft Emitten ist.

Vertreibt der Emittent seine Vermögensanlage über fremde Anbieter, so trifft die Pflicht zur Veröffentlichung sowohl den unmittelbaren Anbieter als auch den Emittenten gemeinschaftlich.[522] Wurde allerdings einmal ein Prospekt nach den Vorschriften des VerkProspG veröffentlicht, so erlischt gemäß § 8f Abs. 1 Satz 1 VerkProspG die Veröffentlichungspflicht aller Anbieter. Deshalb wird den Vertriebspartnern geraten, ihre Interessen durch eine Vereinbarung im Innenverhältnis zum Emittenten zu schützen, etwa durch eine Haftungsregelung oder eine Freistellungsklausel.[523]

Vereinzelt wird diskutiert, ob bei geschlossenen Fonds, die sich eines Treuhandmodells bedienen, auch der Treuhänder als Emittent im Sinne des § 8f Abs. 1 VerkProspG anzusehen ist und deshalb über ihn sämtliche Angaben nach der VermVerkProspV zu erfolgen haben. Da sich aber auch bei Treuhandmodellen der Anleger wirtschaftlich an der Fondsgesellschaft selbst, und nicht etwa an Anteilen beteiligt, die seitens des Treuhänders emittiert werden, ist dieser Ansatz zu verneinen. Die Treuhandgesellschaft selbst emittiert keine Anteile, sondern mittelt lediglich für fremde Rechnung die von ihr gehaltenen Beteiligungen an der Fondsgesellschaft, und das vom Anleger eingezahlte Kapital wird der Fondsgesellschaft zugeführt. Eine Einordnung des Treuhänders als Emittent im Sinne des § 8f Abs. 1 VerkProspG ist insoweit verfehlt.[524]

2. Prospektinhalt und Prospektgestattung durch die BaFin

Bei Vorliegen einer Prospektpflicht gemäß § 8f Abs. 1 VerkProspG muss zunächst ein Verkaufsprospekt nach den Vorgaben der §§ 8g bis 8i VerkProspG erstellt und bei der *BaFin* zur Überprüfung hinterlegt werden. Die *BaFin* prüft den Verkaufsprospekt und muss ihn vor Veröffentlichung (§§ 9 ff. VerkProspG) genehmigen.

a) Prospektinhalt

§ 8g VerkProspG bestimmt den näheren Inhalt des Prospekts. Die Absätze 1 und 2 des § 8g definieren das Ziel des Verkaufsprospekts, nämlich dem Erwerber

522 *Moritz/Grimm*, BB 2004, S. 1352, 1354.
523 *Lüdicke/Arndt/Götz*, 2005, S. 112.
524 Vgl. ausführlich *Manzei*, WM 2006, S. 845, 848.

alle notwendigen Angaben zur Verfügung zu stellen, damit er in der Lage ist, sowohl den *Emittenten* als auch die *Vermögensanlage* zutreffend einzuschätzen, um entsprechend informiert seine Anlageentscheidung sinnvoll treffen zu können.[525]

aa) § 8g Abs. 1 VerkProspG

Absatz 1 ist als Generalklausel ausgestaltet. Hiernach muss der Prospekt alle tatsächlichen und rechtlichen Angaben enthalten, die notwendig sind, um dem Publikum eine zutreffende Beurteilung des Emittenten und der Vermögensanlagen i.S.v. § 8f Abs. 1 VerkProspG zu ermöglichen, § 8g Abs. 1 S. 1 VerkProspG. Soweit Anteile an einem Treuhandvermögen angeboten werden, das wiederum in Gesellschaftsanteilen besteht, muss der Prospekt nach § 8g Abs. 1 S. 2 VerkProspG diese Angaben auch hinsichtlich der Gesellschaft enthalten, an der die materielle Beteiligung besteht. Zudem hat der Prospekt an herausgehobener Stelle ausdrücklich einen Hinweis zu enthalten, dass die *BaFin* diesen nicht auf inhaltliche Richtigkeit geprüft hat (§ 8g Abs. 1 S. 3 VerkProspG).

bb) § 8g Abs. 2 und 3 VerkProspG

Einzelheiten zu den in den Prospekt aufzunehmenden Angaben werden nicht im VerkProspG festgelegt. § 8g Abs. 2 VerkProspG enthält aber eine Verordnungsermächtigung an die Bundesregierung für die im Einzelnen in den Prospekt aufzunehmenden Informationen, die auch Ausnahmetatbestände vorsehen darf (§ 8g Abs. 3 VerkProspG).[526] § 8g Abs. 2 Nr. 1 bis 5 VerkProspG legt indes zumindest die Eckpunkte des Verkaufprospektes mit den hierzu wesentlichen Angaben, die auf jeden Fall im Prospekt enthalten sein müssen, fest.[527] Danach soll die VermVerkProspV insbesondere Regelungen enthalten über die für den Inhalt verantwortlichen Personen oder Gesellschaften (Nr. 1), die angebotene Vermögensanlage, ihre Hauptmerkmale, die Anlageziele der Vermögensanlage einschließlich der finanziellen Ziel- und Anlagepolitik (Nr. 2), die erforderlichen Angaben über die Gesellschaft im Sinne des § 8g Abs. 1 Satz 2 VerkProspG (Nr. 3), den Emittenten der Vermögensanlage, sein Kapital und seine Geschäftstätigkeit, seine Vermögens-, Finanz- und Ertragslage, einschließlich des Jahresabschlusses und des Lageberichts (Nr. 4) und über die Geschäftsaussichten des Emittenten und seine Geschäftsführungs- und Aufsichtsorgane (Nr. 5).

---

525 *BegrRegE*, BT-Drs. 15/3174, S. 43.

526 Gemäß Art. 6 AnSVG traten die Absätze 2 und 3 des VerkProspG n.F. schon einen Tag nach der Verkündung des AnSVG am 30.10.2004 in Kraft, während alle anderen Vorschriften erst am 1.7.2005 in Kraft traten. Durch diese Spaltung sollte sichergestellt werden, dass die Rechtsverordnungen selbst zusammen mit den Regelungen der neuen Prospektpflicht in Kraft treten konnten, Begründung des Gesetzesentwurfs (*BMF*) v. 10.3.2004.

527 *BegrRegE*, BT-Drs. 15/3174, S. 43.

cc) Verordnung über Vermögensanlagen-Verkaufsprospekte

Die Bundesregierung ist frühzeitig ihrer Pflicht aus § 8g Abs. 2 und 3 VerkProspG nachgekommen und hat die VermVerkProspV erlassen, die zeitgleich mit dem neuen VerkProspG am 1. Juli 2005 in Kraft getreten ist (§ 16 VermVerkProspV). Die Vorgaben durch die Rechtsverordnung zum Aufbau des Verkaufsprospekts enthalten im Wesentlichen Bestimmungen zur Prospektklarheit. Einzelheiten zu Form, Sprache und Inhalt der in den Prospekt aufzunehmenden Angaben sind in der VermVerkProspV festgelegt. § 8g VerkProspG muss somit immer in Verbindung mit der VermVerkProspV gelesen werden. Zu beachten gilt, dass die VermVerkProspV genauso wie der § 8g Abs. 1 VerkProspG lediglich die Mindestangaben festsetzt, die im Prospekt aufgeführt sein müssen. Neben diesen Angaben können und müssen im Einzelfall auch weitere Angaben in den Prospekt eingestellt werden, wie z.B. durch den IDW S4 bzw. IDW ES4 vorgegeben.[528]

aaa) Inhalt der VermVerkProspV

Gemäß § 1 VermVerkProspV ist die Verordnung auf den Verkaufsprospekt für Vermögensanlagen im Sinne von § 8f Abs. 1 VerkProspG anzuwenden.

§ 2 VermVerkProspV stellt allgemeine Grundsätze voran, insbesondere betreffend *Sprache* und *Ausgestaltung* des Prospekts. Der Prospekt muss über die tatsächlichen und rechtlichen Verhältnisse, die für die Beurteilung der angebotenen Vermögensanlagen notwendig sind, Auskunft geben und richtig und vollständig sein, § 2 Abs. 1 Satz 1 VermVerkProspV. Er ist in *deutscher Sprache* und in einer Form abzufassen, die sein Verständnis und seine Auswertung erleichtern, § 2 Abs. 1 Satz 3 VermVerkProspV. Sollte die *BaFin* gestatten, dass der Verkaufsprospekt von Emittenten mit Sitz im Ausland ganz oder zum Teil in einer anderen in internationalen Finanzkreisen gebräuchlichen Sprache abgefasst wird, ist zumindest erforderlich, dem Prospekt eine deutsche Zusammenfassung voranzustellen, die Teil des Prospekts ist und die wesentlichen tatsächlichen und rechtlichen Angaben zu dem Emittenten, der Vermögensanlage und dem Anlageobjekt enthält, § 2 Abs. 1 Satz 4 und 5 VermVerkProspV.

---

528 Mit der Einführung der VermVerkProspV hat der WFA den IDW S4-Standard überarbeitet und der Verordnung entsprechend umgestaltet. Der IDW Standard ist indessen bereits in seinem Anwendungsbereich weiter als die VermVerkProspV, denn vom IDW ES4 werden beispielsweise auch Bauherrenmodelle und sonstige nicht gesetzlich geregelte Vermögensanlagen umfasst. Insgesamt gehen die Regelungen im IDW Standard über die der VermVerkProspV hinaus, weil nicht nur formale Vollständigkeitsprüfung, sondern auch die Prüfung des Prospekts und der darin enthaltenen Angaben auf inhaltliche Richtigkeit und Klarheit Gegenstand dieses Standards ist. Für die Unterschiede sowohl zwischen der VermVerkProspV und dem IDW ES4, als auch zwischen IDW S4 und IDW ES4 sei auf die detaillierte tabellarische Ausarbeitung von *Keunecke*, Prospekte im Kapitalmarkt, 2005, S. 206 ff. verwiesen.

Gemäß § 2 Abs. 2 Satz 1 VermVerkProspV muss der Prospekt ein Inhaltsverzeichnis enthalten. Im Anschluss an das Inhaltsverzeichnis ist ein hervorgehobener Hinweis aufzunehmen, dass die inhaltliche Richtigkeit der im Prospekt gemachten Angaben nicht Gegenstand der Prüfung des Prospekts durch die *BaFin* ist, § 2 Abs. 2 Satz 2 VermVerkProspV. Damit konkretisiert § 2 Abs. 2 Satz 2 VermVerkProspV den § 8g Abs. 1 Satz 3 VerkProspG, der nur von „herausgehobener Stelle" spricht.

Satz 3 des § 2 Abs. 2 VermVerkProspV schreibt vor, dass die wesentlichen und tatsächlichen Risiken im Zusammenhang mit den angebotenen Vermögensanlagen einschließlich der mit einer Fremdfinanzierung einhergehenden Risiken in einem besonderen Abschnitt, der nur diese Angaben enthält, darzustellen sind. Innerhalb dessen soll das den Anleger treffende maximale Risiko in seiner Größenordnung beschrieben werden, § 2 Abs. 2 Satz 4 VermVerkProspV. Weiterhin sollen nach der Verordnung geforderte und darüber hinausgehende Prognosen deutlich als solche gekennzeichnet werden, § 2 Abs. 2 Satz 5 VermVerkProspV.[529]

Die Absätze 3 bis 5 des § 2 VermVerkProspV legen fest, dass der Verkaufsprospekt die nach der Verordnung erforderlichen Mindestangaben in der Reihenfolge ihrer Nennung in der Verordnung enthalten soll,[530] der Verkaufsprospekt mit dem Datum seiner Aufstellung zu versehen und vom Anbieter zu unterzeichnen ist, und vorgeschriebene Angaben im Verkaufsprospekt nicht wiederholt zu werden brauchen, falls sie dem nach § 10 Abs. 1 VermVerkProspV in den Verkaufsprospekt aufgenommen Jahresabschluss unmittelbar zu entnehmen sind.

Im Weiteren orientiert sich der Aufbau an den von § 8g Abs. 2 Nr. 1 bis 5 VerkProspG gemachten Mindestvorgaben. § 3 VermVerkProspV schreibt für den Prospekt bestimmte Angaben über Personen oder Gesellschaften, die für den Inhalt des Verkaufsprospektes die Verantwortung übernehmen, vor.[531] Zu beachten ist, dass § 3 Satz 2 VermVerkProspV eine Erklärung dieser Personen oder Gesellschaften in dem Prospekt fordert, dass ihres Wissens die Angaben richtig und keine wesentlichen Umstände ausgelassen sind. § 4 VermVerkProspV bestimmt in seinen Nummern 1 bis 12 die Mindestangaben im Prospekt

---

529 Zur Prognoseberichterstattung im Kapitalmarktrecht vgl. zuletzt ausgiebig *Fleischer*, AG 2006, S. 2 ff.

530 Ziel dieser Vorschrift ist es, die Verkaufsprospekte für die Anleger transparenter und vergleichbarer zu gestalten. Falls der Anbieter die vorgenannte Reihenfolge nicht einhält, hat die *BaFin* die Möglichkeit, von dem Anbieter nach § 2 Abs. 3 Satz 2 VermVerkProspV eine sog. „Überkreuz-Checkliste" zu verlangen, aus der hervorgeht, an welcher Stelle des Prospekts sich die verlangten Mindestangaben befinden, vgl. *BaFin*, Die Prospektpflicht und das Verfahren im Überblick, unter www.*BaFin*.de/verkaufsprospekte/verm_2.htm.

531 Der Verkaufsprospekt muss Namen, Geschäftsanschrift und Funktionen, bei juristischen Personen oder Gesellschaften die Firma und den Sitz der Personen oder Gesellschaften angeben, § 3 Satz 1 VermVerkProspV.

betreffend die Vermögensanlagen. Unbeschadet dieser Angaben sind bei Unternehmensbeteiligungen im Sinne von § 8f Abs. 1 VerkProspG der Gesellschaftsvertrag und bei Treuhandvermögen im Sinne des § 8f Abs. 1 VerkProspG der Treuhandvertrag als Teil des Prospekts beizufügen, § 4 Satz 2 VermVerkProspV. § 9 VermVerkProspV geht näher auf die erforderlichen Mindestangaben über Anlageziele und Anlagepolitik der Vermögensanlagen ein. Die §§ 5 bis 8 und 10, 11 VermVerkProspV geben die Mindestangaben über den Emittenten der Vermögensanlage, sein Kapital, seine Gründungsgesellschafter und seine Geschäftstätigkeit sowie Angaben über seine Vermögens-, Finanz- und Ertragslage und Angaben über die Prüfung des Jahresabschlusses des Emittenten vor. Die §§ 12 und 13 VermVerkProspV normieren konkret die im Prospekt erforderlichen Angaben zu den Geschäftsaussichten des Emittenten und über seine Geschäftsführungs- und Aufsichtsorgane.[532]

bbb) Rechtsfolge eines Verstoßes

Enthält der Verkaufsprospekt nicht die Angaben, die nach § 8g Abs. 1 VerkProspG i.V.m. der VermVerkProspV erforderlich sind, untersagt die *BaFin* gemäß § 8i Abs. 4 VerkProspG das öffentliche Angebot von Vermögensanlagen im Sinne des § 8f Abs. 1 VerkProspG. Nach § 2 Abs. 1 Satz 2 VermVerkProspV muss der Prospekt mindestens die nach der VermVerkProspV vorgeschriebenen Angaben enthalten.

Hieran anknüpfend stellt sich die Frage, ob die Bundesanstalt das öffentliche Angebot eines geschlossenen Fonds auch dann untersagt, wenn die gesetzlich geforderten Mindestangaben vom Anbieter gar nicht eingehalten werden können. Gründe dafür könnten sein, dass bestimmte Angaben aufgrund der rechtlichen und tatsächlichen Eigenschaft der Vermögensanlage aus der Natur der Sache her nicht gemacht werden können. Für diese Fälle bestimmt § 15 VermVerkProspV zunächst, dass an gewisse Emittenten nur verringerte Prospektanforderungen gestellt werden. So muss nach Absatz 1 der Verkaufsprospekt abweichend von den Anforderungen nach den §§ 10, 11 und 13 VermVerkProspV gewisse Angaben nicht enthalten, wenn der Emittent vor weniger als 18 Monaten gegründet worden ist und noch keinen Jahresabschluss im Sinne von § 10 Abs. 1 Nr. 1 VermVerkProspV erstellt hat.[533] Darüber hinaus kann gemäß Absatz 2 sogar von der Aufnahme einzelner Angaben in den Verkaufsprospekt gänzlich abgesehen werden, wenn diese Angaben nur von geringer Bedeutung und nicht geeignet sind, die Beurteilung der Vermögens-, Finanz- oder Ertragslage und der Entwicklungsaussichten des Emittenten zu beeinflussen (§ 15

532 Ausführlich zum Prospektinhalt *Keunecke*, Prospekte im Kapitalmarkt, 2005, S. 174 ff.

533 § 15 VerkProspG ist nebenbei deutliches Anzeichen dafür, dass der Gesetzgeber die Fondsgesellschaft nicht aus dem Emittentenbegriff ausschließen wollte, vgl. zur Problemdarstellung im Drittes Kapitel I 1. c).

Abs. 2 Nr. 1 VermVerkProspV), oder die Verbreitung dieser Angaben dem Emittenten erheblichen Schaden zufügt, sofern die Nichtveröffentlichung das Publikum nicht über die für die Beurteilung der Vermögensanlagen wesentlichen Tatsachen und Umstände täuscht (§ 15 Abs. 2 Nr. 2 VermVerkProspV).

Es ergeben sich aber über § 15 VermVerkProspV hinaus Probleme für gewisse Fondsstrukturen, die gesetzlichen Mindestanforderungen, die an Verkaufsprospekte gestellt werden, zu erfüllen. Zur Veranschaulichung sollen zwei Beispiele dienen:

Beispiel 1
Gemäß § 5 Nr. 2 VermVerkProspV soll der Prospekt Angaben über die Gründung des Emittenten enthalten. Emittent ist meist die Fondsgesellschaft selbst. Im Falle der so genannten „Holland-Fonds“ zeichnen die Anleger strukturbedingt und zahlen ihre Anlage ein, bevor die eigentliche Fondsgesellschaft gegründet wird. Der Anbieter kann somit der Vorgabe des § 5 Nr. 2 VermVerkProspV nicht nachkommen.

Beispiel 2
§ 9 Abs. 2 Nr. 1 VermVerkProspV schreibt das Erfordernis der Beschreibung der Anlageobjekte eines Fonds vor. So genannte „Blind-Pool-Fonds“ haben allerdings naturgemäß zum Zeitpunkt der Prospektherausgabe noch keine oder nur einige Anlageobjekte konkretisiert, so dass § 9 Abs. 2 Nr. 1 VermVerkProspV nicht (ordnungsgemäß) entsprochen werden kann, wenn dieser die Pflicht auferlegt, dass Objekte bereits im Prospekt zu konkretisieren und zwingend zu benennen sind.

Während beim ersten Beispiel diskussionswürdig ist, ob die Angaben im Sinne des § 15 Abs. 2 Nr. 1 VermVerkProspV von geringer Bedeutung für die Beurteilung der Vermögens-, Finanz- und Ertragslage des Emittenten ist, erübrigt sich eine solche Diskussion für das zweite Beispiel, weil eine erhebliche Relevanz der Angaben zu Anlageobjekten für die Beurteilung der Vermögens-, Finanz- und Ertragslage des Emittenten gegeben ist. Zumindest für die sog. Blind-Pool-Fonds könnten die neuen gesetzlichen Regelungen daher zu einem faktischen Verbot der Fondsstruktur führen. Das entspricht jedoch weder der Intention des Gesetzgebers, noch deckt die Ermächtigungsnorm § 8g Abs. 2 VerkProspG eine entsprechende enge Auslegung. § 8g Abs. 2 VerkProspG soll genauso wie das übrige VerkProspG nicht die Struktur eines der von ihnen genannten Finanzprodukte regulieren oder begrenzen. Es geht vielmehr allein darum, worüber der Anleger informiert werden muss, um eine rationale Anlageentscheidung treffen zu können. Eine Regulierung von gewissen Fondsstrukturen, wie sie z.B. für Investmentfonds im InvG vorgenommen wird, ist mit den verkaufsprospektrechtlichen Regelungen nicht beabsichtigt. Diese Auslegung wird auch von der *BaFin* in ihrem Auslegungsschreiben zur Prospektpflicht für Vermögensanlagen-Verkaufsprospekte gestützt. Danach sind nur solche Informationen aus dem Anforderungskatalog in einen Prospekt einzustellen, zu denen ein entsprechender Sachverhalt vorliegt oder strukturbedingt vorliegen könnte.[534] Bei Blind-Pool-Konzepten genügt es insoweit, wenn statt des noch nicht konkret feststehenden Projekts die Anlageziele und Anlagerichtlinien sowie die Anlagepolitik bzw. Anlagestrategie nach den verfügbaren Informationen genau dargestellt werden, und zwar derart, dass sich der potentielle Anleger zumindest konkret vorstellen kann, in was er mit seiner Zeichnungssumme investiert.[535]

b) Jahresabschluss und Lagebericht des Emittenten

Ein Anliegen des Gesetzgebers ist, dass der Prospekt nicht nur einen Überblick über die Vermögensanlagen an sich schafft, sondern darüber hinaus ausreichende Transparenz hinsichtlich des Emittenten herstellt.[536] So legt § 8h VerkProspG in Ergänzung zu § 8g Abs. 2 Nr. 4 VerkProspG i.V.m. § 10 VermVerkProspV fest, welchen Anforderungen ein in den Verkaufsprospekt aufzunehmender Jahresabschluss bzw. Lagebericht entsprechen muss.[537] Dem Emittenten, der nicht bereits nach anderen Vorschriften verpflichtet ist, seinen Jahresabschluss prüfen zu lassen sowie einen Lagebericht aufzustellen und prüfen zu lassen, wird ein Wahlrecht eingeräumt: Entweder muss er seinen Jahresabschluss bzw. Lagebericht nach den für große Kapitalgesellschaften geltenden Vorschriften der §§ 264 ff. HGB aufstellen und entsprechend §§ 317 bis 324 HGB prüfen lassen, § 8h Abs. 1 VerkProspG, oder er weist in dem Verkaufsprospekt ausdrücklich an herausgehobener Stelle auf die fehlende Aufstellung und Prüfung des Jahresabschlusses und des Lageberichts nach den genannten Vorschriften hin, § 8h Abs. 2 VerkProspG. Damit sind die Anleger hinreichend geschützt, weil es auf diese Weise von ihrer Entscheidung abhängt, ob sie aufgrund dieses Hinweises von der Kaufentscheidung absehen oder nicht.[538] Bei einem solchen Hinweis geht der Emittent die Gefahr einer anlegerabschreckenden Wirkung ein.[539]

---

534 Nr. 4 und 7 des Auslegungsschreibens der *BaFin* v. 30.6.2005, www.bafin.de/ verkaufsprospekte/auslegungsschreiben.htm.

535 vgl. auch *Keunecke*, Prospekte im Kapitalmarkt, 2005, S. 186; *Verfürth/Grunenberg*, DB 2005, S. 1043, 1045; *Moritz/Grimm*, BB 2005, S. 337, 341; *Verfürth/Grunenberg*, DB 2005, S. 1043, 1045.

536 *BegrRegE*, BT-Drs. 15/3174, S. 43; *Moritz/Grimm*, BB 2004, S. 1352, 1355; vgl. aber Drittes Kapitel I 1. c).

537 *BegrRegE*, BT-Drs. 15/3174, S. 43.

538 *BegrRegE*, BT-Drs. 15/3174, S. 43.

539 *Moritz/Grimm*, BB 2004, S. 1352, 1355.

c) *BaFin als Hinterlegungsstelle und Aufsichtsbehörde*

Gemäß § 8i Abs. 1 VerkProspG muss der Anbieter den für Vermögensanlagen nach § 8f Abs. 1 VerkProspG zu erstellenden Verkaufsprospekt vor seiner Veröffentlichung der *BaFin* als Hinterlegungsstelle kostenpflichtig (§ 16 Abs. 2 Satz 1 VerkProspG) übermitteln. Damit wurde die Zuständigkeit der Bundesanstalt auf die prospektpflichtigen Vermögensanlagen im Sinne von § 8f Abs. 1 VerkProspG erweitert.[540]

aa) *Gestattung*

Gemäß § 8i Abs. 2 Satz 1 VerkProspG darf der Verkaufsprospekt erst veröffentlicht werden, wenn die *BaFin* die Veröffentlichung gestattet. Die *BaFin* hat den Anbietern ihre Entscheidung hinsichtlich der Genehmigung innerhalb von 20 Werktagen[541] nach Eingang des Verkaufsprospekts[542] mitzuteilen, § 8i Abs. 2 Satz 2 VerkProspG. Diese Pflicht der *BaFin* wurde vom Finanzausschuss des Bundestages im Interesse größerer Planungssicherheit für die Fondsinitiatoren ergänzt.[543] Gelangt die *BaFin* zu der Auffassung, dass die vom Anbieter eingereichten Unterlagen nicht vollständig sind, beginnt die in Satz 2 genannte Frist von 20 Werktagen erst ab dem Zeitpunkt, zu dem der Anbieter die fehlenden Unterlagen vorlegt, § 8i Abs. 2 Satz 3 VerkProspG. Die *BaFin* ist gemäß § 8i Abs. 2 Satz 4 dazu angehalten, dem Anbieter innerhalb von zehn Werktagen nach Eingang des Verkaufsprospekts die Erforderlichkeit weiterer Unterlagen im Sinne des Satzes 3 mitzuteilen.

Während des Gesetzgebungsverfahrens herrschte großer Widerstand gegen die Regelung in § 8i Abs. 2 Satz 1 VerkProspG. Es wurde gefordert, am Vorbild des § 8a VerkProspG a.F. orientiert, eine Gestattungsfiktion für Vermögensanlagen-Verkaufsprospekte einzuführen. Der Referentenentwurf hatte noch vorgesehen, dass eine Gestattungsfiktion in entsprechender Anwendung von § 8a VerkProspG a.F. zumindest insoweit gelten solle, wie der Prospekt alle vorgeschriebenen Angaben enthält.[544] Die endgültige Fassung des § 8i Abs. 2

540 Die Zuständigkeitserweiterung ist im Interesse der Rechtsklarheit nicht nur durch Verweis, sondern durch die ausdrückliche Zuständigkeitsregelung in § 8i Abs. 1 festgeschrieben, *BegrRegE*, BT-Drs. 15/3174, S. 43.

541 Der Samstag ist als Werktag mitzurechnen, vgl. *BaFin*, Die Prospektpflicht und das Verfahren im Überblick, www.bafin.de.

542 Gemäß § 8i Abs. 3 VerkProspG bestätigt die *BaFin* dem Anbieter den Tag des Eingangs des Verkaufsprospekts.

543 Dadurch, dass nun gesetzlich eine Pflicht der *BaFin* formuliert wurde, ist fraglich, welche Konsequenzen die Verletzung einer solchen Pflicht hat. Die Anwendung von Amtshaftungsansprüchen ist in diesen Fällen umstritten, vgl. FN bei *Fleischer*, Gutachten zum 64. DJT, 2002, F54.

544 Begründung zum Referentenentwurf des AnSVG, S. 34.

Satz 1 VerkProspG stellte deshalb eine gravierende Änderung gegenüber dem ursprünglichen Referentenentwurf zum AnSVG dar.[545]

Diese Änderung wurde unter anderem mit der am 1. Juli 2005 umgesetzten „Prospektrichtlinie" gerechtfertigt, die sich gegen eine solche Genehmigungsfiktion richtet.[546] § 8a VerkProspG trat nämlich zum 1.7.2005 außer Kraft, und im WpPG wurde richtlinienkonform eine Gestattungsfiktion nicht mehr aufgenommen. Zwar bezieht die europäische Prospektrichtlinie nicht-verbriefte Anlageformen nicht mit in ihren Anwendungsbereich ein, so dass man von den dortigen Vorgaben im VerkProspG durchaus hätte abweichen können, die Bundesregierung zielte aber insoweit auf einen *konsistenten Anlegerschutz* sowohl bei in Wertpapieren verbrieften als auch bei nicht-verbrieften Vermögensanlagen ab. Darüber hinaus begründete sie die fehlende Fiktion damit, dass Anlagen nach § 8f Abs. 1 VerkProspG höchst unterschiedlich ausgestaltet sein könnten und standardisierte oder von institutionellen Anlegern erarbeitete Verkaufsprospekte wie im Wertpapierbereich eher die Ausnahme seien.[547] Offensichtlich wollte der Gesetzgeber vermeiden, dass eine Vielzahl ungeprüfter Verkaufsprospekte zum Markt zugelassen wird. Insbesondere wurden auch mit In-Kraft-Treten des AnSVG personelle Engpässe bei der *BaFin* erwartet.[548] Die Verschärfung gegenüber dem Referentenentwurf rief im Vorfeld erheblichen Widerspruch der Fondsinitiatoren hervor.[549] Die Initiatoren befürchteten, dass die fehlende Gestattungsfiktion den Vertriebsstart von Fondsprodukten mangels genügender Kapazitäten bei der *BaFin* verzögern könnte. Eine solche Verzögerung wäre für geschlossene Fonds vor allem deshalb problematisch, weil das Fondsgeschäft ein „typisches Jahresgeschäft" ist (traditionell werden viele Beteiligungen in der zweiten Jahreshälfte auf den Markt gebracht).[550] Der Grad der Standardisierung sei in den Segmenten Immobilien, Schiffen, Windparks etc. wesentlich höher, als dies von der Gesetzesbegründung erwartet werde.[551] Auch könnten Prüfungszeiträume nicht eingehalten werden, vielmehr sei ein Zeitraum von „drei bis eher sechs Monaten" zu erwarten.[552] Kritische Stimmen in der Literatur be-

545 *Heisterhagen*, DStR 2004, S. 1089 (1091).

546 *BegrRegE*, BT-Drs. 15/3174, S. 43; *Stellungnahme des Bundesrates und Gegenäußerung der Bundesregierung*, BT-DruckS. 15/3355, S. 7; *Moritz/Grimm*, BB 2004, S. 1801 (1802); *Fleischer*, BKR 2004, S. 339 (342).

547 *BegrRegE*, BT-Drs. 15/3174, S. 43.

548 *Moritz/Grimm*, BB 2004, S. 1352 (1355).

549 Vgl. *Reichel*, Handelsblatt v. 21.5.2004, S. 38; *Uttich*, FAZ v. 18.5.2004, S. 21.

550 Vgl. dazu ausführlich *Heisterhagen*, DStR 2004, S. 1089, 1091.

551 *Duhnkrack/Hasche*, DB 2004, S. 1351, 1353.

552 *Duhnkrack/Hasche*, DB 2004, S. 1351, 1353. Die Verfasser gehen sogar so weit, einen Verstoß gegen Art. 12 GG anzunehmen, weil die Rechtsunsicherheit dazu führe, dass die grundgesetzlich verbürgte Unternehmensfreiheit unzulässig eingeschränkt werde und effektive andere Regelungen denkbar seien, die den Anlegerschutz genauso gut gewährleisteten.

mängelten darüber hinaus, dass sich der Anleger seinen Schutz teuer erkaufen müsse. Die Initiatoren müssten schließlich die Investitionen meist vor- bzw. zwischenfinanzieren, und durch eine Verzögerung der Platzierung würden sich diese Finanzierungskosten zu Lasten der Investoren erhöhen. Bei fehlender Gestattungsfiktion würde erstens der Finanzierungszeitraum verlängert und zweitens die Dauer kaum zu bestimmen sein, was eine teurere maximal flexible Finanzierung erforderlich mache. Das wiederum würde für die Anleger höhere Einstiegskosten bei weniger Rendite bedeuten.[553] Die Sorgen der Fondsinitiatoren haben sich in der Praxis bislang jedoch nicht bestätigt. Die *BaFin* konnte dem Mehraufwand bislang nach eigener Aussage gut gerecht werden, und es wurden alle Prospektprüfungen zufriedenstellend in der gesetzlich vorgegebenen Frist vorgenommen.

bb) Weiteres Verfahren

Enthält ein bei der *BaFin* hinterlegter Verkaufsprospekt für Vermögensanlagen nach § 8f Abs. 1 VerkProspG nicht die Angaben, die nach § 8g Abs. 1 VerkProspG i.V.m. der VermVerkProspV erforderlich sind, untersagt die Bundesanstalt grundsätzlich seine Veröffentlichung, § 8i Abs. 2 Satz 5 VerkProspG.[554] Gemäß § 8i Abs. 3 Satz 2 VerkProspG wird der hinterlegte Prospekt zehn Jahre lang von der Bundesanstalt aufbewahrt.[555] Darüber hinaus räumen die Absätze 4 bis 4c des § 8i VerkProspG der *BaFin* Überwachungsrechte ein. Hat die *BaFin* Anhaltspunkte dafür, dass der Anbieter entgegen § 8f Abs. 1 VerkProspG keinen Verkaufsprospekt veröffentlicht hat oder der Verkaufsprospekt nicht die Angaben enthält, die nach § 8g Abs. 1 VerkProspG i.V.m. der VermVerkProspV erforderlich sind, dann untersagt sie das öffentliche Angebot von Vermögensanlagen im Sinne des § 8f Abs. 1 VerkProspG. In diesem Rahmen kann die Bundesanstalt vom Anbieter die Erteilung von Auskünften und die Vorlage von Unterlagen verlangen, die sie zur Überwachung und Einhaltung der Pflichten nach den Absätzen 1 und 2 des § 8i VerkProspG, § 8f Abs. 1 und §§ 9 bis 12 VerkProspG sowie zur Prüfung, ob der Verkaufsprospekt die in § 8g Abs. 1 VerkProspG i.V.m. der VermVerkProspV genannten Angaben enthält, benötigt, § 8i Abs. 4a VerkProspG. Absatz 4b des § 8i VerkProspG stellt hierbei noch einmal klar, dass die Auskunfts- und Vorlagepflichten aus Absatz 4a auch denjenigen treffen, bei dem Tatsachen die Annahme rechtfertigen, dass er Anbieter im Sinne des Gesetzes ist. Der Anbieter darf allerdings die Auskunft auf solche Fragen verweigern, deren Beantwortung ihn selbst oder einen der in § 383 Abs. 1 Nr. 1

553 *Duhnkrack/Hasche*, DB 2004, S. 1351, 1353.

554 Allerdings bleibt § 10 VerkProspG unberührt, der unter bestimmten Voraussetzungen die Veröffentlichung eines unvollständigen Verkaufsprospekts erlaubt.

555 Die Aufbewahrungsfrist beginnt mit dem Schluss des Kalenderjahres, in dem der Verkaufsprospekt hinterlegt worden ist, § 8i Abs. 3 Satz 3 VerkProspG.

bis 3 ZPO bezeichneten Angehörigen der Gefahr strafgerichtlicher Verfolgung oder eines Verfahrens nach dem Gesetz über Ordnungswidrigkeiten aussetzen würde; der Verpflichtete ist über dieses Recht zu belehren, § 8i Abs. 4c VerkProspG.

d) Werbung, § 8j VerkProsG

Aus § 8i VerkProspG geht hervor, dass sich die Prüfungskompetenz der *BaFin* ausschließlich auf die Überprüfung von Vollständigkeit und Klarheit des Verkaufprospekts bezieht. Die inhaltliche Richtigkeit der im Prospekt gemachten Angaben ist hingegen nicht Prüfungsgegenstand, § 8g Abs. 1 S. 3 VerkProspG.[556]

Prüfung und Gestattung der Prospektveröffentlichung dürfen deshalb nicht missverstanden werden, da sie kein Qualitätsurteil über die Wirtschaftlichkeit der Vermögensanlage darstellen.[557] Die *BaFin* betont immer wieder, dass „allein aus der Tatsache, dass ein Prospekt hinterlegt und veröffentlicht wurde, nicht auf die Seriosität oder auf die Bonität des Emittenten geschlossen werden" könne.[558] Aus diesem Grunde kann die *BaFin* auch die Werbung mit Angaben untersagen, die geeignet sind, über den Prüfungsumfang der Bundesanstalt nach § 8i Abs. 2 VerkProspG irrezuführen, § 8j Abs. 1 VerkProspG. Abzustellen ist hierbei auf die Sicht eines durchschnittlich informierten Anlegers, der üblicherweise keine Kenntnisse über den Prüfungsumfang nach § 8i VerkProspG hat.[559]

---

556 Für Wertpapierprospekte wird im Schrifttum eine weit verbreitete Ansicht vertreten, die sich für eine materielle Prüfungspflicht im Sinne einer Plausibilitätsprüfung ausspricht. Diese Diskussion bestand schon für den § 8a VerkProspG a.F., der vom Wortlaut her mit dem § 8i VerkProspG n.F. durchaus vergleichbar ist, vgl. zum Ganzen *Heidelbach*, in: Schwark, Kapitalmarktrechts-Kommentar, 2004, § 8a VerkProspG Rn. 3 f. Entfacht wurde sie, weil im Gegensatz zu § 8a VerkProspG a.F. im Rahmen der Börsenzulassungsprüfung von der Zulassungsstelle gemäß § 30 Abs. 3 Nr. 3 BörsG (a.F.) eine Plausibilitätsprüfung erwartet wurde, in deren Rahmen zwar nicht die Bonität der Emittenten überprüft, jedoch offensichtlichen Fehlern oder mangelnder Plausibilität der Prospektangaben nachgegangen werden sollte. Ein Teil der Lehre verlangt seitdem für alle Wertpapierprospekte eine solch eingeschränkte Plausibilitätsprüfungspflicht der *BaFin*, insbesondere weil die Überprüfung der Prospekte im Ergebnis dem Anlegerschutz dienen soll. Es wird sich zeigen, inwieweit sich diese Diskussion auch auf die Prüfung von Vermögensanlagen-Verkaufsprospekten ausdehnen wird. Derzeit ist aber aufgrund des eindeutigen Gesetzeswortlauts der §§ 8f ff. VerkProspG sowie den entsprechenden Ausführungen in der Regierungsbegründung (BT-Drs. 15/3174) davon auszugehen, dass der Prüfungsumfang der *BaFin* auf die Überprüfung der Vollständigkeit des Prospekts im Sinne des § 8g VerkProspG i.V.m. der VermVerkProspV beschränkt ist. Eine solche Beschränkung auf eine rein formelle Prüfungspflicht entspricht auch dem Publizitätsprinzip.

557 *Moritz/Grimm*, BB 2004, S. 1352, 1355.

558 *BaFin*, Grundsätzliches zur Prospektpflicht, www.bafin.de.

559 *Assmann*, in: Assmann/Lenz/Ritz, VerkProspG, 2001, § 8e Rn. 9 im Hinblick auf die Prüfung nach § 8a VerkProspG a.F.; *Verfürth/Grunenberg*, DB 2005, S. 1043.

Unzulässig wäre es in diesem Zusammenhang, mit der pauschalen Angabe „Von der *BaFin* genehmigt" zu werben; eine inhaltliche Prüfung und somit materielle Genehmigung spricht die *BaFin* gerade nicht aus. Zulässig ist dagegen der Hinweis, dass der Prospekt bei der *BaFin* hinterlegt ist, da dies keine Angabe über die Prüfung des Prospekts ist.[560]

3. Prospektveröffentlichung und öffentliches Angebot

Im Anschluss an die Gestattung ist der Verkaufsprospekt in der in §§ 9 ff. VerkProspG beschriebenen Art und Weise zu veröffentlichen.[561] Der Verkaufsprospekt ist *mindestens einen Werktag vor dem öffentlichen Angebot* in einem überregionalen Börsenpflichtblatt bekannt zu machen oder bei den im Verkaufsprospekt benannten Zahlstellen zur kostenlosen Ausgabe bereitzuhalten, § 9 Abs. 1, 2 Satz 1 VerkProspG. Im letzteren Fall ist in einem überregionalen Börsenpflichtblatt bekannt zu machen, dass der Verkaufsprospekt bei den Zahlstellen bereitgehalten wird, § 9 Abs. 2 Satz 1, 2. HS VerkProspG. Bei Angeboten über elektronische Informationssysteme muss auch in diesen der Verkaufsprospekt veröffentlicht werden, und das Angebot muss einen Hinweis auf die Fundstelle des Verkaufsprospektes enthalten, § 9 Abs. 2 Satz 2 VerkProspG. Im Anschluss an die Veröffentlichung ist der *BaFin* unverzüglich eine Mitteilung zu übersenden, die Datum und Ort der Veröffentlichung enthält, § 9 Abs. 2 Satz 3 VerkProspG.

Grundsätzlich untersagt die Bundesanstalt die Veröffentlichung von Verkaufsprospekten für Vermögensanlagen nach § 8f Abs. 1 VerkProspG, wenn der Prospekt nicht zumindest die Angaben enthält, die nach § 8g Abs. 1 VerkProspG i.V.m. der VermVerkProspV erforderlich sind, § 8i Abs. 2 Satz 5 VerkProspG. § 10 VerkProspG lässt unter bestimmten Voraussetzungen allerdings auch die Veröffentlichung eines *unvollständigen* Prospekts zu.

Laut *BaFin* schafft der „unvollständige" Verkaufsprospekt im Sinne des § 10 VerkProspG in der Regel das Gerüst für das Angebot vieler gleich strukturierter Vermögensanlagen, bei der einzelne Angebotsbedingungen noch nicht festge-

560 *Assmann*, in: Assmann/Lenz/Ritz, VerkProspG, 2001, § 8e Rn. 11; *Verfürth/Grunenberg*, DB 2005, S. 1043.

561 Nach dem Wortlaut des § 8f Abs. 1 VerkProspG muss zwar der Anbieter von Vermögensanlagen im Sinne des § 8f Abs. 1 VerkProspG einen Verkaufsprospekt nach „diesem Abschnitt" veröffentlichen. § 8f befindet sich im Abschnitt IIIa des VerkProspG, während die Vorschriften über die Veröffentlichung von Verkaufsprospekten sich im Abschnitt IV wieder finden. Streng am Wortlaut orientiert müsste die Veröffentlichung von Verkaufsprospekten ebenfalls im Abschnitt IIIa („diesem Abschnitt") geregelt sein. Da dort aber keinerlei Regelungen über die Veröffentlichung vorzufinden sind, erscheint der Wortlaut als redaktionelles Versehen, denn auch laut Regierungsbegründungen steht die Anwendung der §§ 9 ff. VerkProspG außer Frage.

setzt werden können.[562] Werden einzelne Angebotsbedingungen erst kurz vor dem öffentlichen Angebot festgesetzt, so darf der Verkaufsprospekt gemäß § 10 VerkProspG ohne diese Angaben nur dann veröffentlicht werden, wenn er Auskunft darüber gibt, wie diese Angaben nachgetragen werden, § 10 Satz 1 VerkProspG. Die nachzutragenden Angaben sind in diesen Fällen spätestens am Tag des öffentlichen Angebots gemäß § 9 Abs. 2 Satz 1 und 2 VerkProspG zu veröffentlichen und spätestens zum Zeitpunkt ihrer Veröffentlichung der *BaFin* zu übermitteln, § 10 Satz 2 und 3 VerkProspG. Sind darüber hinaus seit der Gestattung der Veröffentlichung des Verkaufsprospekts während der Dauer des öffentlichen Angebotes Veränderungen eingetreten, die für die Beurteilung des Emittenten oder der angebotenen Vermögensanlagen im Sinne des § 8f Abs. 1 VerkProspG von wesentlicher Bedeutung sind, so ist unverzüglich ein Nachtrag nach § 11 VerkProspG zum Verkaufsprospekt gemäß § 9 Abs. 2 Satz 1 und 2 zu veröffentlichen und bei der *BaFin* gemäß § 8i Abs. 2 VerkProspG zu hinterlegen.

Gemäß § 12 VerkProspG ist der Anbieter verpflichtet, in allen Veröffentlichungen im Hinblick auf Vermögensanlagen im Sinne des § 8f Abs. 1 VerkProspG einen Hinweis auf den Verkaufsprospekt und seine Veröffentlichung aufzunehmen.

4. Zwischenergebnis

Anbietern geschlossener Fonds wurden seit dem 1. Juli 2005 also erstmals Prospektierungspflichten auferlegt. Das hat unmittelbar zur Folge, dass Emissionshäuser nun der Beaufsichtigung der *BaFin* unterliegen. Letzteres hilft bereits, den Markt für geschlossene Fonds transparenter zu gestalten. Zum ersten Mal kann erfasst werden, wie viele und welche Fondsinitiatoren überhaupt Produkte auf dem Kapitalmarkt öffentlich anbieten. In der Vergangenheit konnte dies von Marktanalytikern nur geschätzt werden; seit Einführung der Prospektpflicht wurden diese Schätzungen nahezu um das Doppelte übertroffen.[563] Insofern tragen die neuen gesetzlichen Regelungen bereits einer besseren Überschaubarkeit und Kontrolle der Fondsanbieter Rechnung. Vor allem aber trägt die Einführung einer Prospektpflicht für Anbieter geschlossener Fonds dazu bei, eine hinreichende Informationsversorgung des Anlegerpublikums *sicherzustellen.* Insbesondere für Beteiligungen an geschlossenen Fonds, die als langfristige Vermögensanlagen angesehen werden und für die ein Sekundärmarkthandel nicht in

---

562 Diese Prospektform ist grundsätzlich eher im Bereich der Namensschuldverschreibungen denkbar, *BaFin*, Die einzelnen Prospektarten, www.bafin.de/verkaufsprospekte/verm_3.htm.

563 Vgl. insgesamt zur Entwicklung des Marktsektors im Jahr 2005 *Loipfinger*, Marktanalyse der Beteiligungsmodelle 2006 sowie *Schoeller/Witt*, Jahrbuch Geschlossene Fonds 2005/2006 sowie Erstes Kapitel I. 1.

der Form etabliert ist wie beim Wertpapierhandel, ist eine gute Informationsversorgung im Vorfeld der Anlageentscheidung wesentlich, weil sich Anleger durch ihre Investitionsentscheidung regelmäßig über viele Jahre binden. Zwar haben Anbieter schon in der Vergangenheit vor einem öffentlichen Angebot der Kapitalanlage Prospekte veröffentlicht, denn schließlich haben Initiatoren auch ein Eigeninteresse an der Offenlegung ihrer Unternehmensdaten, weil der Kapitalmarkt Stillschweigen als schlechte Nachricht zu werten pflegt.[564] Seriöse Anbieter haben sich dann in der Regel auch an die Vorgaben des IDW S4 gehalten. Trotzdem besteht gerade bei Erstemissionen die Neigung zu rational eigensüchtigem Verhalten der Anbieter. Deshalb ist die Pflicht zur Prospektpublizität wie auch die Vorgabe eines normierten Prospektierungsverfahrens zweckmäßig. Denn schon das standardisierte Prospektierungsverfahren hilft, allen Beteiligten sowie Experten eine bessere Vergleichbarkeit der Vermögensanlagen zu ermöglichen. Das stärkt das für die Funktionsfähigkeit dieses Marktsektors notwendige Anlegervertrauen.

Prospekte müssen deshalb nach Vorgabe der VermVerkProspV einheitlich gestaltet werden, die einzelnen Angaben zu verschiedenen Themenkomplexen müssen in der Regel in einer bestimmten Reihenfolge präsentiert werden. Erwähnenswert ist in diesem Zusammenhang, dass die *BaFin* zum 1. Juli 2005 nicht einmal jeden fünften der eingereichten Prospekte genehmigt hat.[565] Auch hat der Gesetzgeber durch § 8g VerkProspG i.V.m. der VermVerkProspV bestimmte Mindestangaben vorgegeben, die über die Mindestangaben des alten IDW S4-Standards hinausgehen. Hervorzuheben ist das Erfordernis zur umfangreichen gesonderten Darstellung der Risiken. Dies ist bereits insoweit erfreulich, als sich ein nicht unerheblicher Teil der zivilrechtlichen Haftungsprozesse in der Vergangenheit auch mit möglichen Mängeln bei der Risikodarstellung befasste. Darüber hinaus hat der Gesetzgeber Wert darauf gelegt, dass Anleger nicht nur hinreichend über die Vermögensanlage selber informiert werden, sondern müssen Verkaufsprospekte nunmehr auch detaillierte Angaben über den Emittenten enthalten.[566] Dem Erwerber sollen alle notwendigen Angaben zur Verfügung gestellt werden, damit er in der Lage ist, sowohl die *Vermögensanlage* als auch den *Emittenten* zutreffend einzuschätzen. Diesem Gedanken trägt auch § 8h VerkProspG Rechnung, nach dem der Emittent grundsätzlich verpflichtet wird, seinen Jahresabschluss prüfen bzw. einen Lagebericht aufzustellen und prüfen zu lassen. Der Gesetzgeber führt aus, dass neben einem Überblick über die Vermögensanlage ein wesentliches Anliegen auch die Herstellung ausreichender Transparenz hinsichtlich des Emittenten sei. Schwierigkeiten wirft die Subsumtion der Fondsgesellschaft unter den Emittentenbegriff auf. Es können beispielsweise gewisse vom VerkProspG i.V.m. der VermVerkProspV geforderte

564 *Fleischer*, Gutachten F zum 64. DJT, F 42.

565 *Schoeller/Witt*, Jahrbuch der Geschlossenen Fonds 2005/2006, S. 23.

566 Zum Emittentenbegriff bei geschlossenen Fonds vgl. Drittes Kapitel I. 1. c).

Mindestangaben im Prospekt über den Emittenten der Vermögensanlage dann nicht erfüllt werden, wenn die Fondsgesellschaft nach außen als Emittent auftritt. Ausnahmeregelungen wie § 15 VermVerkProspV zeigen zwar, dass der Gesetzgeber gewillt ist, diesen Problemen Abhilfe zu schaffen. Es verbleiben allerdings grundsätzliche Bedenken, weil die Fondsgesellschaft tatsächlich nicht emittiert, sondern selber Gegenstand der Vermögensanlage ist. Stellte man für die Bestimmung des Emitten nicht auf das Auftreten nach außen, sondern darauf ab, wer das Angebot tatsächlich veranlasst hat, würden die aufgeworfenen Fragestellungen hinfällig. Nach der in der Regierungsbegründung aufgestellten Definition und der Systematik des VerkProspG ist derzeit jedoch davon auszugehen, dass dem nicht gefolgt wird, sondern auf das Auftreten nach außen abgestellt wird. Dafür sprechen wiederum Erwägungen der Rechtssicherheit, weil derart jedenfalls die Ermittlung des Emittenten stets gewährleistet ist. Das wiederum dient einem reibungslosen Ablauf bei der Beaufsichtigung der Prospektierungspflichten, die erheblich erschwert würde, wenn der Emittent der Vermögensanlage nicht auf Anhieb bestimmbar ist. Somit ist die Definition des Emittenten in der Regierungsbegründung zweckmäßig. Wie aufgezeigt, lassen sich die bislang aufgeworfenen Probleme im Ergebnis vor diesem Hintergrund ebenfalls zufriedenstellend lösen.[567]

Die neuen Regelungen für geschlossene Fonds sind insgesamt positiv zu bewerten. Durch Einführung der *BaFin*-Prüfung hat sich nach vorherrschender Expertenmeinung eine deutliche Verbesserung der Prospekte ergeben.[568] Wie aufgezeigt, gibt es zwar vereinzelt Probleme durch die Orientierung der neuen gesetzlichen Regelungen an den schon bestehenden für Wertpapiere, weil ein vollkommener Gleichlauf aufgrund der andersartigen Ausgestaltung der Produkte oftmals nicht möglich ist. Es gab beispielsweise Befürchtungen auf Anbieterseite, Holland- sowie Blind-Pool-Fonds könnten die Anforderungen der VermVerkProspV nicht erfüllen, so dass die Fondsarten nunmehr faktisch verboten würden. Diese bisher diskutierten Schwierigkeiten werden sich aber durch teleologische Auslegung der gesetzlichen Regelungen in den meisten Fällen zufriedenstellend lösen lassen. Die *BaFin* hat bereits mit einem klarstellenden Auslegungsschreiben reagiert. Schließlich verbleibt noch die Sorge, dass unseriöse Anbieter das dargestellte Prüfverfahren der *BaFin* als Aushängeschild für ihr

567 Innerhalb der Darstellung der Prospekthaftung wird auf diese Thematik auch noch einmal einzugehen sein, weil die Fondsgesellschaft dann in den Kreis der Haftungsadressaten fällt, wenn sie als Emittent der Vermögensanlage auftritt. Folge ist ein Spannungsverhältnis mit gesellschaftsrechtlichen Grundsätzen.

568 Vgl. Autorenbeiträge und Interviews zum Gesamtmarkt der geschlossenen Fonds, in: *Schoeller/Witt*, Jahrbuch Geschlossene Fonds 2005/2006, S. 113 ff.

Produkt nutzen, indem sie mit einem „Prüfsiegel“ der *BaFin* werben.[569] Dahinter verbirgt sich der Gedanke, dass die *BaFin* die Prospekte nicht auf ihre inhaltliche Richtigkeit, sondern nur auf die ordnungsgemäße Einhaltung der gesetzlich vorgegebenen Formalia überprüft. Deshalb wird vereinzelt zum besseren Schutz der Anleger angeregt, den Anbietern die zusätzliche Pflicht aufzuerlegen, die Prospekte von einem Wirtschaftsprüfer auch auf inhaltliche Richtigkeit überprüfen zu lassen. Dieser Ansatz wurde auch auf dem 64. Deutschen Juristentag im Jahre 2002 diskutiert, allerdings später wegen befürchteter Überregulierung des Marktsektors verworfen. Schließlich hat auch jede Regulierung zugunsten der Anleger ihren Preis mit der Folge eines „Boomerang-Effektes“. Durch die zusätzliche Pflicht zur Einschaltung von Wirtschaftsprüfern entstünden erhebliche Mehrkosten. Diese würden im Ergebnis wieder auf die Anleger umgelegt. Die Legislative hat Vorkehrungen geschaffen, um einem Missbrauch entgegenzuwirken. So muss jeder Verkaufsprospekt an herausgehobener Stelle einen Hinweis enthalten, dass die *BaFin* diesen nicht auf seine inhaltliche Richtigkeit überprüft hat, und im Falle irreführender Werbung von Fondsinitiatoren hat die *BaFin* das Recht, diese Werbung zu untersagen. Darüber hinaus kann sie den Initiatoren ein Bußgeld auferlegen (§ 17 Abs. 2 Nr. 2 VerkProspG). Sollten Angaben in Prospekten fehlerhaft sein, haben Anleger die Möglichkeit, im Wege der Prospekthaftung (§ 13 VerkProspG) Schadensersatzansprüche geltend zu machen. Anleger sind damit hinreichend geschützt. Eine gewisse Eigenverantwortung muss schließlich beim Anleger verbleiben. Wichtig ist vor allem, dass der Prüfungsumfang der *BaFin* unter den Anlegern bekannt gemacht wird. Außerdem ist die Prospektprüfung durch die *BaFin* kein Ersatz für die IDW-ES4-Prospektprüfung.

II. Prospekthaftung

Neben der Einführung von gesetzlichen Prospektpflichten in Abschnitt IIIa des VerkProspG wurden geschlossene Fonds[570] nun auch in den Anwendungsbereich des § 13 VerkProspG einbezogen, so dass für sie neuerdings genauso wie vorher auch schon für Wertpapiere, die nicht zum Handel an einer inländischen Börse zugelassen sind, eine Haftung für *fehlerhafte* Prospekte nach Vorgabe des § 13 VerkProspG besteht. Darüber hinaus wurde in § 13a VerkProspG eine Haftung für *fehlende* Prospekte ergänzend eingeführt.[571]

---

569 Interessant ist in diesem Zusammenhang, dass im vergangenen Jahr 2005 ca. 96 Unternehmen *erstmals* ein Beteiligungsmodell aufgelegt haben, so dass die *BaFin*-Gestattung zumindest keinen Marktbereinigungseffekt im Sinne einer Marktverkleinerung hat.

570 Ebenso wie alle weiteren von § 8f Abs. 1 VerkProspG erfassten Vermögensanlagen.

571 Für Wertpapiere, die nicht zum Handel an einer inländischen Börse zugelassen sind, gelten diese Vorschriften ebenso – auch nach ihrer grundsätzlichen Ausgliederung aus dem

1. Verkaufsprospekt

Für geschlossene Fonds ist Bezugspunkt beider Prospekthaftungsvorschriften (§ 13 und § 13a VerkProspG) nur dasjenige Dokument, das Verkaufsprospekt im Sinne des § 8f Abs. 1 VerkProspG ist. Deshalb ist ungeachtet der Haftungsvorschrift vorab klärungsbedürftig, wie der Verkaufsprospekt im Sinne der § 8f Abs. 1, §§ 13, 13a VerkProspG zu definieren ist.

Weder das VerkProspG noch die VermVerkProspV enthalten eine diesbezügliche Definition. Laut Regierungsbegründung soll der Begriff des Verkaufsprospektes dem des § 1 VerkProspG a.F. entsprechen. Leider führt der Verweis insofern nicht weiter, als im VerkProspG a.F. und der dazugehörigen Verkaufsprospektverordnung ebenfalls keine Definition vorzufinden war und die Meinungen über die Begriffsbestimmung im Detail auseinander gingen. Dementsprechend ist vor dem Hintergrund der Diskussion um den Prospektbegriff des § 1 VerkProspG a.F. und einer Betrachtung der Systematik des VerkProspG in seiner neuen Fassung zu untersuchen, worauf es bei der Qualifizierung einer schriftlichen Darstellung als Prospekt im Sinne der §§ 13 und 13a VerkProspG ankommt.

Einhellige Meinung ist, dass der Verkaufsprospekt im Sinne des VerkProspG zunächst vom öffentlichen Angebot, der öffentlichen Werbung und sonstigen Veröffentlichungen zu unterscheiden ist.[572] Es wird zwar vermehrt gefordert, auch prospektähnliche Schriftstücke, insbesondere vertriebsbezogene Werbeveröffentlichungen in Form von mittlerweile massenhaft versandten Emails und Internetangeboten, in den Anwendungsbereich der Prospekthaftung mit einzubeziehen und so eine begriffliche Öffnung für moderne Kommunikationsmittel zu erzielen.[573] Bereits aus der Existenz dieser Forderung geht aber deutlich die grundsätzliche Trennung zwischen Prospekten und prospektähnlichen Schriftstücken hervor, wobei letztere nicht als Teil der Definition des Verkaufsprospekts im Sinne des VerkProspG angesehen werden. Es wird eine ergänzende Verantwortlichkeit nach den Grundsätzen der bürgerlich-rechtlichen Prospekthaftung für fehlerhafte Werbeschriften angeregt. Die Frage nach konkurrierenden Ansprüchen, insbesondere die nach der möglichen Anwendung der Grund-

---

VerkProspG und Eingliederung in das WpPG. Indes ist auch für Letztere die spezialgesetzlich geregelte Haftung für fehlende Prospekte nach § 13a VerkProspG neu. Bis zum 1.7.2005 mangelte es im VerkProspG an einer speziellen zivilrechtlichen Anspruchsgrundlage beim Fehlen eines Verkaufsprospektes.

572 *Groß*, Kapitalmarktrecht, 2002, § 1 VerkProspG Rn. 38.

573 *Fleischer* bringt in seinem Gutachten zum 64. DJT darüber hinaus den Gedanken auf, auch mündliche Äußerungen, die nicht schlechthin „belanglos" sind, sondern Prospektäußerungen in ein bestimmtes Licht stellen und damit zur Irreführung erhärten oder umgekehrt auch eine Unklarheit berichtigen können, in die Diskussion um die Erweiterung des Prospekthaftungstatbestand einzubeziehen, vgl. Kapitalmarktrechtliches Teilgutachten F für den 64. DJT, 2002, F 57.

sätze der bürgerlich-rechtlichen Prospekthaftung neben den spezialgesetzlichen Prospekthaftungstatbeständen wird im Abschnitt Konkurrenzen zu beantworten sein.[574] Dagegen werden Prospektergänzungen im Sinne des § 10 Satz 2 VerkProspG und Nachträge im Sinne von § 11 VerkProspG von § 13 VerkProspG erfasst.[575] Besteht eine Nachtragspflicht nach § 11 VerkProspG, ist der Prospekt ab diesem Zeitpunkt unrichtig oder unvollständig.[576] Für nachzuholende einzelne Angebotsbedingungen ist ebenfalls § 13 VerkProspG anwendbar, weil die spätere Veröffentlichung der fehlenden Angebotsbedingungen eine Ergänzung des „unvollständigen Prospekts" (so schon die Überschrift des § 10 VerkProspG) darstellt, die gegenüber dem Hauptprospekt unselbständig ist und zusammen mit ihm den Verkaufsprospekt bildet.[577]

Im Übrigen gibt es im weitesten Sinne zwei unterschiedliche Ansätze des verkaufsprospektrechtlichen Prospektbegriffes mit unterschiedlichen Haftungsfolgen. Der erste Ansatz wurde hauptsächlich von *Assmann* geprägt. Danach konnte ein Verkaufsprospekt im Sinne des § 13 VerkProspG a.F. nur ein von der *BaFin* gestatteter sein, der auch tatsächlich veröffentlicht wurde.[578] Dieser Ansatz orientiert sich an dem börsengesetzlichen Prospektbegriff, der grundsätzlich allein den von der Zulassungsstelle gebilligten, konkret vorliegenden Börsenzulassungsprospekt im Sinne des BörsG erfasst.[579] Die vormals herrschende Ansicht definierte den Verkaufsprospekt im Sinne des § 1 VerkProspG a.F. als das als solches gekennzeichnete, vom Anbieter ausgestellte Schriftstück, das *nach seinem Willen* zur Erfüllung der Verpflichtungen aufgrund des VerkProspG erstellt wurde. Es soll danach also primär auf die vom Verwender gewählte Bezeichnung und dessen Intention ankommen.[580]

Die letztgenannte Ansicht trägt dem Umstand Rechnung, dass die Situation bei einem Verkauf von Wertpapieren, die nicht an einer inländischen Börse gehandelt werden (sollen), im Vergleich zum Börsenhandel mit Wertpapieren eine andere ist. Der Börsenhandel erfolgt nur dann, wenn das jeweilige Wertpapier hierzu auch zugelassen ist. Für eine Zulassung des Wertpapiers zum amtlichen

574 Vgl. Dritter Teil II. 2. a) ii).

575 *Heidelbach*, in: Schwark, Kapitalmarktrechts-Kommentar, 2004, § 13 VerkProspG Rn. 4; *Assmann*, in: Assmann/Lenz/Ritz, VerkProspG, 2001, § 13 Rn. 9; *Hamann*, in: Schäfer, WpHG u.a., 1999, § 13 VerkProspG a.F. Rn. 3.

576 *Heidelbach*, in: Schwark, Kapitalmarktrechts-Kommentar, 2004, § 13 VerkProspG Rn. 4; *Hamann*, in: Schäfer, WpHG u.a., 1999, § 13 VerkProspG a.F. Rn. 13; *Hüffer*, Das Wertpapier-Verkaufsprospektgesetz, 1996, S. 134.

577 *Hüffer*, Das Wertpapier-Verkaufsprospektgesetz, 1996, S. 134.

578 *Assmann*, in: Assmann/Lenz/Ritz, VerkProspG, 2001, § 13 Rn. 9.

579 *Schwark*, in: Schwark, Kapitalmarktrechts-Kommentar, 2004, § 45 BörsG Rn. 15 m.w.N.

580 *Groß*, Kapitalmarktrecht, 2002, § 1 VerkProspG Rn. 38; *Gebauer*, in: Kümpel/Hammen/Ekkenga, Kapitalmarktrecht, Band 1, Loseblatt, Stand 4/01, Kapitel 100, S. 66; *Hüffer*, Das Wertpapier-Verkaufsprospektgesetz, 1996, S. 133 f.; *Gerber*, Prospekthaftung bei Wertpapieremissionen, 2001, S. 174.

oder geregelten Markt ist ein Börsenzulassungsprospekt bzw. Unternehmensbericht regelmäßig Voraussetzung. Ohne den Börsenzulassungsprospekt bzw. Unternehmensbericht für die Zulassung von Wertpapieren am geregelten Markt ist der Börsenhandel damit grundsätzlich nicht möglich.[581] Für im Inland öffentlich angebotene Wertpapiere, die nicht zum Handel an der Börse zugelassen sind, besteht zwar genauso eine Prospektpflicht (früher § 1 VerkProspG a.F., jetzt § 1 WpPG). Da in diesem Sektor aber keine zwangsweise Notierung des angebotenen Wertpapiers bei der *BaFin* für den Handel vorgenommen wird, kann der Verkauf der Wertpapiere praktisch auch ohne vorherige Erstellung und Veröffentlichung bzw. ohne Hinterlegung und Billigung eines Verkaufsprospektes stattfinden.[582] Daran hat sich auch nach der Ausgliederung der Wertpapierprospekte aus dem VerkProspG und ihrer Eingliederung in das WpPG nichts geändert. Allein dieser Unterschied rechtfertigte die Ausdehnung des Verkaufsprospektbegriffs im VerkProspG a.F. im Vergleich zum Börsenprospekt. Daneben deutete auch die Gesetzessystematik auf ein entsprechend weites Verständnis hin, da das VerkProspG auch an anderen Stellen (z.B. §§ 6, 8 VerkProspG a.F.) bereits vom Verkaufsprospekt sprach, selbst dann, wenn noch keine Zustimmung der zuständigen Stellen zur Veröffentlichung vorlag.[583] Die besseren Argumente sprechen insofern dafür, den Verkaufsprospekt im Sinne des § 1 VerkProspG a.F. als das als solches gekennzeichnete, vom Anbieter ausgestellte Schriftstück zu definieren, das *nach seinem Willen* zur Erfüllung der Verpflichtungen aufgrund des VerkProspG erstellt wurde. Fraglich ist, ob dieser Ansatz auf das VerkProspG n.F. übertragbar ist.

Die Ausgangssituation ist bei geschlossenen Fonds vergleichbar. Der Vertrieb von Fondsanteilen kann in der Praxis ebenfalls ohne vorherige Erstellung und Veröffentlichung oder ohne Hinterlegung und Billigung eines Verkaufsprospektes vorgenommen werden. Die Einbeziehung von geschlossenen Fonds in die §§ 13, 13a VerkProspG neben im Inland öffentlich angebotenen Wertpapieren, die nicht zum Handel an der Börse zugelassen sind, rechtfertigt also alleine noch keinen abweichenden Prospektbegriff zum § 1 VerkProspG a.F.

---

581 In §§ 45 bis 47 BörsZulV ist für den Handel von Aktien- und Anleiheemissionen, die mit amtlicher Notierung am der Börse gehandelt werden sollen, jedoch ein umfangreicher Katalog von Befreiungstatbeständen im Hinblick auf bestimmte Wertpapiere, bestimmte Anleger und auf einzelne Angaben normiert, die im Einzelfall eine Emission von der Prospektveröffentlichungspflicht freistellen. Genauso sieht § 51 Abs. 2 BörsG i.V.m. § 1 Abs. 2 Nr. 3 WpPG für die Prospektpflicht für Wertpapiere, die zum Handel am geregelten Markt zugelassen werden sollen, vor, dass die Börsenordnung regeln kann, unter welchen Voraussetzungen von dem Unternehmensbericht abgesehen werden kann, wenn das Publikum auf andere Weise ausreichend unterrichtet wird, vgl. auch *Kümpel*, Bank- und Kapitalmarktrecht, 2004, Rn. 9.323, 9.326.

582 *Barta*, NZG 2005, S. 305.

583 *Gebauer*, in: Kümpel/Hammen/Ekkenga, Kapitalmarktrecht, Band 1, Loseblatt, Stand 4/01, Kapitel 100, S. 66.

In die Überlegungen zum Prospektbegriff nach dem VerkProspG n.F. muss nunmehr aber zusätzlich die Regelung in § 13a VerkProspG einbezogen werden, nach der neuerdings eine Haftung für *fehlende* Verkaufsprospekte besteht. Gemäß *Assmanns* Prospektbegriff würde ein Verkaufsprospekt im Sinne des VerkProspG bereits dann *fehlen*, wenn eine Prospektpflicht nach § 8f Abs. 1 VerkProspG besteht, ein fehlerhafter Prospekt veröffentlicht wird, allerdings eine Gestattung der *BaFin* nicht vorliegt. Da eine Regelung wie § 13a VerkProspG im VerkProspG a.F. nicht bestand, gelangte *Assmann* zu einer Anwendung der Grundsätze der bürgerlich-rechtlichen Prospekthaftung bzw. einer deliktischen Haftung als Auffangtatbestände. Während nach neuer Rechtslage zwar eine deliktische Haftung bei vorsätzlichem Verhalten der Prospektverantwortlichen noch in Betracht gezogen werden kann (§ 13a Abs. 6 Satz 2 VerkProspG), ist die bürgerlich-rechtliche Prospekthaftung jedoch wegen § 13a VerkProspG gesperrt. In dieser Fallkonstellation würde nun § 13a VerkProspG zur Anwendung gelangen. Fraglich ist also, ob das dem Zweck des § 13a VerkProspG entspricht.

Ein Anspruch aus § 13a VerkProspG kann im Hinblick auf Vermögensanlagen in geschlossene Fonds nur dann geltend gemacht werden, wenn entgegen § 8f Abs. 1 VerkProspG kein Prospekt veröffentlicht wurde. Für den Ansatz *Assmanns* könnte unter Zugrundelegung dieser neuen Haftungsnorm sprechen, dass der Anbieter nach § 8f Abs. 1 Satz 1 VerkProspG „einen Verkaufsprospekt *nach diesem Abschnitt* veröffentlichen" muss. In „diesem Abschnitt" wird weiter gemäß § 8i Abs. 2 Satz 1 VerkProspG bestimmt, dass der Verkaufsprospekt nach § 8f Abs. 1 erst dann veröffentlicht werden darf, wenn die *BaFin* die Veröffentlichung gestattet. Dies könnte dafür sprechen, dass ein von der Haftung des § 13a VerkProspG befreiender Prospekt nur ein solcher ist, der von der *BaFin* gestattet und bei dieser hinterlegt wurde.

Dagegen spricht allerdings der Zweck der Haftungsregelungen. § 13a VerkProspG orientiert sich zwar grundsätzlich an den Merkmalen des § 13 VerkProspG. Allerdings ist § 13a VerkProspG in seinen Voraussetzungen insofern strenger, dass die Vorschrift eine Gefährdungshaftung normiert, während § 13 VerkProspG eine verschuldensabhängige Haftung vorgibt. Wie später noch detailliert behandelt wird, ist § 13a VerkProspG als strikte Sanktionsnorm konzipiert, um die Prospektpublizität im Vorfeld sicherzustellen. Hat der Anbieter einer Vermögensanlage nach Inhalt und Zielrichtung einen Prospekt erkennbar zur Erfüllung der in § 8g VerkProspG vorgesehenen Prospektangaben erstellt, lässt sich ein Haftungsunterschied, wie er zwischen § 13 und § 13a VerkProspG besteht, somit nicht rechtfertigen. Dagegen lässt sich wiederum anführen, dass eine strenge Haftung so lange gerechtfertigt erscheint, wie die Gestattung der Bundesanstalt nicht erfolgt ist. Dennoch ist die Situation nicht vergleichbar, wenn Anbieter vor dem Angebot der Vermögensanlage der Öffentlichkeit gar keinen Verkaufsprospekt zugänglich machen, oder aber einen Prospekt nach den Regeln des VerkProspG erstellt und diesen dann ohne Genehmigung von der

BaFin veröffentlicht haben. Beide Fallkonstellationen dem § 13a VerkProspG zu unterstellen, ist nicht interessengerecht, vor allem ist § 13 VerkProspG in seinen Voraussetzungen besser auf letzteren Sachverhalt zugeschnitten. Darüber hinaus kommt es für den einzelnen Anleger zunächst nur darauf an, ob ein Vertrauenstatbestand durch Veröffentlichung eines Prospekts geschaffen wurde, der den Eindruck eines Prospekts i.S.d. VerkProspG erwecken soll. Ein die Prospekthaftung auslösender Prospektfehler kann schließlich vollkommen unabhängig vom Hinterlegungs- und Gestattungsverfahren gegeben sein, ohne dass der Anleger zunächst weiß, ob der Prospekt ein genehmigter ist. Der Vertrauenstatbestand bleibt somit gleich. Bei einer Verletzung des ordnungsgemäßen Veröffentlichungsverfahrens i.S.d. VerkProspG drohen dem Anbieter schließlich Bußgelder wegen ordnungswidrigen Verhaltens gem. § 17 Abs. 1 Nr. 4 VerkProspG. Dieser Sanktionsapparat muss zur Durchsetzung einer *ordnungsgemäßen* Veröffentlichung im Sinne des VerkProspG neben einer möglichen Haftungsfolge nach § 13 VerkProspG ausreichen. Verkaufsprospekt im Sinne der § 8f Abs. 1, §§ 13, 13a VerkProspG ist damit jedes Schriftstück, dass nach Inhalt und Zielrichtung erkennbar zur Erfüllung der in § 8g VerkProspG vorgesehenen Prospektangaben erstellt worden ist. Folge ist, dass nicht § 13a VerkProspG, sondern § 13 VerkProspG für fehlerhafte Prospekte, die entgegen den Vorgaben des VerkProspG ungestattet zum öffentlichen Vertrieb von Vermögensanlagen verwendet werden und die soeben genannten Prospektanforderungen erfüllen, einschlägig ist.

2. Prospekthaftung bei fehlerhaftem Prospekt, § 13 VerkProspG

§ 13 Abs. 1 VerkProspG regelt die Haftung für fehlerhafte oder unvollständige Angaben im Verkaufsprospekt durch Rechtsgrundverweis auf die entsprechenden Regelungen im BörsG für Börsenprospekte (§§ 44 bis 47 BörsG[584]), die mit wenigen besonderen Maßgaben des § 13 VerkProspG anzuwenden sind. Die Prospekthaftung bei fehlerhaftem Prospekt knüpft damit an bereits vorhandene Haftungsmechanismen der spezialgesetzlichen Prospekthaftung an, wobei die analoge Anwendung der §§ 44 ff. BörsG es zulässt, dass die Regelungen bei

584 Die §§ 44 bis 47 BörsG sind in ihrer aktuellen Fassung erst durch die grundlegende Reform der §§ 45 ff. BörsG im Zuge des Inkrafttretens des Dritten Finanzmarktförderungsgesetzes am 1.4.1998, des Vierten Finanzmarktförderungsgesetzes am 1.7.2002 und durch Art. 3 des Prospektrichtlinie-Umsetzungsgesetzes am 22.6.2005 entstanden. Die ursprünglichen Normen der börsengesetzlichen Prospekthaftung sind vor mehr als 100 Jahren in Kraft getreten und gelten als die zentralen Haftungsnormen der spezialgesetzlichen Prospekthaftung, vgl. *Hauptmann*, in: Vortmann, Prospekthaftung und Anlageberatung, 2000, § 3 Rn. 23.

Bedarf den Besonderheiten des verkaufsprospektrechtlichen Verfahrens angepasst werden.[585]

Die in § 13 VerkProspG neu eingefügte Nummer 3 stellt zunächst klar, dass für die Haftung im Zusammenhang mit Vermögensanlagen nach § 8f VerkProspG die Maßgabe der Nummern 1 und 2 anwendbar ist. Darüber hinaus gelten die Besonderheiten der neuen Nummer 3a bis 3d, die den speziellen Anlageformen Rechnung tragen. Buchstabe a) regelt, dass für die hier in Rede stehenden Vermögensanlagen nach § 8f VerkProspG, die keine Wertpapiere sind, bei allen in Bezug genommenen Vorschriften an die Stelle des Wertpapiers die Vermögensanlage tritt. Da Vermögensanlagen im Sinne des § 8f VerkProspG keinen Ausgabepreis haben, stellen die Buchstaben b) und c) klar, dass an die Stelle der Haftungsbeschränkung auf den Ausgabepreis der erste Erwerbspreis tritt, und dass die Regelung, wie die Haftung zu beschränken ist, wenn kein Ausgabepreis festgesetzt wurde, dementsprechend keine Anwendung findet. Da die Vermögensanlagen im Sinne von § 8f VerkProspG nicht an der Börse gehandelt werden, tritt an die Stelle des Börsenpreises in § 45 Abs. 2 Nr. 2 BörsG nach Buchstabe d) der Erwerbspreis.[586]

Nachfolgend werden die Anspruchsvoraussetzungen der gesetzlichen Prospekthaftung aus § 13 Abs. 1 VerkProspG i.V.m. §§ 44 bis 47 BörsG genauer dargestellt.

a) Haftungsadressaten

Gemäß § 13 Abs. 1 VerkProspG i.V.m. § 44 Abs. 1 Satz 1 Nr. 1 und 2 BörsG können Adressaten der Prospekthaftung nur Personen sein, die für den Prospekt die Verantwortung übernommen haben, die so genannten Prospekt-Erlasser[587] (§ 44 Abs. 1 Satz 1 Nr. 1 BörsG) oder von denen der Erlass des Prospekts ausgeht, die Prospekt-Veranlasser (§ 44 Abs. 1 Satz 1 Nr. 2 BörsG). Alle Prospekthaftungspflichtigen haften als Gesamtschuldner (§§ 421 ff. BGB) unabhängig vom Innenverhältnis.

---

585 Zu § 13 VerkProspG a.F.: *Schwark*, in: Schwark, Kapitalmarktrechts-Kommentar, 2004, § 13 VerkProspG Rn. 2; *Assmann*, in: Assmann/Lenz/Ritz, VerkProspG, 2001, § 13 Rn. 6.

586 *BegrRegE*, BT-Drs. 15/3174, S. 44.

587 Mit dem Dritten Finanzmarktförderungsgesetz wurde der Wortlaut des ehem. § 45 Abs. 1 Satz 1 Nr. 1 BörsG (seit dem Vierten Finanzmarktförderungsgesetz § 44 Abs. 1 Satz 1 Nr. 1 BörsG) im Sinne einer Übernahme der Verantwortung anstatt eines Erlasses des Prospekts geändert. Das hat allerdings nur klarstellende Funktion und nicht eine Vergrößerung des Adressatenkreises der Prospekthaftung zur Folge, *RegBegr.* BT-Drs. 13/8933, S. 78. Unter Erlassern verstand man auch schon vorher diejenigen, welche nach außen erkennbar die Verantwortlichkeit für den Prospekt übernommen haben, *Groß*, in: Ebenroth/Boujong/Joost, Handelsgesetzbuch, Band 2, 2001, §§ 45, 46 BörsG (Fassung vor dem 4. FMFG) Rn. IX 182.

aa) § 44 Abs. 1 Satz 1 Nr. 1 BörsG

Gemäß § 44 Abs. 1 Satz 1 Nr. 1 BörsG erlässt den Prospekt, wer nach außen erkennbar die Verantwortung übernimmt.[588] Es ist überwiegende Auffassung, dass „Verantwortung" im Sinne des § 44 Abs. 1 Satz 1 BörsG als Verantwortlichkeit für den gesamten Prospekt zu verstehen ist.[589] Nach dem Grundsatz der Gesamtverantwortung haftet nur derjenige für den Prospekt, der für den ganzen Prospekt die Verantwortung übernimmt und nicht nur in Teilen des Prospekts erscheint.[590]

aaa) Anbieter

Prospekt-Erlasser ist damit der Anbieter, bei geschlossenen Fonds also derjenige, der gemäß § 2 Abs. 4 VermVerkProspV den Verkaufsprospekt unterzeichnen muss, was die Verantwortung formell nach außen dokumentiert.[591] Damit ist der Emittent der Vermögensanlage stets Prospekt-Erlasser im Sinne des § 44 Abs. 1 Satz 1 Nr. 1 BörsG. Gibt es noch weitere Anbieter, haften der Emittent und diese gesamtschuldnerisch.

Bei uneingeschränkter Anwendung des § 44 Abs. 1 Satz 1 Nr. 1 BörsG ergibt sich damit ein wesentlicher Unterschied zur bürgerlich-rechtlichen Prospekthaftung i.e.S. Wie im Dritten Kapitel unter I. 1. c) behandelt, tritt die Fondsgesellschaft selbst häufig als Emittent der Vermögensanlage auf, fällt dann unter den verkaufsprospektrechtlichen Anbieterbegriff und müsste gemäß § 44 Abs. 1 Satz 1 Nr. 1 BörsG in diesen Fällen auch zu der Gruppe der Prospektverantwortlichen gehören, so dass geschädigte Anleger Ansprüche auch gegen die Fondsgesellschaft geltend machen könnten. Nach den Grundsätzen der bürgerlichrechtlichen Prospekthaftung wurde von der Möglichkeit einer Inanspruchnahme der Fondsgesellschaft generell abgesehen. Begründet wurde das damit, dass die Anlagegesellschaft primär das Organisationsverhältnis der Anleger untereinander darstelle. Bei Vorliegen der Voraussetzungen der Prospekthaftung stünden im Zweifel allen Anlegern eines geschlossenen Fonds gleichermaßen Ansprüche zu. Könnten Anleger die Fondsgesellschaft auf Schadensersatz in Anspruch

588 *Gebauer*, in: Kümpel/Hammen/Ekkenga, Kapitalmarktrecht, Band 1, Loseblatt, Stand 4/01, Kapitel 100, S. 66; *Hamann*, in: Schäfer, WpHG etc., 1999, §§ 45, 46 a.F. BörsG (Stand: Vor dem 3. FMFG) Rn. 38.

589 *Assmann*, in: Assmann/Schütze, 1997, § 7 Rn. 205; *Zimmer/Binder*, WM 2005, S. 577; dagegen gibt es auch verschiedene Ansätze in der Literatur, die versuchen, auch im Rahmen der spezialgesetzlichen Prospekthaftung zu einer partiellen Verantwortlichkeit für den Prospekt zu gelangen, z.B. *Groß*, Kapitalmarktrecht, 2002, §§ 45, 46 Rn. 21; *Bosch*, ZHR 163 (1999), S. 274, 284, dazu in den nachfolgenden Abschnitten mehr.

590 *Schwark*, in: Verhandlungen des 64. DJT, 2002, Band II/2, S. P 108, P 111.

591 *Heidelbach*, in: Schwark, Kapitalmarktrechts-Kommentar, 2004, § 13 VerkProspG Rn. 5 (zum § 13 VerkProspG a.F.).

nehmen, richteten sich diese Ansprüche im Ergebnis gegen die Gesamtheit der Geschädigten;[592] dies empfand die Rechtsprechung als nicht zweckmäßig.

Fraglich ist infolgedessen, ob nach neuer Rechtslage die Gruppe der Prospektverantwortlichen um die Fondsgesellschaft erweitert wird, wenn diese als Emittent der Vermögensanlage agiert. Der Wortlaut des § 44 Abs. 1 Satz 1 Nr. 1 BörsG spricht dafür und gemäß § 13 Abs. 1 VerkProspG ist die börsenrechtliche Vorschrift auch uneingeschränkt auf geschlossene Fonds anwendbar. Fraglich ist dennoch, ob die „nur" analoge Anwendung des § 44 Abs. 1 Satz 1 Nr. 1 BörsG gegebenenfalls eine Anpassung an die Besonderheiten der Vermögensanlagen nach § 8f Abs. 1 VerkProspG zulässt.

Zunächst erscheint die Verpflichtung der Fondsgesellschaft zur Übernahme der Vermögensanlage fragwürdig. Eine solche Übernahme der Vermögensanlage ist strenggenommen in der entsprechenden Fallkonstellation nicht möglich, weil eine Personengesellschaft eigene Anteile nicht kennt und § 13 VerkProspG dementsprechend vom Anspruchsgegner etwas rechtlich Unmögliches verlangt.[593] Nach allgemeiner Ansicht findet hier aber eine großzügige Wortlautauslegung statt, so dass bei einer Inanspruchnahme der Anlagegesellschaft die Rechtsfolge des § 13 VerkProspG nur ein Austrittsrecht unter Rückgewähr der Einlage vorsieht, ohne dass eine Auseinandersetzung stattfinden muss.[594] Dadurch können diese personengesellschaftsrechtlichen Schwierigkeiten überwunden werden.

Einwände gegen die Prospekthaftung der Anlagegesellschaft wurden darüber hinaus jedoch bereits in den 70er Jahren laut, als der „Entwurf eines Gesetzes über den Vertrieb von Vermögensanlagen"[595] veröffentlicht wurde, dessen Ziel es war, den Anlegerschutz auf dem grauen Kapitalmarkt durch Einführung einer Prospektpflicht und -haftung zu verbessern.[596] Der Prospekthaftung sollten nach Maßgabe des § 7 RegE als Gesamtschuldner das für die Prospektaufstellung verantwortliche Unternehmen, die Mitglieder seines Vertretungsorgans sowie diejenigen, die gewerbsmäßig die Anteile im eigenen Namen verkaufen, unterliegen.[597] Die Parallele zu § 44 Abs. 1 Satz 1 BörsG ist unverkennbar; auch nach § 7 RegE sollte die Publikumspersonengesellschaft in die Haftung gezogen werden, wobei § 7 RegE im Gegensatz zu § 13 Abs. 1 VerkProspG i.V.m. § 44 Abs. 1 Satz 1 Nr. 1 BörsG die Anlagegesellschaft ausdrücklich als Haftungsadressat benannte, so dass diese sogar stets Anspruchsgegner eines Prospekthaftungsanspruches sein sollte. *Ulmer/Dopfer* mahnten, dass die Einbeziehung der Publikumspersonengesellschaft eine Vielzahl gesellschaftsrechtlicher Probleme

592 *BGHZ* 63, S. 338 ff.; *Assmann*, in: Assmann/Schütze, 1997, § 7 Rn. 103.
593 Vgl. *Ziegler*, DStR 2005, S. 30, 32.
594 *Ulmer/Dopfer*, BB 1978, S. 461, 464; *Ziegler*, DStR 2005, S. 30, 33.
595 *BegrRegE*, BT-Drs. 8/1405, S. 1 ff.
596 *BegrRegE*, BT-Drs. 8/1405, S. 1.
597 *BegrRegE*, BT-Drs. 8/1405, S. 1, 6.

aufwerfe;[598] durch die Einführung einer spezialgesetzlichen Prospekthaftung für geschlossene Fonds wurde diese Diskussion wieder neu entfacht. Im Fokus der Erörterung stehen die Grundsätze der Anlegergleichbehandlung und des Gläubigerschutzes.

Ein wesentlicher Grundsatz des Gesellschaftsrechts ist die Gleichbehandlung der sich in gleicher Lage befindenden Anleger.[599] In der Regel wird sich die Masse der Anleger bei einem prospektpflichtigen Erwerb von Gesellschaftsanteilen in gleicher Lage befinden, so dass regelmäßig jeder von ihnen im Falle eines wesentlichen Prospektmangels im Sinne des § 13 VerkProspG einen Anspruch aus § 13 Abs. 1 VerkProspG i.V.m. §§ 44 ff. BörsG hat. Normalerweise wird ein Gesellschafterausgleich in Fällen dieser Art durch die in §§ 730 ff., 738 BGB zugrunde gelegte Erstellung einer Auseinandersetzungs- oder Abfindungsbilanz und die Errechnung der dem einzelnen Gesellschafter bei der Auseinandersetzung oder bei seinem Ausscheiden zustehenden Ansprüche bzw. der auf ihn entfallenen Fehlbeträge (§ 739 BGB) erreicht. Danach hat der ausgeschiedene Gesellschafter gerade keinen Anspruch auf Rückzahlung seiner Einlage, sondern kann nur Zahlung des Wertes seines Anteils an dem im Zeitpunkt des Ausscheidens verbliebenen Gesellschaftsvermögen verlangen. Rechtsfolge des Prospekthaftungsanspruchs ist hingegen gerade die Pflicht des Haftungsadressaten zur Übernahme der Vermögensanlage gegen Erstattung des Erwerbspreises und damit verbunden also die Rückzahlung der Einlage. Wird indessen die Fondsgesellschaft auf Schadensersatz von jedem geschädigten Anleger in Anspruch genommen, kann aus dem verbliebenen Gesellschaftsvermögen bei positiver Betrachtung höchstens die Hälfte der Anleger befriedigt werden.[600] Folge ist dann ein Wettrennen der Anleger um die Rückforderung der Einlagen, und es könnten sich diejenigen Anleger aus dem gemeinsamen Vermögen vorrangig befriedigen, die am raschesten einen Titel gegen die Gesellschaft erlangt haben.[601] Die Möglichkeit der Inanspruchnahme der Anlagegesellschaft gibt deshalb bereits vor dem Hintergrund des Grundsatzes der Anlegergleichbehandlung Anlass zur Besorgnis.[602]

598 *Ulmer/Dopfer*, BB 1978, S. 461, 463.

599 Vgl. hierzu *Ulmer/Dopfer*, BB 1978, S. 461, 464 m.w.N. Der *BGH* hat so die Verurteilung des einer Massen-KG beigetretenen Kommanditisten zur Zahlung der Einlage bestätigt, obwohl dieser inzwischen den Beitritt wegen arglistiger Täuschung angefochten hatte. Tragender Grund für die Entscheidung war, dass durch die Zahlung nicht die Fortführung des gemeinsamen Unternehmen ermöglicht, sondern die eingetretenen Vermögensverluste auf die rund 30 durch die Täuschung geworbenen Kommanditisten gleichmäßig verteilt und untereinander ausgeglichen werden sollten, *BGHZ* 26, S. 330, 336.

600 Zum Ganzen *Ulmer/Dopfer*, BB 1978, S. 461, 464; *Ziegler*, DStR 2005, S. 30, 32.

601 *Eyles*, in: Vortmann, Prospekthaftung und Anlageberatung, 2000, § 2 Rn. 38.

602 *Baums* sieht hierin zumindest im Kapitalgesellschaftsrecht keinen Einwand gegen eine Haftung, sondern ein Plädoyer dafür, gegebenenfalls rechtzeitig einen Insolvenzantrag zu

Daneben besteht der Grundsatz des Gläubigerschutzes. Die Kapitalgeber sollen den Gläubigern gegenüber nachrangig behandelt werden.[603] Es wird teilweise bemängelt, dass die Prospekthaftung in Gestalt einer Übernahme der Anteile gegen Rückzahlung des Erwerbspreises die Kapitalgrundlage der Anlagegesellschaft zum Nachteil der Gläubiger gefährde, und so dem Anlegerschutz vor dem Gläubigerschutz der Vorrang eingeräumt werde.[604] Dem Anleger wird ein Ausscheiden aus der Gesellschaft ohne Auseinandersetzung im Sinne von § 161 Abs. 2, § 105 Abs. 3 HGB, § 738 BGB ermöglicht. Diese Regelungen bestimmen aber gerade, dass bei einem Ausscheiden beispielsweise durch eine Kündigung zunächst die Gesamthandsverbindlichkeiten zu tilgen sind, also die Gläubiger zuerst befriedigt werden sollen. Der Vorrang des Gläubigerschutzes ist sachgerecht, weil Mitunternehmer der Gesellschaft prinzipiell näher stehen als die Gläubiger, „da sie mit ihr nicht in Austauschbeziehung treten, sondern in der nicht selten spekulativen Hoffnung auf ein positives Geschäftsergebnis ihr Kapital einbringen und zugleich das Risiko eines Fehlschlags in Kauf nehmen".[605] Anleger einer Publikumsgesellschaft sind im Ergebnis Gesamthänder und Mitunternehmer, grundsätzlich müssen für sie also dieselben Regeln gelten. Zwar fungiert die Publikumspersonengesellschaft lediglich als Gerüst, um eine Vielzahl von einzelnen Kapitalanlegern zu organisieren und einheitlichen Regeln zu unterwerfen oder um eine bestimmte Kapitalanlageform steuerlich rentabler zu gestalten, so dass bei Publikumspersonengesellschaften die Anleger eine größere Distanz zum gemeinsamen Unternehmen und eine geringere Einflussmöglichkeit haben.[606] Andererseits bestehen Anleger regelmäßig vor allem aus steuerlichen Motiven gerade darauf, „Mitunternehmer" zu sein. Die Anleger machen sich die Stellung als Mitunternehmer bewusst zu Eigen, konsequenterweise müssen sie auch zumindest im Verhältnis zu den Gläubigern der Gesellschaft mit allen Vor- und Nachteilen als solche behandelt werden.

Vor dem Hintergrund des Gläubigerschutzes muss allerdings auch die Regelung in § 172 Abs. 4 HGB Beachtung finden. Theoretisch gewährt der Prospekthaftungsanspruch dem Anleger zwar die Rückgewähr der Einlage, im Regelfall ist die Fondsgesellschaft aber als Publikums-KG ausgestaltet. Macht der Anleger dann Ansprüche aus Prospekthaftung gegen die Fondsgesellschaft selbst geltend und erhält von der Fondsgesellschaft seine Einlage zurück, so müsste bei uneingeschränkter Anwendung der § 171 Abs. 1, 172 Abs. 4 HGB seine Haf-

---

stellen, der dann zu einer anteiligen Verteilung des Vermögens führt, ZHR 167 (2003), S. 139, 167.

603 *Ulmer/Dopfer*, BB 1978, S. 46, 463.

604 *Ziegler*, DStR 2005, S. 30, 33; *Ziegler*, NZG 2005, S. 301 ff.

605 *Ulmer/Dopfer*, BB 1978, S. 461, 463.

606 *Eyles*, in: Vortmann, Prospekthaftung und Anlageberatung, 2000, § 2 Rn. 38; *Ulmer/Dopfer*, BB 1978, S. 461, 463.

tung gegenüber den Gläubigern bis zur Höhe seiner Einlage wieder aufleben.[607] Für Anleger entstünde dadurch eine unbefriedigende Situation, denn es würden ihnen mit der Erweiterung der Gruppe der Prospektverantwortlichen um die Fondsgesellschaft im Ergebnis „nur Steine statt Brot" gewährt,[608] da sie infolge der Einlagenrückzahlung wieder voll in die Kommanditistenhaftung kämen. Vor dem Hintergrund des Anlegerschutzes ist deshalb anzunehmen, dass die Rechtsprechung hier – in paralleler Ausgestaltung zur börsenrechtlichen Prospekthaftung[609] – ein Spezialitätsverhältnis annehmen wird und § 172 Abs. 4 HGB hinter den Regeln der Prospekthaftung zurücktritt. Mit dem Grundsatz des Gläubigerschutzes würde infolgedessen gebrochen.

Die Einbeziehung der Fondsgesellschaft in den Kreis der Haftungsadressaten wirft im Ergebnis also eine Vielzahl gesellschaftsrechtlicher Probleme auf. Ausgangspunkt der Untersuchung war, ob die „nur" analoge Anwendung des § 44 Abs. 1 Satz 1 Nr. 1 BörsG eine Anpassung der börsengesetzlichen Regelungen an die Besonderheiten der Vermögensanlagen im Sinne des § 8f Abs. 1 VerkProspG erlaubt. Das Spannungsverhältnis mit gesellschaftsrechtlichen Grundsätzen resultiert aber gerade nicht aus den Besonderheiten der Vermögensanlagen im Sinne des § 8f Abs. 1 VerkProspG. Für Aktiengesellschaften ergeben

---

607 Gemäß § 172 Abs. 4 Satz 1 HGB gilt die Einlage dem Gläubiger als nicht geleistet, soweit sie dem Kommanditisten zurückgezahlt wird. Da Gläubiger aber im Zweifel Ansprüche in einer Vielzahl von Prozessen durchsetzen müssten, läge auch bei Anwendung des § 172 Abs. 4 HGB eine erhebliche Schwächung des Gläubigerschutzes vor.

608 *Ulmer/Dopfer*, BB 1978, S. 461, 464.

609 Die Rechtsfolge ist – angepasst an die Besonderheiten der Anlageform – nahezu identisch, und auch für Aktiengesellschaften ergeben sich offenkundig Schwierigkeiten einer Vereinbarkeit von Einlagenrückgewähr mit den §§ 71, 57 Abs. 1 AktG. Die Regelungen des AktG gehen allerdings weiter als das Personengesellschaftsrecht, indem ein „Verbot" der Einlagenrückgewähr besteht. Es existiert also keine mit § 172 Abs. 4 HGB identische Regelung, die ein Aufleben der Haftung des Anlegers bestimmt. Teile der Literatur sehen in der Rechtsfolge der börsenrechtlichen Prospekthaftung deshalb vorliegend einen Bruch mit gesellschaftsrechtlichen Grundsätzen. Die Rechtsprechung hingegen entschied zugunsten des Anlegerschutzes, dass die börsenrechtlichen Prospekthaftungsregeln den §§ 71, 57 Abs. 1 AktG vorgehen, so dass im Falle eines Prospekthaftungsanspruches eine Einlagenrückgewähr möglich ist. Bei geschlossenen Fonds, speziell bei der Publikums-KG, existiert kein „Verbot" der Einlagenrückgewähr. Eine solche ist grundsätzlich möglich, allerdings unter Aufleben der Haftung des Anlegers. Im Grunde genommen besteht deshalb dogmatisch keine Notwendigkeit, ein Spezialitätsverhältnis anzunehmen, denn die Rechtsfolge der Prospekthaftung nach § 13 VerkProspG ist theoretisch durchführbar. Bei der Aktiengesellschaft sind die Anleger aber mangels Regelung wie in § 172 Abs. 4 HGB wesentlich besser geschützt. In der Konsequenz eines Gleichlaufs der spezialgesetzlichen Prospekthaftungsregeln wäre somit davon auszugehen, dass die Rechtsprechung auch bei der verkaufsprospektrechtlichen Prospekthaftung auf Kosten des Gläubigerschutzes ein Spezialitätsverhältnis annehmen wird, so dass § 172 Abs. 4 HGB hinter der Prospekthaftung zurücktreten würde.

sich schließlich die gleichen Schwierigkeiten der Vereinbarkeit von Einlagenrückgewähr mit den §§ 71, 57 Abs. 1 AktG. Die Regelungen des AktG gehen sogar noch weiter als das Personengesellschaftsrecht, indem von vornherein ein „Verbot" der Einlagenrückgewähr besteht. Teile der Literatur sehen deshalb in der Rechtsfolge der börsenrechtlichen Prospekthaftung einen Bruch mit gesellschaftsrechtlichen Grundsätzen, weil die Rechtsprechung zugunsten des Anlegerschutzes entschied, dass die börsenrechtlichen Prospekthaftungsregeln den §§ 71, 57 Abs. 1 AktG vorgehen, so dass im Falle eines Prospekthaftungsanspruches eine Einlagenrückgewähr möglich ist.

Da der Gesetzgeber mit Schaffung des Art. 2 AnSVG eine Vereinheitlichung der Prospektregelungen intendiert hat, ist § 44 Abs. 1 Satz 1 Nr. 1 BörsG damit über § 13 Abs. 1 VerkProspG uneingeschränkt auf geschlossene Fonds anwendbar. Ist die Fondsgesellschaft Emittent der Vermögensanlage und hat in dieser Funktion erkennbar nach außen die Verantwortung für den Prospekt übernommen, dann ist auch die Fondsgesellschaft derzeit dem Kreis der Haftungsadressaten der Prospekthaftung zugehörig.

bbb) Leistungsträger

Angepasst an das verkaufsprospektrechtliche Verfahren erfasst § 13 Abs. 1 VerkProspG i.V.m. § 44 Abs. 1 Satz 1 Nr. 1 BörsG sachlich auch die Personen, die in der bürgerlich-rechtlichen Prospekthaftung i.e.S. als so genannte Leistungsträger bekannt sind,[610] so dass zur Identifikation der Prospektverantwortlichen in diesem Sinne die ausgiebige und verfestigte Rechtsprechung zu den Leistungsträgern bei geschlossenen Fonds herangezogen werden kann.[611] Haftungsadressaten sind mithin vor allem die Initiatoren, Gründer und Gestalter des Projekts, die das Management bilden oder beherrschen; aber auch ein Treuhandkommanditist, über den die Anleger an der Publikumspersonengesellschaft beteiligt sind, wenn dieser an den Verhandlungen über den Beitritt zumindest mittelbar selbst beteiligt war und er zu dem Kreis der Personen gehört, die hinter der Gründung der Gesellschaft stehen, darüber hinaus gegebenenfalls auch Banken, wenn sie Treuhandkommanditisten und/oder Mitherausgeber des Prospekts sind. Durch die Formulierung in § 44 Abs. 1 Satz 1 Nr. 1 BörsG (Prospekterlasser) besteht im Rahmen der Prospekthaftung die Möglichkeit, sachgerecht über den Anbieter hinaus auch die Gruppe der Leistungsträger mit in den Haftungsadressatenkreis einzubeziehen.

---

610 Leistungsträger sind alle diejenigen, die den Prospekt herausgeben und dafür Verantwortung tragen, vgl. Zweites Kapitel II. 1. a).

611 *Fleischer*, BKR 2004, S. 339, 344.

ccc) § 3 VermVerkProspV

Neben Anbietern und den Leistungsträgern haften all diejenigen, die durch ihre Unterschrift im Prospekt ausdrücklich im Sinne von § 3 VermVerkProspV die Haftung für seine Richtigkeit und Vollständigkeit übernommen haben.[612] § 3 VermVerkProspV ist § 3 VerkProspV a.F. und § 14 BörsZulV a.F. nachgebildet. Als Haftungsadressat kommt grundsätzlich jedermann in Betracht, der sich in die Verantwortung bringen will bzw. aufgrund von vertraglichen Bindungen mit dem Emittenten bringen muss. Beispielhaft werden in Börsenzulassungsprospekten in der Regel die Konsortialmitglieder gemäß § 14 BörsZulV a.F. benannt.[613] Entscheidend für eine mögliche diesbezügliche Verpflichtung ist insoweit die Regelung im Übernahmevertrag zwischen dem Konsortium und dem Emittenten bzw. im Konsortialvertrag zwischen den Konsortialbanken.

Für § 14 BörsZulV a.F. und § 3 VerkProspV a.F. war anerkannt, dass die Personen oder Gesellschaften, die eine Erklärung in ihrem Sinne abgegeben und das durch ihre Unterschrift unter den Prospekt nach außen erkennbar gemacht haben, die Verantwortung für den gesamten Inhalt des Prospekts übernehmen.[614] § 3 VermVerkProspV hat demgegenüber eine Erweiterung erfahren, indem er regelt, dass der Verkaufsprospekt für Vermögensanlagen im Sinne des § 8f Abs. 1 VerkProspG bestimmte Angaben über diejenigen Personen oder Gesellschaften enthalten muss, die für seinen Inhalt insgesamt *oder für bestimmte Angaben* die Verantwortung übernehmen. Genauso spricht § 8g Abs. 2 Nr. 1 VerkProspG speziell die Möglichkeit an, nur für bestimmte Angaben die Verantwortung zu übernehmen. Die Regierungsbegründung enthält keine Aussage zu dieser Neuregelung. Der Wortlaut der Normen lässt jedoch eindeutig die Möglichkeit einer Teilverantwortung zu. Es stellt sich damit die Frage, ob der Gesetzgeber bei Verkaufsprospekten, die für Vermögensanlagen im Sinne des § 8f Abs. 1 VerkProspG erstellt werden, von dem in der spezialgesetzlichen Prospekthaftung jahrelang einzig und allein anerkannten Grundsatz der Gesamtver-

---

612 *Moritz/Grimm*, BB 2005, S. 337, 339.

613 Wertpapieremissionen werden regelmäßig nicht über ein einziges Institut, sondern über ein Bankenkonsortium begeben, das die Emission auch übernimmt. Konsortien sind Gelegenheitsgesellschaften im Sinne des § 705 BGB mit unterschiedlicher Ausgestaltung. Bei internationalen Emissionen finden sich häufig Konstellationen, bei denen die führende Konsortialbank die Emission übernimmt und alsbald Teile an die anderen Banken weiterverkauft. Das hat zu Unklarheiten in der Frage der Prospekthaftungsverantwortlichkeit geführt. Durch die Unterzeichnung (im Sinne von § 14 BörsZulV a.F.) machen auch die anderen Konsortialmitglieder nach außen ihre Übernahme der Prospektverantwortung deutlich. Sie gehören selbst dann zu den Prospektverantwortlichen, wenn sie an der Anfertigung oder Prüfung des Prospekts nicht mitgewirkt haben, vgl. *Schwark*, in: Schwark, Kapitalmarktrechts-Kommentar, 2004, § 45 BörsG Rn. 10.

614 *Schäfer*, ZIP 1987, S. 953, 958; *Schwark*, NJW 1987, S. 2041, 2044; *Assmann*, in: Assmann/Schütze, 1997, § 7 Rn. 202; *Gerber*, Prospekthaftung bei Wertpapieremissionen, 2001, S. 126.

antwortung für den Prospekt abgerückt ist und daneben nun eine partielle Verantwortlichkeit für den Prospektinhalt zulässt.[615] Voraussetzung wäre, dass der Begriff des „Vertrauens" innerhalb des § 44 Abs. 1 Satz 1 Nr. 1 BörsG im Lichte der §§ 14 BörsZulV a.F., 3 VerkProspV a.F. und § 3 VermVerkProspV ausgelegt wird.

Nach allgemeiner Ansicht stellten die § 14 BörsZulV a.F. und § 3 VerkProspV a.F. zwar selbst keine Haftungsnormen dar, sie schufen aber den Anknüpfungspunkt für die gesetzliche Prospekthaftung.[616] Da § 3 VermVerkProspV an diese Normen angelehnt ist, muss für ihn dasselbe gelten.[617] Daraus folgt, dass diejenigen, die die Verantwortung gemäß § 3 VermVerkProspV für den Verkaufsprospekt übernehmen, auch stets Prospektverantwortliche im Sinne von § 13 Abs. 1 VerkProspG i.V.m. § 44 Abs. 1 Satz 1 Nr. 1 BörsG sind.[618] Prospektverantwortlich in diesem Sinne sind bei Vermögensanlagen im Sinne des § 8f Abs. 1 VerkProspG damit auch diejenigen, die nur für Teile des Verkaufsprospekts die Verantwortung übernehmen, das folgt aus § 3 VermVerkProspV. Für die börsenrechtliche Prospekthaftung ist ebenfalls eine ähnliche Regelung mit § 44a BörsG-E im Entwurf vorhanden,[619] der eine Teilverantwortung für Prospekte einführen will, die der börsenrechtlichen Prospekthaftung unterliegen; dieser wurde bislang indessen nicht verabschiedet.[620] § 44a BörsG-E unterstreicht aber den Willen des Gesetzgebers, die generelle Möglichkeit einer prospektrechtlichen Teilhaftung einzuführen. § 44a BörsG-E führt eine Haftung von Dritten ein, die bei der Erstellung von Angaben in einem Prospekt mitgewirkt und hierfür im Prospekt ausdrücklich die Verantwortung übernommen haben. Insofern ist der § 44a BörsG-E enger als § 3 VermVerkProspV, weil das Erfordernis hinzukommt, dass der Dritte Anteil an der Erstellung des Prospekts bzw.

---

615 Im Ergebnis auch *Assmann*, AG 2004, S. 435, 445.

616 Zu den §§ 14 BörsZulV a.F., 3 VerkProspV a.F. vgl. *RegBegr.* BT-Drs. 13/8933, S. 78; *Gerber*, Prospekthaftung bei Wertpapieremissionen, 2001, S. 126 *Schäfer*, ZIP 1987, S. 953, 958; *Schwark*, NJW 1987, S. 2041, 2044; *Assmann*, in: Assmann/Schütze, 1997, § 7 Rn. 202.

617 So auch *Moritz/Grimm*, BB 2005, S. 337, 339.

618 *Moritz/Grimm*, BB 2005, S. 337, 339; nicht ausdrücklich, aber im Ergebnis auch *Assmann*, AG 2004, S. 435, 445.

619 Siehe Diskussionsentwurf eines Gesetzes zur Verbesserung der Haftung für falsche Kapitalmarktinformationen (KapInHaG) des *BMF*, NZG 2004, S. 1042, 1043 f.

620 Der Diskussionsentwurf des KapInHaG sieht einen neuen § 44a Abs. 1 BörsG vor, nach dem Dritte, die bei der Erstellung von falschen, in einem Prospekt enthaltenen Angaben mitgewirkt und dafür im Prospekt ausdrücklich die Verantwortung übernommen haben, hierfür haften sollen. Weiter sieht § 44a Abs. 2 BörsG-E eine Haftungsbeschränkung vor, wonach sich die Haftung der nach Abs. 1 Verantwortlichen auf einen Geldbetrag in Höhe von EUR 4.000.000 für einen Prospekt beschränken sollte. Vgl. ausführlich *Baums/Fischer*, FS-Drukarczyk, 2003, S. 38 ff.; *Zimmer/Binder*, WM 2005, S. 577 ff.; *Heukamp* ZHR 169 (2005), S. 471 ff.

bestimmter Angaben im Prospekt hat. Gemäß § 3 VermVerkProspV ist es jeder beliebigen Person oder Gesellschaft gestattet, durch die Kundgabe nach außen eine Haftung nur für bestimmte Teile im Prospekt zu übernehmen; ein Anteil an der Prospektgestaltung wird hiernach gerade nicht gefordert. Auf den § 44a BörsG-E soll nicht näher eingegangen werden; hervorzuheben ist aber die Erkenntnis, dass der Gesetzgeber nicht zwingend gewillt ist, an dem Prinzip der Gesamtverantwortung festzuhalten; ein gesetzgeberisches Versehen ist in § 3 VermVerkProspV demzufolge auszuschließen.

ddd) Sonderproblem: Berufliche Sachkenner

Seit dem 1. Juli 2005 sind in Verkaufsprospekten von geschlossenen Fonds gemäß § 11 VermVerkProspV die Namen der Abschlussprüfer, die den Jahresabschluss des Emittenten geprüft haben, sowie der Bestätigungsvermerk einschließlich zusätzlicher Bemerkungen in den Prospekt aufzunehmen. Daneben muss der Verkaufsprospekt den Namen der Person oder Gesellschaft angeben, die ein Bewertungsgutachten für das Anlageobjekt erstellt hat, § 9 Abs. 2 Nr. 7 VermVerkProspV. Fraglich ist, ob diese Personen oder Gesellschaften und andere berufliche Sachkenner, die mit eigenen Aussagen in einem Verkaufsprospekt nach außen in Erscheinung treten, die Verantwortung im Sinne von § 13 VerkProspG i.V.m. § 44 Abs. 1 Satz 1 Nr. 1 BörsG für den Prospekt übernehmen und damit zu den Haftungsadressaten zählen. Für eine Einbeziehung in den Kreis der Prospektverantwortlichen ließe sich immerhin anführen, dass Teile der Prospektangaben von ihnen geprüft oder überprüft wurden und sie namentlich im Prospekt genannt werden.

Diese Frage ist der grundsätzlichen Diskussion um eine prospektbezogene Expertenhaftung zuzuordnen. Experten (oder berufliche Sachkenner[621]) in diesem Sinne sind insbesondere Steuerberater, Wirtschaftsprüfer, Rechtsanwälte, Notare, Gutachter, Sachverständige und Kreditinstitute, wobei im Fokus Wirtschafts- bzw. Abschlussprüfer stehen, weil diese – wie gerade aufgezeigt – in Verkaufsprospekten namentlich aufgeführt sein *müssen*.[622] Prospektaussagen sonstiger namentlich bezeichneter oder anders identifizierbarer Experten sind in Wertpapierverkaufsprospekten immer noch relativ selten,[623] und eine Auseinandersetzung mit der prospektbezogenen Expertenhaftung ist bislang nur in diesem Bereich erforderlich gewesen; die bürgerlich-rechtliche Prospekthaftung i.e.S. räumt den Anlegern eine Haftung beruflicher Sachkenner ein, wenn diese als Garant für die Richtigkeit und Vollständigkeit ihrer Informationen einzuste-

---

621 *Assmann*, AG 2004, S. 435, 438.

622 Vgl. für die verkaufsprospektrechtliche Prospekthaftung § 11 VermVerkProspV.

623 Die Internationalisierung des Emissionsgeschäfts wird aber aller Voraussicht nach dazu führen, dass dieses Phänomen auch in Deutschland eine bedeutendere Rolle spielen wird, vgl. *Bosch*, ZHR 163 (1999), S. 274, 282.

hen haben; die Prospektverantwortlichkeit im Rahmen der bürgerlich-rechtlichen Prospekthaftung folgt nämlich dem Prinzip der *partiellen Verantwortlichkeit* für den Prospektinhalt.[624]

Experten spielten bisher in gesetzlich nicht vorgeschriebenen Prospekten des grauen Kapitalmarkts eine größere Rolle. Durch die Werbung mit einer Prospektprüfung wurde gezielt das Vertrauen der Anleger in die Kapitalanlage verstärkt, damit eine Platzierung leichter fällt.[625] *Hopt* unterstreicht den Werbeeffekt mit treffenden Beispielen wie einer fortlaufenden Warnung des selbst ernannten „Insider-Reports des freien Kapitalmarktes für Anlageberater, Banken, Initiatoren und Anleger" *kapital-markt intern* vor dem Erwerb *ungeprüfter Anlagen*.[626] Mit Einführung der spezialgesetzlichen Prospekthaftung für Vermögensanlagen im Sinne von § 8f Abs. 1 VerkProspG und damit für den Großteil der Anlagen des grauen Kapitalmarktes wird die prospektbezogene Expertenhaftung insgesamt wieder mehr Aufmerksamkeit erlangen. Insbesondere weil sie mittlerweile innerhalb der bürgerlich-rechtlichen Prospekthaftung i.e.S. Gegenstand ständiger Rechtsprechung geworden ist,[627] während die Rechtslage für Vermögensanlagen, die der spezialgesetzlichen Prospekthaftung unterliegen, indes unklar ist.

Die Schwierigkeiten einer Dritthaftung von Experten stellen sich wie folgt dar: Verletzen Personen mit beruflicher Sachkunde bei einem Auftrag schuldhaft die ihnen obliegenden vertraglichen Pflichten, so haften sie dem Vertragspartner gegenüber aus dem Auftragsverhältnis für entstandene Schäden. Ob darüber hinaus eine Haftung bestehen kann, wenn durch fehlerhafte Auskünfte oder falsche Expertisen nicht (nur) der Vertragspartner, sondern ein Dritter geschädigt wird, ist zweifelhaft.[628] Mit Blick auf die gesetzlichen Regelungen, insbesondere auch das Bürgerliche Gesetzbuch, wird deutlich, dass sich der Gesetzgeber bewusst bei der Expertenhaftung gegenüber Dritten in Zurückhaltung geübt hat. Dies resultiert aus dem Grundsatz, dass derjenige, der seinen geschäftlichen Dispositionen fremdes Expertenwissen zugrunde legt, ohne zu dem Experten in unmittelbaren vertraglichen Beziehungen zu stehen, das Risiko eines dadurch begründeten Vermögensschadens selbst tragen muss.[629] Ausdrücklich gesetzlich angeordnet wird eine derartige Dritthaftung nur bei Pflichtprüfungen von Abschlussprüfern nach § 323 HGB. Hierbei haftet der Abschlussprüfer nicht nur gegenüber der zu prüfenden Gesellschaft, sondern auch gegenüber mit diesen verbundenen Unternehmen, § 323 Abs. 1 Satz 3 HGB. Im Übrigen ist

624 *Ochs*, Prospekthaftungstheorie, 2005, S. 171.

625 *Hopt*, in: FS-Pleyer, 1986, S. 341, 354; *Zimmer/Binder*, WM 2005, S. 577, 578.

626 *Hopt*, in: FS-Pleyer, 1986, S. 341, 354 FN 68.

627 Vgl. *Bosch*, ZHR 163 (1999), S. 274, 280.

628 *Arnold*, DStR 2001, S. 488.

629 Vgl. *Schneider*, ZHR 163 (1999), S. 246, 249.

zweifelhaft, auf welcher Grundlage sich eine Haftung ergeben kann.[630] Zunächst ist mithin die zu Beginn gestellte Frage wieder aufzugreifen, ob bzw. inwieweit § 13 Abs. 1 VerkProspG i.V.m. § 44 Abs. 1 Satz 1 Nr. 1 BörsG berufliche Sachkenner, die mit eigenen Aussagen in einem Prospekt nach außen in Erscheinung treten, in die Haftungsverantwortung zieht.

In der Regel umfasst ein gutachterliches Werturteil nicht den gesamten Prospektinhalt, Äußerungen beschränken sich auf bestimmte Angaben, und es besteht eine Pflicht zur Neutralität (vgl. für Abschlussprüfer § 323 Abs. 1 Satz 1 HGB).[631] Um eine prospektbezogene Expertenhaftung gegenüber Dritten nicht ausufern zu lassen, kann ihre Haftung im Ergebnis nur so weit reichen, wie die Angaben dem einzelnen Berater zugerechnet werden können.[632] Von einer Gesamtverantwortung für den Prospekt ist deshalb schon von vornherein abzusehen. *Bosch* und *Groß* befürworten deshalb zur Begründung einer Expertenhaftung nach § 13 VerkProspG[633] i.V.m. § 44 Abs. 1 Satz 1 Abs. 1 BörsG, den Begriff des Prospektverantwortlichen auszudehnen.[634] Beide knüpfen somit an die Formulierung des § 44 Abs. 1 Satz 1 Nr. 1 BörsG an. Die Verantwortung in diesem Sinne solle sich auf jene ausdehnen, von denen nur Teile des Prospekts stammen, wobei sich deren Verantwortlichkeit dann aber auch auf diese Teile beschränken müsse.[635] Dies sei – so *Groß* – zum Beispiel in Bezug auf den Wirtschaftsprüfer gerechtfertigt, da die wortwörtliche Wiedergabe der Bestätigungsvermerke im Prospekt beim Anlegerpublikum Vertrauen in die Richtigkeit und Vollständigkeit der Zahlen schaffe sowie darauf, dass der jeweilige Jahresabschluss „ein den tatsächlichen Verhältnissen entsprechendes Bild der Vermögens-, Finanz- und Ertragslage des Unternehmens oder Konzerns vermittelt".[636] Diesem Ansatz wurde bisher von der herrschenden Ansicht entgegengehalten, dass die Börsenprospekthaftung (und damit auch die Prospekthaftung nach § 13 VerkProspG a.F., weil diese auf die §§ 44 ff. BörsG verwies) als gesamtschuldnerische umfassende Haftung derjenigen, die Verantwortung für den gesamten Prospekt übernähmen, ausgestaltet sei.[637]

Wie zuvor dargestellt folgt aus dem neuen § 3 VermVerkProspV allerdings, dass im Unterschied zur börsenrechtlichen Prospekthaftung bei Verkaufsprospekten für Vermögensanlagen im Sinne von § 8f Abs. 1 VerkProspG nun grund-

630 Vgl. ausführlich *Arnold*, DStR 2001, S. 488 ff.

631 Dazu auch *Assmann*, in: Assmann/Schütze, 1997, § 7 Rn. 67; *Weimann*, Prospekthaftung, 1998, § 6 Rn. 38.

632 *BGH* BB 2000, S. 1853.

633 Noch in der Fassung vor dem 1.7.2005.

634 *Bosch*, ZHR 163 (1999), S. 274, 282; *Groß*, Kapitalmarktrecht, 2006, §§ 44, 45 BörsG Rn. 36 f.

635 *Bosch*, ZHR 163 (1999), S. 274, 282.

636 *Groß*, Kapitalmarktrecht, 2006, §§ 44, 45 BörsG Rn. 37.

637 Für alle *Assmann*, in: Assmann/Schütze, 1997, § 7 Rn. 205; *Zimmer/Binder*, WM 2005, S. 577 m.w.N.

sätzlich die Möglichkeit besteht, ausdrücklich nur für Teile des Prospekts die Verantwortung zu übernehmen, und dass diese Teilverantwortlichkeit auch zu einer Haftung gemäß § 13 Abs. 1 VerkProspG i.V.m. § 44 Abs. 1 Satz 1 Nr. 1 BörsG führen kann. Zu bedenken ist hierbei jedoch, dass auch diese partielle Haftung nur dann greift, wenn eine Person oder Gesellschaft für bestimmte Angaben des Prospekts die Verantwortung auch tatsächlich durch entsprechende ausdrückliche Prospekterklärung übernimmt.[638] Erfolgt dies nicht, scheidet auch eine Haftung nach § 13 Abs. 1 VerkProspG i.V.m. § 44 Abs. 1 Satz 1 Nr. 1 BörsG aus. Damit ist zwar grundsätzlich eine teilweise Verantwortungsübernahme für den Prospektinhalt nicht von vornherein ausgeschlossen. Eine solche entspricht aber in der Regel nicht der der Intention von Wirtschaftsprüfern und anderen beruflichen Sachkennern.[639] Im Ergebnis wurde also auch durch die erweiterte Regelung des § 3 VermVerkProspV keine Prospekthaftung speziell für berufliche Sachkenner eingeführt, die sich mit der Garantenhaftung im Sinne der bürgerlich-rechtlichen Prospekthaftung vergleichen ließe. Ein „Experte" unterliegt damit entweder nur dann der Prospekthaftung im Sinne des § 13 Abs. 1 VerkProspG i.V.m. § 44 Abs. 1 Abs. 1 Nr. 1 BörsG, wenn er die Verantwortung ausdrücklich im Sinne von § 3 VermVerkProspV übernimmt, oder wenn er seine berufliche Rolle in der Form überschreitet, dass er als Prospekt-Erlasser im Sinne von § 44 Abs. 1 BörsG angesehen werden kann. Letzteres wird aufgrund der in der Regel erforderlichen Neutralität eher unwahrscheinlich sein.

bb) § 44 Abs. 1 Satz 1 Nr. 2 BörsG

Gemäß § 13 Abs. 1 VerkProspG i.V.m. § 44 Abs. 1 Satz 1 *Nr. 2* BörsG haften daneben diejenigen, von denen der Erlass des Prospektes ausgeht, mithin die Prospekt-Veranlasser. Der Verkaufsprospekt geht von den Gesellschaften oder Personen aus, die hinter den eigentlichen Erlassern stehen und so die eigentlichen Urheber des Prospekts sind.[640] Für die Haftung kommt es nicht darauf an, ob diese Personen oder Gesellschaften nach außen in Erscheinung treten.[641] Die Einführung einer Prospektveranlasser-Haftung sollte eine Unterscheidung zwischen denjenigen, die durch ihre Unterschrift formell die Verantwortung übernehmen, also den Prospekt-Erlassern, aber vielleicht illiquide sind, und denen, die den Prospekt tatsächlich veranlasst haben und oft liquide sind, vermeiden.[642] Erforderlich ist daher, dass der Prospekt-Veranlasser im Sinne der Nummer 2 faktisch eine dem Erlasser im Sinne der Nummer 1 vergleichbare Stellung hat,

638 So auch *Assmann*, AG 2004, S. 434, 445.

639 *Assmann*, in: Assmann/Schütze, 1997, § 7 Rn. 203, 205; *Assmann*, AG 2004, S. 435, 448.

640 *Hamann*, in: Schäfer, WpHG etc., 1999, §§ 45, 46 a.F. BörsG (Fassung vor dem 3. FMFG) Rn. 42.

641 *Gerber*, Prospekthaftung bei Wertpapieremissionen, 2001, S. 128.

642 *Hamann*, in: Schäfer, WpHG etc., 1999, §§ 45, 46 a.F. BörsG (Fassung vor dem 3. FMFG) Rn. 42.

was sich z.B. durch ein eigenes geschäftliches Interesse an der Emission ausdrücken kann.[643] Die Urheberschaft durch bloße Lieferung von Material genügt damit nicht, worauf später noch zurückzukommen sein wird. Erfasst werden also die Personen, die hinter einer Publikums- oder Anlagegesellschaft stehen und auf ihre Geschäfte entscheidend Einfluss nehmen, Folge dessen die innerhalb der bürgerlich-rechtlichen Prospekthaftung i.e.S. so genannten Hintermänner.[644] Wie bei der bürgerlich-rechtlichen Prospekthaftung i.e.S. wird auch hier Anknüpfungspunkt für die Begründung einer Haftung ihr Einfluss auf die Gesellschaft bei der Initiierung des Projekts sein.[645]

Fraglich ist schließlich, ob gegebenenfalls über § 13 Abs. 1 VerkProspG i.V.m. § 44 Abs. 1 Satz 1 Nr. 2 BörsG eine Expertenhaftung begründet werden kann. Eine solche wäre von vornherein nur möglich, wenn man auf das Merkmal des eigenen geschäftlichen Interesses verzichtete, denn dieses wird bei beruflichen Sachkennern regelmäßig zu verneinen sein. Es gibt Stimmen in der Literatur, die keinen Anlass sehen, in den Wortlaut „von denjenigen, von denen der Erlass des Prospekts ausgeht" (§ 44 Abs. 1 Satz 1 Nr. 2 BörsG) ein besonderes persönliches Interesse hinein zu lesen.[646] Der Gesetzgeber hat sich aber ausdrücklich für ein solches Interesse ausgesprochen. In der Begründung des Regierungsentwurfs zum Dritten Finanzmarktförderungsgesetz über § 45 Abs. 1 BörsG (jetzt § 44 Abs. 1 BörsG) heißt es, dass das bloße Bereitstellen von unrichtigem oder unvollständigem Material für die Prospekterstellung nur zu einer Haftung führen soll, wenn ein eigenes geschäftliches Interesse an der Emission besteht.[647] Das Interesse an den Gebühren für die erbrachte Leistung reicht dafür aber nicht aus.[648] Wenn der Experte also seine jeweilige berufliche Rolle nicht überschreitet, ist er auch nicht als „tatsächlicher" oder „eigentlicher" Urheber des Prospekts zu qualifizieren, so dass er auch nicht Haftungsadressat gemäß § 44 Abs. 1 Satz 1 Nr. 2 BörsG ist.[649]

643 *Hüffer*, Das Wertpapier-Verkaufsprospektgesetz, 1996, S. 142; in Anlehnung insbesondere an *Schwark*, in: Schwark, Kapitalmarktrechts-Kommentar, 2004, § 45 BörsG Rn. 9; so auch *Groß*, in: Ebenroth/Boujong/Joost, Handelsgesetzbuch, 2001, §§ 45, 46 BörsG (Fassung vor dem 4. FMFG) Rn. IX 183.

644 So werden sie teilweise auch in der börsenrechtlichen Prospekthaftung genannt, vgl. *Gerber*, Prospekthaftung bei Wertpapieremissionen, 2001, S. 128; *Assmann*, AG 2004, S. 435, 437.

645 Zur bürgerlich-rechtlichen Prospekthaftung i.e.S. *BGHZ* 115, S. 213.

646 Vgl. *Schwark*, in: Verhandlungen des 64. DJT, 2002, Band II/2, S. P 108, P 111.

647 *BegrRegE*, BT-Drs. 13/8933, S. 78.

648 *Lenenbach*, Kapitalmarkt- und Börsenrecht, 2002, § 8 Rn. 8.95.

649 *Janert/Schuster*, BB 2005, S. 987, 991.

cc) Zwischenergebnis

Die Rechtsprechung zur bürgerlich-rechtlichen Prospekthaftung i.e.S. orientierte sich bei der Entwicklung der Haftungsadressaten stark an § 44 Abs. 1 Satz 1 Nr. 1 und 2 BörsG, so dass mit Einführung der spezialgesetzlichen Prospekthaftung für geschlossene Fonds nach § 13 VerkProspG, der schließlich auf § 44 BörsG verweist, Prospektverantwortliche nach wie vor dem 1. Juli 2005 die so genannten Leistungsträger und Hintermänner der Fondsgesellschaft sind. Haftungsadressaten sind nunmehr allerdings genau bestimmt als Prospekt-Erlasser und Prospekt-Veranlasser sowie Personen oder Gesellschaften, die im Sinne von § 3 VermVerkProspV ausdrücklich die Verantwortung für den Prospekt oder bestimmte Angaben übernommen haben. Die bürgerlich-rechtliche Prospekthaftung i.e.S. wurde vielfach dahingehend kritisiert, dass dem *BGH* mittels des Vertrauensbegriffs ein Instrument zur Verfügung stehe, mit dem sich nahezu jede Erweiterung des Kreises derer, die bei Fehlschlagen einer Kapitalanlage haften sollen, begründen ließe.[650] Durch § 44 Abs. 1 BörsG wurde für geschlossene Fonds nunmehr eine klare Regelung getroffen. Unbefriedigend ist, dass auch die Fondsgesellschaft dann Prospekt-Erlasser im Sinne der § 13 Abs. 1 VerkProspG i.V.m. § 44 Abs. 1 Satz 1 Nr. 1 BörsG ist, wenn sie Emittent der Vermögensanlage ist. Eine Inanspruchnahme der Fondsgesellschaft wurde den geschädigten Anlegern bei der bürgerlich-rechtlichen Prospekthaftung aus guten Gründen von vornherein versagt. Auf der anderen Seite wird damit einem Gleichlauf der Prospekthaftungstatbestände Rechnung getragen. Folge ist ein Spannungsverhältnis mit den gesellschaftsrechtlichen Grundsätzen der Anlegergleichbehandlung und des Gläubigerschutzes. Für den geschädigten Anleger positiv ist, dass der Haftungsadressatenkreis für die entsprechenden Fallkonstellationen erweitert wurde. Andererseits könnte als Schattenseite die Folge dessen ein Wettlauf der Anleger sein um die schnellstmögliche Geltendmachung von Prospekthaftungsansprüchen.

Auf der anderen Seite scheint es, dass Anlegern geschlossener Fonds mit der Einführung der spezialgesetzlichen Prospekthaftung auch Haftungsadressaten genommen und so Prospekthaftungsansprüche „geschmälert“ wurden. Die beruflichen Sachkenner bzw. all jene, die wegen ihrer besonderen beruflichen oder wirtschaftlichen Position und ihrer nach außen in Erscheinung tretenden Mitwirkung am Prospekt der bürgerlich-rechtlichen Prospekthaftung unterliegen, werden nun nicht mehr ohne weiteres vom Haftungstatbestand des § 13 VerkProspG erfasst. Es wird nochmals durch die Diskussion auf dem 64. Deutschen Juristentag, bei dem es konkret um die Fragestellung einer Neuregelung des Kapitalmarkt- und Börsenrechts im Interesse des Anlegerschutzes und zur Förderung des Finanzplatzes Deutschland ging, deutlich, dass § 13 Abs. 1 VerkProspG i.V.m. § 44 BörsG eine prospektbezogene Expertenhaftung in der hier

650 *Kiethe*, NZG 1999, S. 858, 860.

diskutierten Form nach ganz herrschender Ansicht nicht beinhaltet.[651] Entweder müssen Experten also ausdrücklich im Verkaufsprospekt im Sinne des § 3 VermVerkProspV die Verantwortung für ihre Angaben übernommen haben, was im Übrigen aber jeder Dritte tun darf, so dass die Haftungsübernahme genau genommen nichts mit der Haftung beruflicher Sachkenner zu tun hat, oder sie müssen ihre jeweilige berufliche Rolle überschreiten, so dass sie quasi den Status eines Urhebers erreichen. Ob eine Anspruchsschmälerung tatsächlich stattfindet oder andere Ansprüche gegen berufliche Sachkenner, insbesondere Ansprüche aus der bürgerlich-rechtlichen Prospekthaftung i.e.S., neben der Prospekthaftung nach § 13 VerkProspG in Betracht kommen und so die Lücke ausgeglichen wird, wird im Rahmen der Konkurrenzen noch zu klären sein.

b) Anspruchsberechtigter

Anspruchsinhaber ist der „Erwerber", sofern das Erwerbsgeschäft binnen sechs Monaten nach dem ersten öffentlichen Angebot im Inland abgeschlossen wurde, § 13 Abs. 1 Nr. 1 VerkProspG i.V.m. § 44 Abs. 1 Satz 1 BörsG. Für die Fristberechnung ist auf den Zeitpunkt des schuldrechtlichen Erwerbsgeschäfts abzustellen.[652] Dieses an den Erwerb anknüpfende Konzept bezieht auch eindeutig Zweit- und Dritterwerber in den Kreis der Anspruchsberechtigten ein.[653] Letzteres ist bei der bürgerlich-rechtlichen Prospekthaftung umstritten, höchstrichterlich nicht entschieden und damit ungeklärt, so dass durch die eindeutige gesetzliche Regelung nun endlich Rechtssicherheit geschaffen wurde.

---

651 *Fleischer*, Kapitalmarktrechtliches Teilgutachten F für den 64. DJT 2002, F 92. Die gesetzliche Regelung einer prospektbezogenen Expertenhaftung fand weitestgehend Zustimmung auf dem 64. DJT. *Schuster* hingegen war der Auffassung, die Expertenhaftung bei Prospekten werfe erhebliche Schwierigkeiten auf. Die Prospekterstellung sei ein interaktiver Prozess zwischen dem Emittenten, seinen Wirtschaftsprüfern, seinen Steuerberatern, seiner Investmentbank und/oder vielleicht noch anderen Beteiligten. Kaum jemals schreibe einer der Beteiligten einen ganz bestimmten Teil des Prospekts, für den er dann genau abgrenzbar die Haftung übernehmen könne. Wenn also beispielsweise die Emissionsbanken für einen bestimmten, von ihnen zu verantwortenden Teil des Prospekts haften sollte, die Wirtschaftsprüfer wiederum für den von ihnen zu verantwortenden Teil, vielleicht auch die Rechtsanwälte und Steuerberater für den steuerlichen Teil oder für Ausführungen zu Rechtsfragen, wie sie sich gelegentlich in Emissionsprospekten finden, werde jeder der Beteiligten seine Haftung im Prospekt beschränken wollen, indem er genau darlege, was er geprüft hat, welche Unterlagen ihm dabei vorlagen und in welchem Umfang ihm Auskünfte erteilt worden sind oder nicht. Ob eine derart aufgesplittete Expertenhaftung dem Interesse des Anlegers diene, sei zweifelhaft. Deshalb sei der bewährte Standard der Gesamtverantwortung des Emittenten und der Prospektveranlasser, zu denen auch Wirtschaftprüfer und Rechtsanwälte gehören können, zu bewahren, in: Verhandlungen des 64. DJT, 2002, Band II/2, P 133, 134.

652 *Groß*, Kapitalmarktrecht, 2002, §§ 45, 46 Rn. 40.

653 *Ziegler*, DStR 2005, S. 30, 31; *Fleischer*, BKR 2004, S. 339, 344.

Die mittlerweile durch den Gesetzgeber in § 44 Abs. 1 Satz 1 BörsG eingeführte Sechs-Monatsfrist hängt eng mit dem schon nach altem Recht[654] von Rechtsprechung und Lehre entwickelten erleichterten Kausalitätserfordernis zusammen. Hier musste noch *der Anspruchsteller* den Kausalitätsbeweis erbringen, dass er das Wertpapier *aufgrund* des Prospekts erworben hat.[655] Die Rechtsprechung stellte dabei allerdings schon zu der Zeit eine Kausalitätsvermutung zugunsten des Anlegers auf, die sich vor allem aus der durch einen Prospekt erzeugten „positiven Anlagestimmung" ergeben sollte, die den potentiellen Anleger zum Wertpapiererwerb veranlasste, auch ohne dass er den Prospekt selbst gelesen oder im Einzelnen gekannt hat.[656] Ein Zusammenhang zwischen einem Prospekt bzw. Unternehmensbericht und dem Kaufentschluss des Anlegers wurde von der Rechtsprechung für die Dauer der positiven Anlagestimmung „in aller Regel höchstens 12 Monate" vermutet.[657] Der Gesetzgeber hat sich nun in § 44 Abs. 1 Satz 1 BörsG (§ 45 Abs. 1 Satz 1 BörsG a.F.) dafür entschieden, dass eine solche Anlagestimmung nicht über sechs Monate hinaus andauert. Die Regelung soll zu verstärkter Rechtssicherheit sowie zur Überschaubarkeit der Haftung auf Grund fehlerhafter Prospekte für die Prospektverantwortlichen beitragen.[658]

Fraglich ist, ob diese Sechs-Monatsfrist auch bei der Beteiligung an einem geschlossenen Fonds zweckmäßig ist. Der Gesetzgeber hat sich für einen uneingeschränkten Verweis auf § 44 Abs. 1 Satz 1 BörsG und damit für einen Gleichlauf mit den börsengesetzlichen Vorschriften entschieden. Dabei könnte die unterschiedliche Ausgestaltung der Anlageformen missachtet worden sein. Beim Vertrieb geschlossener Fonds dauern die Zeichnungsfristen oftmals länger an als sechs Monate seit erstmaliger Veröffentlichung des Prospekts. Wenn aber nun die Sechs-Monatsfrist gemäß den neuen gesetzlichen Regelungen mit dem ersten öffentlichen Angebot der Vermögensanlage beginnt, kann das dazu führen, dass ein Anleger, der nach Ablauf dieser Frist eine Vermögensanlage erwirbt, keinen Anspruch aus Prospekthaftung gemäß § 13 VerkProspG mehr geltend machen kann. Dabei besteht eine erhöhte Missbrauchsgefahr, weil Fondsanbieter in der Ausschlussfrist einen Anreiz sehen könnten, Vermögensanlagen zunächst schleppend zu vertreiben und nach Ablauf der Sechs-Monatsfrist den Vertrieb zu verstärken, um so Prospekthaftungsansprüche aus dem Felde zu schlagen.[659] Sollte sich herausstellen, dass künftig ein solcher Missbrauch mit der Regelung betrieben wird, ist zu untersuchen, ob dem nach der aktuellen Gesetzeslage abgeholfen werden kann. *Heisterhagen* geht zwar von einer *„offensichtlich nicht gewollten Schutzlücke"* aus, gelangt aber schließlich zu dem Er-

654 Vor Änderung des BörsG durch das 3. FMFG.

655 Zur haftungsbegründenden Kausalität nach neuem Recht sogleich.

656 *BGH* ZIP 1998, S. 1528, 1531; vgl. dazu ausgiebig *Kort*, AG 1999, S. 9, 11 f.

657 *BGH* ZIP 1998, S. 1528.

658 Vgl. *Heisterhagen*, DStR 2006, S. 759, 762.

659 *Heisterhagen*, DStR 2006, S. 759, 762.

gebnis, dass aus § 44 Abs. 1 Satz 1 BörsG eine klare Vorgabe hervorgeht, und der Wortlaut einer Vorschrift in der letzten Konsequenz die Grenze der Auslegung darstellt. Diese Hürde dürfte aber durch den Umstand überwunden werden können, dass § 13 Abs. 1 VerkProspG die §§ 44 ff. BörsG lediglich entsprechend zur Anwendung bringt. Diese analoge Anwendung dürfte es zulassen, dass die Regelungen bei Bedarf den Besonderheiten des verkaufsprospektrechtlichen Verfahrens angepasst werden.[660] Aus Gründen der Rechtssicherheit und Überschaubarkeit der Haftung nach § 13 VerkProspG für die Prospektverantwortlichen sollte daher nach diesseitiger Auffassung zwar grundsätzlich an der Sechs-Monatsfrist des § 44 Abs. 1 Satz 1 BörsG festgehalten werden, da dies zunächst auch dem Willen des Gesetzgebers entspricht. Wenn sich aber künftig tatsächlich herausstellen sollte, dass eine wortlautgetreue Übertragung aufgrund der unterschiedlichen Ausgestaltungen der Anlageformen nicht zweckmäßig ist, dürfte die nur analoge Anwendung der börsengesetzlichen Vorschrift eine abweichende Anwendung der Vorschrift ermöglichen. Unter Berücksichtigung des Anlegerschutzes bietet sich allerdings eine Klarstellung durch den Gesetzgeber an.[661]

Schließlich muss das Erwerbsgeschäft nach Veröffentlichung des Prospektes stattgefunden haben, § 13 Abs. 1 Nr. 1 VerkProspG i.V.m. § 44 Abs. 1 Satz 1 BörsG. Kaufentscheidungen, die vor der Veröffentlichung des Prospekts getroffen wurden, sind damit durch die gesetzliche Prospekthaftung nicht geschützt.

c) *Fehlerhafter Verkaufsprospekt*

Zur Auslösung der gesetzlichen Haftungsansprüche müssen wesentliche Angaben in einem Verkaufsprospekt unrichtig oder unvollständig sein. Der § 45 BörsG a.F. behandelte die Merkmale Unrichtigkeit und Unvollständigkeit im Hinblick auf das Verschulden unterschiedlich, so dass vor den Änderungen durch das Dritte Finanzmarktförderungsgesetz eine Unterscheidung noch von erheblicher Bedeutung war. Mittlerweile ist der Verschuldensmaßstab in beiden Fällen der gleiche, so dass einer Haftungsdifferenzierung heute keine Bedeutung mehr zukommt, sie deshalb nach allgemeiner Ansicht „kaum noch einleuchtet" und nur noch aus historischen und klarstellenden Gründen vorgenommen wird.[662] Bei dem Merkmal der Unvollständigkeit handelt es sich um einen Unterfall der Unrichtigkeit, weil ein unvollständiger Prospekt, der gemessen an den tatsächlich verfügbaren Informationen nicht der Realität entspricht, bezogen auf

660 *Schwark*, in: Schwark, Kapitalmarktrechts-Kommentar, 2004, § 13 VerkProspG Rn. 2.
661 So auch *Heisterhagen*, DStR 2006, S. 759, 762.
662 *Schwark*, in: Schwark, Kapitalmarktrechts-Kommentar, 2004, § 45 BörsG Rn. 17; *Assmann*, in: Assmann/Lenz/Ritz, VerkProspG, 2001, § 13 Rn. 16.

das entscheidende Gesamtbild von der Lage des Unternehmens, schließlich unrichtig ist.[663]

Unrichtige Werturteile und Prognosen können ebenso wie Tatsachen eine Prospekthaftung begründen, wobei der Unrichtigkeitsmaßstab differiert.[664] Für das Vorliegen eines Prospektmangels ist es darüber hinaus unerheblich, ob der Verkaufsprospekt zuvor von der *BaFin* genehmigt wurde, weil Unregelmäßigkeiten im Rahmen der Prospektprüfung, die zu einer unzutreffenden Billigung des Prospekts geführt haben, nicht den Anlegern angelastet werden sollen;[665] außerdem überprüft die *BaFin* den Prospekt nicht auf seine inhaltliche Richtigkeit.

Die Beurteilung der Richtigkeit und Vollständigkeit eines Verkaufsprospekts sowie die Wesentlichkeit der unrichtigen Angaben oder der nicht in den Prospekt aufgenommenen Umstände erfolgt aus einer ex-ante Sichtweise, es kommt also auf den Zeitpunkt der Prospektveröffentlichung an.[666] Außerdem muss sich die Beurteilung nach der objektiven Sachlage bestimmen, das heißt, sie muss „von Erkenntnissen abstrahieren, die sich erst später – etwa im Zusammenhang mit dem Eintritt eines Schadensfalls und den aus diesem folgenden Erfahrungen – eingestellt haben".[667]

Gemäß § 13 Abs. 1 Nr. 3 VerkProspG i.V.m. § 45 Abs. 2 Nr. 4 BörsG kann die Unrichtigkeit oder Unvollständigkeit eines Prospekts auch nachträglich beseitigt werden, wenn die der Prospekthaftung unterliegenden Personen eine Berichtigung des Prospekts nach Maßgabe von § 45 Abs. 2 Nr. 4 BörsG vornehmen.[668] Die Berichtigung kann seitens des Emittenten im Rahmen des Jahresabschlusses oder eines Zwischenberichts vorgenommen werden.[669] Darüber hinaus eröffnet § 45 Abs. 2 Nr. 4 BörsG sämtlichen Prospektverantwortlichen die Möglichkeit der Korrektur des Prospekts durch eine in ihrem Wirkungsgrad den vor-

---

663 *Schwark*, in: Schwark, Kapitalmarktrechts-Kommentar, 2004, § 45 BörsG Rn. 17; *Assmann*, in: Assmann/Lenz/Ritz, VerkProspG, 2001, § 13 Rn. 16; *Eyles*, in: Vortmann, Prospekthaftung und Anlageberatung, 2000, § 3 Rn. 59; *Gerber*, Prospekthaftung bei Wertpapieremissionen, 2001, S. 118 ff.

664 *BGH* WM 1982, S. 862, 865; *OLG Frankfurt* WM 1994, S. 291, 295; Assmann, in: Assmann/Schütze, 1997, § 7 Rn. 67; insbesondere sind Werteinschätzungen und Prognosen in bestimmten Grenzen sogar vorgeschrieben (etwa Geschäftsaussichten, § 13 VermVerkProspV) und sollen deutlich im Prospekt gekennzeichnet werden, § 2 Abs. 2 Satz 4 VermVerkProspV.

665 *Assmann*, in: Assmann/Lenz/Ritz, VerkProspG, 2001, § 13 Rn. 16.

666 *Assmann*, in: Assmann/Lenz/Ritz, VerkProspG, 2001, § 13 Rn. 24.

667 *Assmann*, in: Assmann/Schütze, 1997, § 7 Rn. 65.

668 *Assmann*, in: Assmann/Schütze, Ergänzungsband 2001, § 7 Rn. 28 zum Börsenprospekt.

669 § 45 Abs. 2 Nr. 4 BörsG gibt auch noch die Möglichkeit einer Veröffentlichung nach § 15 WpHG vor, die allerdings für Publikumspersonengesellschaften, die nicht dem WpHG unterliegen, nicht besteht.

genannten Publikationsinstrumenten vergleichbare Bekanntmachung.[670] Die Korrektur hat indes keine Rückwirkung und berührt bereits entstandene, auf die frühere Fehlerhaftigkeit des Prospekts zurückgehende Ansprüche aus Prospekthaftung nicht,[671] so dass Beteiligungen an Publikumspersonengesellschaften vor der ordnungsgemäßen Berichtigung von der Regelung des § 45 Abs. 2 Nr. 4 BörsG nicht erfasst werden. Anlegern, die sich erst nach der Berichtigung an dem geschlossenen Fonds beteiligt haben, bleibt dagegen die Geltendmachung eines Prospekthaftungsanspruches nach § 13 Abs. 1 VerkProspG i.V.m. §§ 44 ff. BörsG mangels Fehlerhaftigkeit des Prospekts verwehrt. Allerdings ist Voraussetzung für eine wirksame Berichtigung, dass sich „einem verständigen Leser, dem sowohl der fehlerhafte Prospekt als auch die Berichtigung vorliegt, ohne aufwendige Nachforschungen erschließt, dass die Berichtigung von dem Prospekt abweichende Angaben enthält"; nicht erforderlich ist, dass die Berichtigung einen ausdrücklichen Hinweis auf einen Prospektfehler enthält.[672] Auf die Kenntnis des Erwerbers von der Berichtigung kommt es indes nicht an, so dass der Anleger nicht einwenden kann, zwar den Prospekt, nicht aber die Berichtigung gekannt zu haben.[673]

Von dem Recht der Prospektverantwortlichen zur Berichtigung zu trennen sind die Aktualisierungs*pflichten* der Prospektverantwortlichen. Die Pflicht des § 2 Abs. 1 Satz 1 VermVerkProspV, im Prospekt alle für die Beurteilung der angebotenen Vermögensanlage wesentlichen tatsächlichen und rechtlichen Verhältnisse richtig und vollständig darzustellen, führt, da sich diese Verhältnisse im Zeitablauf ändern können, zur Pflicht einer „permanenten Aktualisierung".[674] Selbstverständlich gilt dies bis zum Zeitpunkt der Prospektherausgabe, eine Aktualisierung muss aber auch während der gesamten Dauer des öffentlichen Angebotes erfolgen. Diese Pflicht ergibt sich aus § 11 VerkProspG, der eine Pflicht des Anbieters festschreibt, Veränderungen während der Dauer des öffentlichen Angebots unverzüglich in einem Nachtrag zum Verkaufsprospekt gemäß § 9 Abs. 2 Satz 1 und 2 VerkProspG zu veröffentlichen, sofern Veränderungen seit der Gestattung der Veröffentlichung des Verkaufsprospektes durch die *BaFin* eingetreten sind, die für die Beurteilung des Emittenten oder der Vermögensan-

---

670 Als vergleichbar führt die Regierungsbegründung zu § 46 Abs. 2 Nr. 4 BörsG a.F. (3. FMFG) eine in gleicher Weise wie der Prospekt veröffentlichte, dem Prospekt als Einlegeblatt beigefügte Berichtigung an, *BegrRegE*, BT-Drs. 13/8933, S. 81.

671 *Assmann*, in: Assmann/Schütze, Ergänzungsband 2001, § 7 Rn. 28.

672 *BegrRegE*, BT-Drs. 13/8933, S. 81 zu § 46 Abs. 2 Nr. 4 BörsG nach dem 3. FMFG.

673 *Assmann*, in: Assmann/Schütze, Ergänzungsband 2001, § 7 Rn. 28.

674 *Assmann*, Prospekthaftung, 1985, S. 322; *Groß*, in: Kapitalmarktrecht, 2006, §§ 44, 45 BörsG Rn. 56.

lagen im Sinne von § 8f Abs. 1 VerkProspG von wesentlicher Bedeutung sind.[675]

aa) Prospektadressat

Für die Beurteilung eines fehlerhaften Prospektes ist von entscheidender Bedeutung, auf welchen Verständnis- und Beurteilungshorizont abzustellen ist, denn die Frage nach der Richtigkeit eines Prospekts kann nur einheitlich für alle Anleger beantwortet werden und nicht nach den individuellen Verhältnissen eines jeden Anlegers.[676] Die Frage des Prospektadressaten ist nicht Tatbestandsmerkmal im eigentlichen Sinne.[677] Der *BGH* stellt auf den aufmerksamen durchschnittlichen Anleger ab, der zwar eine Bilanz zu lesen versteht, aber über kein überdurchschnittliches Fachwissen verfügt; darüber hinaus muss er aber den Prospekt und die gegebenenfalls beigefügten Anlagen sorgfältig und eingehend lesen.[678] In der Literatur wurde vielfach die Kritik geübt, dass sich der *BGH* in der Festlegung des maßgeblichen Prospektadressaten widerspricht bzw. inkonsequent ist, weil es unwahrscheinlich bzw. sogar „fern jeder Realität" sei, dass ein durchschnittlicher Anleger in der Lage ist, Bilanzen zu lesen.[679] Auch wenn die Kritik nachvollziehbar ist, sprechen die besseren Argumente für die Rechtsprechungslösung. Würde man dem maßgeblichen Adressatenhorizont kein Verständnis für Bilanzen zugrunde legen, müssten den Bilanzen laienverständliche Erklärungen beigefügt werden. Das hätte Prospekte von erheblichem Ausmaß zur Folge und würde sich – abgesehen von einem beträchtlichen Mehraufwand für die Prospektherausgeber – wiederum anlegerfeindlich auswirken; für den durchschnittlichen Anleger wird es in dem Falle schwierig, den Verkaufsprospekt zu überblicken und die wesentlichen Informationen aus ihm herauszulesen.[680] *Hopt* bezeichnet solche Prospekte als Informationsfriedhöfe, weil in ihnen dann mehr versteckt würde, als aus ihnen entnommen werden könnte.[681] Weiterhin wird weder in §§ 8f ff. VerkProspG noch in der VermVerkProspV gefordert, dass Bilanzen laienverständlich erläutert werden müssen, so dass davon auszugehen ist, dass auch der Gesetzgeber von einem Anleger ausgeht, der

675 Dieser Nachtrag muss nicht mehr gemäß § 8i Abs. 2 VerkProspG von der *BaFin* gestattet werden, mit Ausnahme dessen sind aber auf diesen Nachtrag die Vorschriften über den Verkaufsprospekt und dessen Veröffentlichung entsprechend anzuwenden, § 11 Satz 2 VerkProspG.

676 So spricht § 8g Abs. 1 Satz 1 VerkProspG von „Publikum".

677 *Hopt*, Die Verantwortlichkeit der Banken bei Emissionen, 1991, Rn. 185.

678 *BGH* NJW 1982, S. 2823, 2824.

679 *Assmann*, in: Assmann/Lenz/Ritz, VerkProspG, 2001, § 13 Rn. 23; *Groß*, Kapitalmarktrecht, 2006, §§ 44, 45 BörsG Rn. 41; *Hamann*, in: Schäfer, §§ 45, 46 BörsG a.F. Rn. 84.

680 Vgl. *Hauptmann*, in: Vortmann: Prospekthaftung und Anlageberatung, 2000, § 3 Rn. 62.

681 *Hopt*, Die Verantwortlichkeit der Banken bei Emissionen, 1991, Rn. 185.

Bilanzen zu lesen versteht.[682] Deshalb ist dem *BGH* im Ergebnis zuzustimmen, selbst wenn sich der Verständnis- und Beurteilungshorizont wohl eher als fiktiver und weniger als tatsächlich möglicher darstellt.[683]

bb) Wesentliche Angaben

Gemäß § 13 Abs. 1 VerkProspG i.V.m. § 44 Abs. 1 Satz 1 BörsG können nur *wesentliche* Prospektangaben Grundlage einer Prospekthaftung sein. Durch die Berücksichtigung des Kriteriums der Wesentlichkeit in der Beurteilung der Verkaufsprospekte erfolgt eine Konzentration auf entscheidungserhebliche Sachverhalte.[684] Als wesentliche Angaben sind diejenigen anzusehen, die zu den wertbildenden Faktoren der Vermögensanlage gehören[685] und „die ein durchschnittlicher, verständiger Anleger *eher als nicht* bei seiner Anlageentscheidung berücksichtigen würde".[686]

Einzelangaben, die nach der VermVerkProspV erforderlich sind, sind für Verkaufsprospekte nach § 8f Abs. 1 VerkProspG immer wesentlich.[687] Daneben hängt die Wesentlichkeit einzelner Beträge oder Sachverhalte im Verkaufsprospekt insbesondere davon ab, wie sich deren absoluter oder relativer Wert auf die wirtschaftlichen Entscheidungen der Anleger auswirkt. Ein relativer Wert kann sich z.B. aus einer Bezugnahme des betroffenen Postens zur Gesamtinvestition, zum Anlagebetrag einzelner Anleger oder zur Gewinnausschüttung ergeben. Allgemeine Wesentlichkeitsgrenzen können auch für solche relativen Werte nicht vorgegeben werden. Sie hängen beispielsweise ab von dem Einfluss der zu beurteilenden Information auf die Prospektaussagen, von der wirtschaftlichen Lage des Anlageobjekts und von dessen Umfeld. Die Wesentlichkeit von Angaben oder Abweichungen kann sich auch daraus ergeben, dass mehrere Abweichungen oder unzutreffende bzw. unterlassene Angaben, die für sich allein betrachtet unwesentlich sind, zusammen mit anderen wesentlich werden. Unabhängig von den vorgenannten Aspekten kann sich die Wesentlichkeit auch aus der Bedeutung einer verletzten Rechtsnorm ergeben. So sind im Verlauf der Beurteilung erkannte Verstöße gegen gesetzliche oder aufsichtsrechtliche Einzelbestimmungen ohne Rücksicht auf ihre Auswirkung auf die Gesamtbeurteilung

---

682 So *Hauptmann*, in: Vortmann: Prospekthaftung und Anlageberatung, 2000, § 3 Rn. 62 für Börsenprospekte.

683 Im Ergebnis auch *Lenenbach*, Kapitalmarkt- und Börsenrecht, 2002, Rn. 8.84; *Hopt*, Verantwortlichkeit der Banken bei Emissionen, 1991, Rn. 185; *Heisterhagen*, DStR 2004, S. 1089, 1092.

684 Anlage 1 zu IDW ES4, S. 7.

685 *Groß*, in: Ebenroth/Boujong/Joost, Handelsgesetzbuch, Band 2, 2001, §§ 45, 46 BörsG IX Rn. 196.

686 *Assmann*, Prospekthaftung, 1985, S. 319; *Heisterhagen*, DStR 2004, S. 1089, 1092.

687 *Assmann*, in: Assmann/Schütze, Ergänzungsband 2001, § 7 Rn. 26 zu § 36 Abs. 3 Satz 1 Nr. 2 BörsG i.V.m. §§ 13 ff. BörsZulVO; *Heisterhagen*, DStR 2004, S. 1089, 1092.

wesentlich, wenn den Bestimmungen nach ihrem Zweck besondere Bedeutung zuzumessen und der Verstoß nicht geringfügig ist.[688] Auch bei der bürgerlichrechtlichen Prospekthaftung finden nur solche Umstände, die als erheblich anzusehen sind, Berücksichtigung,[689] so dass durch Einführung der spezialgesetzlichen Prospekthaftung keine wesentliche Verschärfung eingetreten ist.

cc) Unrichtigkeit

Der Prospekt darf nicht *unrichtig* sein. Unrichtig sind Angaben, die nicht der Wahrheit entsprechen.[690] Werturteile und Prognosen sind dann unrichtig, wenn sie nicht durch Tatsachen gedeckt oder kaufmännisch nicht vertretbar sind.[691] Wenn ein Werturteil oder eine Prognose gegeben wird, darf der Leser annehmen, dass es nicht um bloße Mutmaßungen, sondern um Schlussfolgerungen aus der Bilanz und anderen Tatsachen handelt.[692] Annahmen und Schätzungen müssen deshalb plausibel sein und dürfen nicht im Widerspruch zur Rechnungslegung und zu anderen Unterlagen, sonstigen Angaben im Verkaufsprospekt oder zu anderen Tatsachen stehen. Folgerungen müssen aus Tatsachen oder Annahmen sachlich und rechnerisch richtig entwickelt worden und damit schlüssig sein. Wertende Aussagen müssen durch Tatsachen gestützt werden. Darüber hinaus müssen Prognosen ausdrücklich als solche gekennzeichnet, die verwendeten Prämissen wirklichkeitsnah, die Berechnungen rechnerisch richtig und im Aufbau plausibel und die Risiken und Unsicherheiten ausreichend dargestellt sein. Soweit steuerliche Verhältnisse die Grundlage von Darstellungen, Berechnungen oder Beurteilungen bilden, müssen die den steuerlichen Folgerungen zugrunde liegenden Prämissen in Übereinstimmung mit dem Gesetz sowie der veröffentlichten Rechtsprechung und der veröffentlichten oder nachgewiesenen Verwaltungsauffassung zur Zeit des Abschlusses der Beurteilung stehen und vorhandene steuerliche Risiken deutlich erkennbar gemacht worden sein. Enthält der Verkaufsprospekt wertende Aussagen des Auftraggebers (z.B. gute Bauqualität, erstklassige Ausstattung, hervorragender Standort, gute Bonität), sind die Fakten, die zu diesen wertenden Aussagen geführt haben, im Verkaufsprospekt darzulegen. Die Wertungen und Beurteilungen müssen sich an der allgemeinen Verkehrsauffassung orientieren; so ist zum Beispiel die Aussage, dass

---

688 Anlage 1 zu IDW ES4, S. 7.

689 *Assmann*, in: Assmann/Schütze, 1997, § 7 Rn. 66; *Lüdicke/Arndt/Götz*, 2005, S. 99; vgl. oben Zweiter Teil II. 1. a) cc) bbb).

690 *Groß*, in: Ebenroth/Boujong/Joost, Handelsgesetzbuch, Band 2, 2001, §§ 45, 46 BörsenG IX 188; *Heisterhagen*, DStR 2004, S. 1089, 1092.

691 *BGH* NJW 1982, S. 2823, 2826; *Hopt*, Die Verantwortlichkeit der Banken bei Emissionen, 1991, Rn. 156; *Heisterhagen*, DStR 2004, S. 1089, 1092.

692 *Hopt*, Die Verantwortlichkeit der Banken bei Emissionen, 1991, Rn. 156.

einem Vertragspartner eine gute Bonität zukommt, nur richtig, wenn sie sich durch über diesen eingeholte Auskünfte und Informationen belegen lässt.[693]

Darüber hinaus kann ein Prospekt unrichtig sein, wenn er gewisse rechtliche Voraussetzungen oder Rahmenbedingungen falsch darstellt oder bezüglich der rechtlichen Gangbarkeit irreführende Vorstellungen erweckt (§ 8g Abs. 1 Satz 1 VerkProspG und § 2 Abs. 1 Satz 1 VermVerkProspV). Schließlich kann ein unrichtiger Verkaufsprospekt auch dann vorliegen, wenn er in seinem Gesamteindruck fehlerhaft ist; die Richtigkeit des Verkaufsprospekts erfordert nämlich nicht nur, dass die Einzelangaben richtig sind, sondern auch, dass die Darstellung im Verkaufsprospekt insgesamt kein falsches Bild von dem Anlageangebot und dem Anlageobjekt vermittelt. In diese Beurteilung sind auch Angaben, Wertungen und nicht verbale Darstellungen mit eindeutig werblichem Charakter einzubeziehen.[694] Der Gesamteindruck ist dann unrichtig, wenn insgesamt die im Prospekt wiedergegebenen Tatsachen, Werturteile und Prognosen ein nicht wahrheitsgetreues, nicht vollständiges oder nicht realistisches Gesamtbild des Emittenten, seiner Vermögens-, Ertrags- und Liquiditätslage abgeben.[695] Damit einhergehend gilt der Grundsatz der Prospektklarheit und -übersichtlichkeit, so dass unvollständige Angaben im Hauptteil nicht durch einen versteckten Hinweis im Dokumententeil kompensiert werden können.[696] Bei der Bewertung des Gesamteindrucks verwischt ganz deutlich die Grenze zwischen Unrichtigkeit und Unvollständigkeit des Prospektes, weil ein unvollständiger Prospekt, der gemessen an den tatsächlich verfügbaren Informationen nicht der Realität entspricht, bezogen auf das entscheidende Gesamtbild von der Lage des Unternehmens, schließlich unrichtig ist.[697]

dd) Unvollständigkeit

Der Verkaufsprospekt muss über die tatsächlichen und rechtlichen Verhältnisse, die für die Beurteilung der angebotenen Vermögensanlage notwendig sind, Auskunft geben, § 2 Abs. 1 Satz 1 VermVerkProspV und § 8g Abs. 1 Satz 1 VerkProspG. Ein Prospekt, der dem in § 8g VerkProspG i.V.m. §§ 2 ff. VermVerkProspV enthaltenen gesetzlichen Inhaltskatalog[698] entspricht, ist im Regelfall

693 Anlage 1 zu IDW ES4, S. 3 f.

694 Anlage 1 zu IDW ES4, S. 5.

695 *BGH* WM 1982, S. 862, 863; *OLG Frankfurt* WM 1994, S. 291, 295; *Assmann*, in: Assmann/Schütze, 1997, § 7 Rn. 68.

696 *Fleischer*, BKR 2004, S. 339, 343.

697 *Schwark*, in: Schwark, Kapitalmarktrechts-Kommentar, 2004, § 45 Rn. 17; *Assmann*, in: Assmann/Lenz/Ritz, VerkProspG, 2001, § 13 Rn. 16; *Eyles*, in: Vortmann, Prospekthaftung und Anlageberatung, 2000, § 3 Rn. 59; *Gerber*, Prospekthaftung bei Wertpapieremissionen, 2001, S. 118 ff.

698 Zum Inhalt des Katalogs vgl. Drittes Kapitel I. 2. a) cc).

vollständig.[699] Allerdings muss berücksichtigt werden, dass der Inhaltskatalog lediglich Regelanforderungen enthält, so dass eine Pflicht im Einzelfall zu ergänzenden Angaben nicht ausgeschlossen ist; dies ergibt sich schon aus dem Wort „insbesondere“ in § 8g Abs. 2 VerkProspG und dem Wort „mindestens“ in § 2 Abs. 1 Satz 2 VermVerkProspV. Andererseits lässt sich aus § 15 VermVerkProspV entnehmen, dass ein Verkaufsprospekt je nach Einzelfall auch dann vollständig sein kann, wenn er nicht alle die in §§ 2 ff. VermVerkProspV genannten Angaben enthält, denn § 15 Abs. 1 VermVerkProspV reduziert in Sonderfällen die Anforderungen an einen vollständigen Prospekt. Ferner kann ein Prospekt trotz Fehlens einzelner der in §§ 2 ff. VermVerkProspV genannten Bestandteile dennoch vollständig sein, etwa wenn die *BaFin* von der Aufnahme einzelner Angaben in Ausübung ihrer Befugnisse, zum Beispiel aus § 15 Abs. 2 VermVerkProspV befreit. Schließlich kann ein Prospekt trotz Fehlens einzelner Angaben nach § 2 ff. VermVerkProspV vollständig sein, wenn die entsprechenden Umstände tatsächlich nicht vorliegen. Unter Berücksichtigung des Verständnis- und Beurteilungshorizontes kann es in Einzelfällen erforderlich werden, dem für sich genommen vollständigen Datenmaterial eine für den Durchschnittsanleger verständliche und nachvollziehbare Erläuterung bis hin zu Schlussfolgerungen über die zu erwartende zukünftige Entwicklung des Unternehmens beizufügen.[700] Es spricht insgesamt aber eine Vermutung für die Vollständigkeit der Prospektangaben, wenn der Verkaufsprospekt die in Anlage 1 des überarbeiteten IDW ES4 Standards – sowie ggf. ergänzend die in einer weiteren, anlageobjektbezogenen Anlage zum IDW Standard: Grundsätze ordnungsmäßiger Beurteilung von Prospekten über öffentlich angebotene Kapitalanlagen (IDW S 4) – aufgeführten Angaben enthält.[701]

d) Kausalität

aa) Haftungsbegründende Kausalität

Zwischen dem fehlerhaften Verkaufsprospekt und dem Erwerb der Vermögensanlage muss ein ursächlicher Zusammenhang bestehen, § 13 Abs. 1 VerkProspG i.V.m. § 45 Abs. 2 Nr. 1 BörsG. Wie sich aus der tatbestandlichen Fassung des in Bezug genommenen § 45 Abs. 1 Nr. 1 BörsG ergibt, hat nicht der Erwerber diese Ursächlichkeit zu beweisen; vielmehr trägt der Prospektverantwortliche

---

699 Für den Börsenprospekt *Groß*, in: Ebenroth/Boujong/Joost, Handelsgesetzbuch, Band 2, 2001, §§ 45, 46 BörsG IX 189.

700 *OLG Frankfurt* WM 1994, S. 291, 295; *Groß*, in: Ebenroth/Boujong/Joost, Handelsgesetzbuch, Band 2, 2001, §§ 45, 46 BörsG Rn. IX 190; *Assmann*, in: Assmann/Schütze, 1997, § 7 Rn. 69 f.

701 Anlage 1 zu IDW ES4, S. 3.

die Darlegungs- und Beweislast für die fehlende Kausalität.[702] Dementsprechend reicht für den Anspruchsteller zunächst der bloße Erwerb innerhalb der Sechs-Monatsfrist aus. Allerdings hat der Anspruchsgegner die Möglichkeit, sich einer Prospekthaftung zu entziehen, wenn er die ernsthafte Möglichkeit eines anderen Ursachenverlaufs darlegt und diese gegebenenfalls beweist.[703] Zu beachten ist hierbei aber, dass nach wie vor die Rechtsprechung zu der durch den Prospekt erzeugten „positiven Anlagestimmung“[704] gilt,[705] die insbesondere dazu führt, dass der Anleger den Prospekt nicht zwingend gelesen haben muss, um Ansprüche aus Prospekthaftung geltend machen zu können; eine Beeinflussung durch den Prospekt wird demnach als ausreichend angesehen. Der Anspruchsgegner hat jedoch die Möglichkeit, durch die Darlegung und gegebenenfalls den Beweis der ernsthaften Möglichkeit des Wegfalls der positiven Anlagestimmung die in § 45 Abs. 1 Satz 1 BörsG ausgesprochene Kausalitätsvermutung zu erschüttern.[706] Beendet werden kann eine solche Anlagestimmung vor allem durch Negativberichte der Initiatoren oder Experten, wobei negative Presseberichte allein nicht ausreichen (allenfalls bei erheblicher Massivität).[707]

Auf den ersten Blick besteht mithin durch den Verweis in die börsengesetzliche Prospekthaftung, genauer in den § 45 Abs. 2 Satz 1 BörsG, ein Unterschied zur alten Rechtslage zu Gunsten des Anlegers. Bei der bürgerlich-rechtlichen Prospekthaftung gelten die normalen Beweislastregeln im Rahmen der freien richterlichen Beweiswürdigung, so dass der Anspruchsteller die Beweislast zu tragen hat.[708] Allerdings nimmt der *BGH* Kausalität im Rahmen der bürgerlichrechtlichen Haftung bereits dann an, wenn der Anleger hinreichend darlegen kann, dass der Prospektmangel *zumindest mitursächlich* für seine Anlageentscheidung war.[709] Im Regelfall genügt eine ernstzunehmende Behauptung des Anlegers.[710] Lag der Erwerb zeitlich nach Herausgabe des Prospekts, vermutet die Rechtsprechung sogar einen ursächlichen Zusammenhang zwischen den

---

702 *Groß*, Kapitalmarktrecht, 2006, §§ 44, 45 BörsG Rn. 70; *Schwark*, Kapitalmarktrechts-Kommentar, 2004, § 45 BörsG Rn. 52; *Kort*, AG 1999, S. 9, 11.

703 Dazu reicht es nicht aus, dass der Kaufentschluss auch auf andere Beweggründe zurückgeht, vgl. *Schwark*, in: Schwark, Kapitalmarktrechts-Kommentar, 2004, §§ 44, 45 BörsG Rn. 43.

704 Dabei wird unterstellt, dass die in einem Prospekt enthaltenen wesentlichen Informationen durch Veröffentlichungen in der Fachpresse oder im Rahmen der Anlageberatung von dem Anleger zumindest mittelbar zur Kenntnis genommen werden, vgl. *Hauptmann*, in: Vortmann, Prospekthaftung und Anlageberatung, 2000, § 3 Rn. 122.

705 So ausdrücklich *BegrRegE*, BT-Drs. 13/8933, S. 76, 80.

706 *Hauptmann*, in Vortmann, Prospekthaftung und Anlageberatung, 2000, § 3 Rn. 122.

707 *Schwark*, in: Schwark, Kapitalmarktrechts-Kommentar, 2004, §§ 44, 45 BörsG Rn. 44; *Hauptmann*, in: Vortmann, Prospekthaftung und Anlageberatung, 2000, § 3 Rn. 122.

708 Vgl. Zweites Kapitel II. 1. d).

709 *BGHZ* 71, S. 284, 291 f.; *BGHZ* 79, S. 337, 346.

710 *BGHZ* 115, S. 213, 223.

Prospektangaben und der Anlageentscheidung.[711] Auch nach alter Rechtslage bestand somit eine Kausalitätsvermutung zu Gunsten des Anlegers, die einer Beweislastumkehr praktisch gleich kam, so dass keine gravierende Veränderung zu Gunsten der Anleger zu erwarten ist.

bb) Haftungsausfüllende Kausalität

Ein Anspruch nach § 13 Abs. 1 VerkProspG ist ausgeschlossen, wenn der Anspruchsgegner nachweist, dass der Sachverhalt, über den unrichtige oder unvollständige Angaben im Prospekt enthalten sind, nicht zu einer Minderung des Erwerbspreises beigetragen hat, § 13 Abs. 1 Nr. 3d VerkProspG i.V.m. § 45 Abs. 2 Nr. 2 BörsG. Hierbei ist § 292 ZPO einschlägig, erforderlich ist somit der volle Gegenbeweis.Nach der neuen Rechtslage braucht der Anleger also zunächst nicht nachzuweisen, dass der Sachverhalt, über den unrichtige oder unvollständige Angaben im Prospekt enthalten sind, zu einer Minderung des Erwerbspreises beigetragen hat. Haftungsausfüllende Kausalität wird damit vermutet, soweit die Prospektverantwortlichen eine solche nicht widerlegen. Aus dem Wortlaut des § 45 Abs. 2 Nr. 2 BörsG, der über § 13 Abs. 1 Nr. 3d VerkProspG uneingeschränkt auch für geschlossene Fonds zur Anwendung kommt, geht hervor, dass Grundlage für die Kausalitätsprüfung der Kausalzusammenhang zwischen Prospektmangel und eingetretenem Schaden ist.

Hierin liegt ein Unterschied zur bürgerlich-rechtlichen Prospekthaftung. Die Rechtsprechung verfolgte dort einen anderen Ansatz. Im Unterschied zur gewöhnlichen Kausalitätsprüfung von Schadensersatzansprüchen stellt der *BGH* bei der Prüfung des ursächlichen Zusammenhangs zwischen dem Prospektfehler und dem Schaden nicht maßgeblich auf das letzte mögliche Glied der Kausalkette in Gestalt der Entwertung oder des Verlustes der Beteiligung ab. Grundlage ist die Ursächlichkeit des Aufklärungsmangels für den Beteiligungsentschluss des Anlegers. Schutzbereich der bürgerlich-rechtlichen Prospekthaftung ist nach dem *BGH* das Recht des Anlegers zur Selbstbestimmung über die Verwendung seines Vermögens. Deswegen könne es nicht darauf ankommen, ob sich ein Prospektmangel tatsächlich in negativer Weise auf die wirtschaftliche Entwicklung der Anlage ausgewirkt habe. Die Grenzen zwischen haftungsbegründender und haftungsausfüllender Kausalität wurden damit quasi aufgehoben. Vor diesem Hintergrund ergeben sich nach dem VerkProspG konkret dann Unterschiede zur alten Rechtslage, wenn zwar fehlerhafte Prospektangaben gemacht wurden, aber der dem Kapitalanleger entstandene Schaden nicht auf denjenigen Umständen beruht, die im Prospekt unrichtig dargestellt wurden bzw. tatsächlich gar kein Wertverlust der Anlage eingetreten ist. Während sich nach neuer Rechtslage die Prospektverantwortlichen entsprechend entlasten können, konnte bei gleicher Sachlage nach der bürgerlich-rechtlichen Prospekthaftung ein Ans-

711 *BGH* NJW 1982, S. 2827, 2829; *OLG Frankfurt* AG 1995, S. 134, 137.

pruch gegebenenfalls zuerkannt werden.[712] Für eine Bewertung des neuen Ansatzes bietet sich erneut ein Exkurs zur Situation auf dem börslichen Markt an, weil die Regelung des § 45 Abs. 2 Nr. 2 BörsG dort schon länger existiert.

Fleischer/Kalss haben die kapitalmarktrechtliche Schadensersatzhaftung, vor allem im Zusammenhang mit Kurseinbrüchen an der Börse, ausgiebig beleuchtet und folgern, dass § 45 Abs. 2 Nr. 2 BörsG (§ 46 Nr. 2 BörsG a.F.) für den börslichen Markt insgesamt ein befriedigendes Ergebnis erzielt.[713] Da die spezialgesetzlichen Prospekthaftungstatbestände, insbesondere die börsengesetzliche Prospekthaftung, im Gegensatz zu der bürgerlich-rechtlichen Haftung keine allgemeine vorvertragliche Informationshaftung begründen, können sie insgesamt besser auf die Besonderheiten des Kapitalmarkts Rücksicht nehmen. Für Wertpapieremissionen ist man zu dem Schluss gekommen, dass die Verdichtung der Emittentenpflichten in Gestalt standardisierter Prospektinformation nicht zu einer uferlosen Haftungsausweitung führen und der Marktauftritt der Emittenten keine allumfassende Garantenstellung begründen darf. Es erscheine vor allem aus rechtsökonomischen Erwägungen heraus verfehlt, das Anlegerpublikum vor sämtlichen Werteinbußen zu schützen, die einer Informationspflichtverletzung zeitlich nachfolgen, aber mit ihr in keinem inneren Zusammenhang stehen. So übernähme der rechtswidrig handelnde Prospektverantwortliche faktisch die Rolle eines Versicherers gegen ungünstige Markt- oder Unternehmensentwicklungen, obwohl nach der kapitalmarktrechtlichen Risikoverteilung das der Kapitalanlage inhärente Risiko ja gerade beim Anleger verbleiben solle.[714]

Im Interesse eines einheitlichen Prospekthaftungssystems wurde vor diesem Hintergrund eine Angleichung der Haftungsvoraussetzungen der bürgerlich-rechtlichen Prospekthaftung nach dem Vorbild der börsengesetzlichen Haftung angedacht, dies wurde allerdings nur dann für sinnvoll erachtet, wenn auch für die Vermögensanlagen, die keinen spezialgesetzlichen Vorschriften unterlagen, Prospektierungspflichten eingeführt würden.[715] Diese Situation besteht seit dem 1. Juli 2005: Mit der Eingliederung in das VerkProspG wurden nun auch Anbietern geschlossener Fonds verschärfte Informationspflichten in Gestalt standardisierter Prospektinformationen auferlegt. Daneben unterstehen geschlossene Fonds jetzt der Beaufsichtigung durch die *BaFin*. Diese Emittentenpflichten rechtfertigen es, auf der Ebene der postventiven Haftung eben auch in diesem Marktsektor zumindest einen Interessenausgleich in der Form zu schaffen, den Prospektverantwortlichen bei ganz klarem Sachverhalt den Einwand offen zu halten, dass der Sachverhalt, über den unrichtige oder unvollständige Angaben

712 Allerdings ist die *BGH*-Rechtsprechung beachtlich, nach der ein Anspruch aus bürgerlich-rechtlicher Prospekthaftung nicht gegeben sein sollte, wenn tatsächlich kein Wertverlust der Vermögensanlage eingetreten ist, vgl. Zweites Kapitel II. 1. e) bb).

713 *Fleischer/Kalss*, AG 2002, S. 329 ff.

714 Vgl. Erstes Kapitel III. 2. b).

715 *Fleischer/Kalss*, AG 2002, S. 329, 333.

im Prospekt enthalten sind, nicht zu einer Minderung des Erwerbspreises der Vermögensanlage beigetragen hat. Für einen funktionsfähigen Kapitalmarkt ist es schließlich wichtig, die dem Emittenten tatbestandlich auferlegte Informationspflicht auf der Rechtsfolgenseite mit einer „passgenauen Haftungsfolge“ zu versehen.[716] Eine schrankenlose Prospekthaftung hingegen würde enttäuschte Anleger nur noch ermutigen, bei einer allgemeinen Verschlechterung des kapitalmarktrechtlichen Umfeldes ihre Angebotsunterlagen in der Hoffnung durchzusehen, dort nachträglich einen Prospektmangel aufzuspüren.[717] Positiver Effekt einer Entlastungsregel wie in § 45 Abs. 2 Nr. 2 BörsG für Anbieter und Kapitalmarkt ist daneben auch, dass sie vor einer Welle von Verfahren anderer Anleger weitestgehend freigehalten werden.

Auf der anderen Seite darf die Regelung § 45 Abs. 2 Nr. 2 BörsG auch nicht überbewertet werden, weil Situationen, in denen der Entlastungseinwand durchgreift, nur begrenzt denkbar sind.[718] Das Anlagegeschäft kann nämlich bereits dann gegen Erstattung des ursprünglich gezahlten Erwerbspreises vollständig rückabgewickelt werden, wenn der Sachverhalt, über den unrichtige oder unvollständige Angaben im Prospekt enthalten sind, zu einem Bewertungsabschlag der Vermögensanlage (und sei es nur zum Teil) *beigetragen* hat. Gleichzeitige weitere Ursachen begründen keine auch nur teilweise Einwendung der Prospektverantwortlichen.[719] In der Praxis wird es den Prospektverantwortlichen aber gerade im Hinblick auf die „Psychologie der Märkte“ nur selten gelingen, den vermuteten Zusammenhang erfolgreich zu widerlegen, weil schließlich der volle Beweis des Gegenteils notwendig ist.[720] Ist aber ein Bewertungsabschlag der Vermögensanlage zum einen aufgrund des Prospektfehlers, aber auch aufgrund von allgemeinen Marktrisiken eingetreten, dann wird den Prospektverantwortlichen entgegen der eigentlich vorgesehenen kapitalmarktrechtlichen Risikoverteilung doch wieder dieses allgemeine Marktrisiko aufgebürdet, weil die Rechtsfolge der Prospekthaftung nach § 13 VerkProspG i.V.m. § 44 Abs. 1 BörsG hin zu einer vollständigen Rückabwicklung des Anlagegeschäfts geht und eben nicht nur auf den Ersatz des Differenzbetrages zwischen Erwerbspreis und dem Minderwert.[721] Schließlich verbleiben für den Entlastungsbeweis also hauptsächlich die Fälle, in denen tatsächlich gar keine Minderung des Erwerbspreises der Vermögensanlage eingetreten ist. Dann entfällt ein Prospekthaftungsanspruch aber bereits mangels Anlegerschadens. Die praktische Relevanz der Regelung in § 45 Abs. 2 Nr. 2 BörsG ist damit nicht so bedeutend, wie sie

716 *Fleischer/Kalss*, AG 2002, S. 329, 331.

717 *Fleischer/Kalss*, AG 2002, S. 329, 332.

718 *Brandt*, Prospekthaftung, 2005, S. 140; im Ergebnis auch *Fleischer/Kalss*, AG 2002, S. 329, 330.

719 *Fleischer/Kalss*, AG 2002, S. 329, 330.

720 *Hauptmann*, in: Vortmann, Prospekthaftung und Anlageberatung, 2000, § 3 Rn. 124.

721 Zum Haftungsinhalt sogleich.

zunächst vor allem mit Blick auf die bürgerlich-rechtliche Prospekthaftung scheinen mag. *Hopt/Voigt* empfehlen deshalb, auch mit Blick auf die mögliche Einführung einer prospektbezogenen Expertenhaftung, die Einführung einer Regelung, die dem Prospektverantwortlichen gestattet, sich auch teilweise auf das Fehlen der haftungsausfüllenden Kausalität zu berufen.[722] Das könnte aber dem Zweck der Prospekthaftung widersprechen, wie sogleich innerhalb der Untersuchung des Haftungsinhalts aufgezeigt wird.

Im Ergebnis ist also die für die Prospektverantwortlichen von geschlossenen Fonds neu eingeräumte Möglichkeit, sich entsprechend der Regelung in § 45 Abs. 2 Nr. 2 BörsG zu entlasten, praktisch wenig erheblich. Trotzdem steht die Anwendung der Regelung für eine andere Schutzrichtung der spezialgesetzlichen Prospekthaftung im Gegensatz zur bürgerlich-rechtlichen.

e) Verschulden

Die Prospekthaftung setzt zunächst Verschulden im Sinne der §§ 276, 278 BGB voraus. Abgemildert haftet der Prospektverantwortliche gemäß § 13 Abs. 1 Nr. 3 VerkProspG i.V.m. § 45 Abs. 1 BörsG allerdings nur, wenn die unrichtige oder unvollständige Angabe im Prospekt auf seinem vorsätzlichen oder grob fahrlässigen Fehlverhalten beruht, wobei ihn dabei die Darlegungs- und Beweislast trifft. Eine weitere Folge der Eingliederung von geschlossenen Fonds in das spezialgesetzliche Prospekthaftungssystem ist damit, dass die Prospektverantwortlichen nun erst ab dem Stadium der grober Fahrlässigkeit haften, während bei der bürgerlich-rechtlichen Prospekthaftung eine Haftung auch schon bei leichter Fahrlässigkeit in Betracht kam.[723] Grund für die Haftungsmilderung zugunsten der Prospektverantwortlichen ist, dass der Gesetzgeber im Rahmen der spezialgesetzlichen Prospekthaftung den Kapitalanlagemarkt nicht durch weitreichende Haftung abschrecken und unpraktikabel gestalten will.[724] Die Haftungsmilderung soll die Kompensation dafür darstellen, dass im Bereich der Prospekthaftung auf das Erfordernis des rechtsgeschäftlichen Kontaktes verzichtet wird.[725] Würde der Prospektverantwortliche für jede leichte Fahrlässigkeit im Hinblick auf den Prospekt haften, wäre er einem nicht mehr sachgerecht kalkulierbaren Risiko ausgesetzt, insbesondere müssten dann Marktprognosen, Wertschätzungen und Entwicklungen auch außerhalb des betriebswirtschaftlichen Bereichs von diesem verantwortet werden, was nicht mehr vom Schutzzweck der Prospekthaftung gedeckt wäre.[726] Darüber hinaus befürchtete der mit einer Reform

---

722 *Hopt/Voigt*, in: Hopt/Voigt, Prospekt- und Kapitalmarktinformationshaftung, 2005, S. 98.

723 Vgl. Zweites Kapitel II. 1. f).

724 *Ehricke*, in: Hopt/Voigt, Prospekt- und Kapitalmarktinformationshaftung, 2005, S. 234.

725 Vgl. *BegrRegE*, BT-Drs. 13/8399, S. 54, 80; *Hauptmann*, in: Vortmann, Prospekthaftung und Anlageberatung, 2000, § 3 Rn. 103 m.w.N.

726 *Ehricke*, in: Hopt/Voigt, Prospekt- und Kapitalmarktinformationshaftung, 2005, S. 235; *Hauptmann*, in: Vortmann, Prospekthaftung und Anlageberatung, 2000, § 3 Rn. 103.

der Prospekthaftung befasste Gesetzgeber des Dritten Finanzmarktförderungsgesetzes, dass eine Verschärfung der Haftung das mit der Modernisierung der Prospekthaftung verfolgte Ziel der Förderung der Bereitstellung von Risikokapital gefährden würde. Eine zu strenge Primärmarkthaftung würde schließlich die Kapitalaufnahme erschweren.[727]

Im Ergebnis bleibt damit die gesetzliche Neuregelung hinter der bisherigen Spruchpraxis zurück. Nur auf diese Art kann jedoch die Zweigleisigkeit der Prospekthaftungstatbestände vermieden werden, denn der Gesetzgeber hat sich anlässlich des Dritten Finanzmarktförderungsgesetzes ausdrücklich gegen eine Verschärfung des Verschuldens bei der spezialgesetzlichen Prospekthaftung gestellt.[728] Ohne speziell die Haftungsmilderung zugunsten der Prospektverantwortlichen geschlossener Fonds zu kritisieren, kann die gesetzgeberische Entscheidung hin zu einer Absenkung des Verschuldensmaßstabs bei der spezialgesetzlichen Prospekthaftung insgesamt natürlich in Zweifel gezogen werden. In der Literatur wird teilweise allein deshalb eine Haftungsausdehnung auch auf Fälle einfacher Fahrlässigkeit befürwortet, weil der Maßstab grober Fahrlässigkeit im internationalen Vergleich abfalle.[729] Darüber hinaus hat ein strengerer Haftungsmaßstab stärkere Anreizwirkungen auf ein sauberes Publizitätsverhalten, was wohl im Ergebnis auch ein Grund sein wird, warum rechtsvergleichend auf dem Primärmarkt bereits für einfache Fahrlässigkeit gehaftet wird.[730] Während *Groß* allerdings schon bezweifelt, dass die Haftungsregelungen anderer Länder tatsächlich im Ergebnis schärfer sind bzw. in der Praxis schärfer angewendet würden,[731] ist die Haftungsmilderung zumindest in rechtssystematischer und rechtsökonomischer Hinsicht sinnvoll. Zum einen sind Haftungsausschlüsse für leichte Fahrlässigkeit dem deutschen Recht nicht fremd, und dieses Institut ist gerade dort vorzufinden, wo es nicht sachgerecht ist oder es unbillig erscheint, eine Haftung schon bei leichter Fahrlässigkeit anzunehmen (vgl. §§ 516, 680 BGB).[732] Zum anderen könnte zwar eine Haftungsverschärfung die Prospektverantwortlichen eventuell veranlassen, ihr Sorgfaltsniveau zu erhöhen; gleichzeitig droht bei zu strengen Gesetzesvorgaben aber wohlmöglich ein „Rückzug seriöser Bankhäuser aus dem Emissionsgeschäft".[733] Vor diesem Hintergrund liegt es deshalb wiederum beim Gesetzgeber, einen Interessenausgleich

---

727 *BegrRegE*, BT-Drs. 13/8399, S. 54, 80; *Brellochs*, Publizität und Haftung, 2005, S. 259.

728 *Fleischer*, BKR 2004, S. 339, 345.

729 *Hopt*, Die Verantwortlichkeit der Banken bei Emissionen, 1991, Rn. 170; *Grundmann/Selbherr*, WM 1996, S. 985, 986 f.; *Köndgen*, AG 1983, S. 120, 128; in Bezug auf den internationalen Vergleich auch *Fleischer*, Gutachten zum 64. DJT, 2002, F 60 f.

730 *Fleischer*, Gutachten zum 64. DJT, 2002, F 61; *Brellochs*, Publizität und Haftung, 2005, S. 260.

731 *Groß*, Kapitalmarktrecht, 2006, §§ 44, 45 BörsG, Rn. 74.

732 *Ehricke*, in: Hopt/Voigt, Prospekt- und Kapitalmarktinformationshaftung, 2005, S. 235.

733 *Fleischer*, Gutachten zum 64. DJT, 2002, F 62.

der Marktteilnehmer zu schaffen und dafür zu sorgen, dass der Markt zum Schutze seiner Funktionsfähigkeit nicht überreguliert wird. Eine Haftungsmilderung stellt diesbezüglich ein geeignetes Mittel dar.[734] *Fleischer* ist darüber hinaus der Ansicht, dass die nunmehr vorgenommene Absenkung des Verschuldensmaßstabes die Verhaltensanreize zur Bereitstellung korrekter Prospektinformation am grauen Kapitalmarkt nur unwesentlich verändern wird, weil die Grenzziehung zwischen einfacher und grober Fahrlässigkeit nicht rechtssicher vorhersehbar sei und die Prospektverantwortlichen daher einen gehörigen „Sicherheitsabstand" einhalten müssten.[735] Inwieweit sich diese Prognose bestätigt, bleibt abzuwarten.

f) Haftungsumfang

Gemäß § 13 Abs. 1 VerkProspG i.V.m. § 44 Abs. 1 Satz 1 BörsG kann der Erwerber von den Prospektverantwortlichen als Gesamtschuldner die Übernahme der Vermögensanlage gegen Erstattung des Erwerbspreises und der mit dem Erwerb verbundenen üblichen Kosten verlangen. Dabei ist der Erstattungsanspruch der Höhe nach auf den ersten Erwerbspreis beschränkt. Dem Anspruch des Anlegers auf Erstattung des Erwerbspreises steht dessen Verpflichtung zur Rückübertragung der erworbenen Vermögensanlage gegenüber, § 13 Abs. 1 Nr. 3a VerkProspG i.V.m. § 44 Abs. 1 Satz 1 BörsG. Ist der Anspruchsteller nicht mehr Inhaber der Vermögensanlagen, kann dieser gemäß § 13 Abs. 1 Nr. 3 VerkProspG i.V.m. § 44 Abs. 2 Satz 1 BörsG die Zahlung des Unterschiedsbetrages zwischen dem Erwerbspreis und dem Veräußerungspreis der Vermögensanlage sowie die Erstattung der mit dem Erwerb üblichen Kosten verlangen. Ein Schadensersatzanspruch ist nicht gegeben, wenn der Veräußerungspreis den Erwerbspreis übersteigt.[736]

Die Schadensrückabwicklung erfolgt grundsätzlich im Wege der Naturalrestitution gemäß § 249 Abs. 1 BGB. Der Umfang des Schadensersatzanspruches ist nach wie vor auf das negative Interesse begrenzt.[737] Auch nach neuer Rechtslage kann der Anleger eines geschlossenen Fonds somit Vertragsaufhebung mit Rückzahlung Zug um Zug gegen die Rückerstattung seiner Beteiligung verlangen bzw. die Differenz zwischen dem von ihm bezahlten Kaufpreis bei Erwerb der Vermögensanlage und dem erzielten Veräußerungspreis, sofern er die Ver-

---

734 *Brandt*, Prospekthaftung, 2005, S. 30.

735 *Fleischer*, BKR 2004, S. 339, 345.

736 Auf die Problematik, dass gemäß § 13 Abs. 1 VerkProspG i.V.m. § 44 Abs. 1 Satz 1 BörsG nun auch der Emittent, also in der Regel die Fondsgesellschaft selber, Haftungsadressat sein kann und so zur Übernahme der Vermögensanlage verpflichtet ist, wurde schon im Rahmen der Untersuchung der Anspruchsgegner der verkaufsprospektrechtlichen Prospekthaftung ausgiebig eingegangen, so dass an dieser Stelle nur nach oben verwiesen wird, vgl. Drittes Kapitel I. 1. c).

737 Vgl. für die bürgerlich-rechtliche Prospekthaftung Zweites Kapitel II. 1. e) bb).

mögensanlage bereits weiterveräußert hat. Allerdings werden im Gegensatz zur bürgerlich-rechtlichen Prospekthaftung die Schadensersatzregeln der §§ 249 ff. BGB in den § 13 VerkProspG i.V.m. §§ 44 ff. BörsG modifiziert, so dass sich beim Umfang des Schadensersatzanspruchs Unterschiede zur bürgerlich-rechtlichen Prospekthaftung i.e.S. und damit zur alten Rechtslage ergeben.

Bei der bürgerlich-rechtlichen Prospekthaftung bestimmt sich der Umfang des Schadensersatzanspruchs unmittelbar aus den §§ 249 ff. BGB. Damit werden ausnahmslos alle Schäden ersetzt, die dadurch entstanden sind, dass der Anleger auf die Richtigkeit und Vollständigkeit der Angaben vertraut hat, so dass der Anleger so zu stellen ist, als hätte er die Anlage nicht erworben. Der Ersatzanspruch kann im Einzelfall auch den entgangenen Gewinn im Sinne von § 252 BGB umfassen, den der Anleger bei ordnungsgemäßer Anlage der Investition erreicht haben würde. Darüber hinaus hat der Anleger anstelle einer Rückabwicklung auch die Möglichkeit einer Schadensregulierung im Differenzweg; er kann sich also wahlweise auch nur die Differenz zwischen Erwerbspreis und dem Minderwert auszahlen lassen und an der Anlage selber festhalten. Eine solche Schadensregulierung im Differenzwege ist gemäß den §§ 249 ff. BGB ebenfalls zulässig.

Bis zu den Änderungen durch das Dritte Finanzmarktförderungsgesetz galten ähnliche Regeln für die spezialgesetzliche Prospekthaftung, auch hier erfolgte die Bestimmung des Schadensumfangs unmittelbar aus den §§ 249 ff. BGB. Mittlerweile besteht aber im BörsG mit § 44 Abs. 1 eine strikte Rechtsfolgenvorgabe,[738] auf die vollständig in § 13 VerkProspG verwiesen wird. § 44 Abs. 1 BörsG gibt damit eine prospektspezifische Haftung vor, die §§ 249 ff. BGB werden indes modifiziert. Aufgrund der abschließenden Schadensersatzregelung bleibt dem Anleger im Gegensatz zur bürgerlich-rechtlichen Prospekthaftung z.B. der Ersatz des entgangenen Gewinns (§ 252 BGB) verwehrt.[739] Auch eine Schadensregulierung im Differenzwege ist nicht mehr möglich, der Anspruch des Anlegers ist auf eine vollständige Rückabwicklung des Erwerbsgeschäfts beschränkt.[740] Nur wenn der Anleger nicht mehr selbst Inhaber der Vermögensanlage ist, kann er die Zahlung des Unterschiedsbetrages zwischen dem Erwerbspreis und dem Veräußerungspreis der Vermögensanlage verlangen.

Diese Rechtsfolge beinhaltet im Grunde genommen für beide Fallgestaltungen, dass abweichend vom eigentlichen Gedanken der Risikoverteilung der Anbieter bei der Veröffentlichung eines fehlerhaften Prospekts das allgemeine Marktrisiko tragen muss. Muss nämlich zum einen der Emittent bzw. Anbieter

---

738 Vgl. *Ehricke*, in: Hopt/Voigt, Prospekt- und Kapitalmarktinformationshaftung, 2005, S. 242.

739 *Gerber*, Prospekthaftung bei Wertpapieremissionen, 2001, S. 157 f.; *Hopt/Voigt*, in: Hopt/Voigt, Prospekt- und Kapitalmarktinformationshaftung, 2005, S. 87; *Fleischer*, BKR 2004, S. 339, 345.

740 *Ehricke*, in: Hopt/Voigt, Prospekt- und Kapitalmarktinformationshaftung, 2005, S. 242.

das Anlagegeschäft zu historischen Konditionen rückabwickeln bzw. zum anderen auf jeden Fall die Differenz zwischen dem vom Anleger gezahlten Erwerbspreis und dem von diesem erhaltenen Wiederverkaufspreis zahlen, wenn zwischenzeitlich die Marktpreise auf breiter Front eingebrochen sind, dann wird der Schadensersatzanspruch für den Anleger faktisch zu einer Versicherung gegen schlechte Kursrisiken.[741] Dem kann der Prospektverantwortliche nur entgehen, indem er gemäß § 13 VerkProspG i.V.m. § 45 Abs. 2 Nr. 2 BörsG den Nachweis führt, dass der Sachverhalt, über den er im Prospekt fehlerhafte Angaben gemacht hat, nicht zu einer Minderung des Erwerbspreises beigetragen hat, was, wie soeben dargestellt wurde, schwerlich zu realisieren ist. Diese eigentlich unübliche Verteilung des allgemeinen Marktrisikos wird teilweise in der Literatur als unangemessen empfunden, und es wird eine Beschränkung des Schadensersatzanspruches auf den Kursdifferenzschaden gefordert, also die Differenz zwischen dem Preis, zu dem die Investition des Anlegers erfolgt ist und jenem hypothetischen Preis, zu dem das Geschäft bei ordnungsgemäßer Erfüllung der Publizitätspflicht der Prospektverantwortlichen zustande gekommen wäre.[742] Einen solchen Differenzschadensersatz vertritt die wohl h.M. innerhalb der § 37b und § 37c WpHG bei unterlassener bzw. fehlerhafter Information auf dem Sekundärmarkt.[743]

Fraglich ist die Rechtfertigung einer strikten Rechtsfolge der primärmarktlichen Prospekthaftung, für die sich der Gesetzgeber zuletzt auch durch die Einbeziehung von geschlossenen Fonds in den § 13 VerkProspG und dem daraus resultierenden Verweis auf § 44 Abs. 1 BörsG nochmals eindeutig entschieden hat. Dabei bietet sich ein Vergleich mit der sekundärmarktlichen Informationshaftung an, wobei in dieser Untersuchung der wohl h.M. gefolgt wird, die als Rechtsfolge der Haftung gemäß den §§ 37b und c WpHG einen Ersatz des Differenzschadens annimmt. Für die dortige Auseinandersetzung um den Haftungsinhalt sei auf die einschlägige Literatur verwiesen.[744]

Da die Prospekthaftung mittlerweile vorrangig das Ziel verfolgt, die Primärmarktpublizität sicherzustellen,[745] bietet sich zuvor eine Betrachtung des

---

741 *Hopt/Voigt*, WM 2004, S. 1801, 1804;

742 *Hopt/Voigt*, in: Hopt/Voigt, Propekt- und Kapitalmarktinformationshaftung, 2005, S. 86 ff.

743 Anstelle aller *Zimmer*, in: Schwark, Kapitalmarktrechts-Kommentar, 2004, §§ 37b, 37c WpHG Rn. 86 ff. m.w.N.

744 Vgl. *Zimmer*, in: Schwark, Kapitalmarktrechts-Kommentar, 2004, § 37b, § 37c WpHG Rn. 86 ff.; *Sethe*, in: Assmann/Schneider, WpHG, §§ 37b, 37c Rn. 48 ff.; *Hopt/Voigt*, in: Hopt/Voigt, Prospekt- und Kapitalmarktinformationshaftung, 2005, S. 89 ff., 130 ff.; *Brellochs*, Publizität und Haftung, 2005, S. 272 ff.; *Dühn*, Schadensersatzhaftung, S. 145 ff.; *Rimbeck*, Rechtsfolgen fehlerhafter Ad-hoc Mitteilungen, 2005, S. 138 ff.; *Zimmer*, WM 2004, S. 9, 17 f.; *Fleischer*, BB 2002, S. 1869 ff.; *Fleischer/Kalss*, AG 2002, S. 329, 330 ff.; *Kort*, AG 1999, S. 9, 11.

745 Vgl. Erstes Kapitel III. 4.

Schutzzwecks der Prospektpublizität im Vergleich zu den Sekundärmarktpflichten an. Wie im Einleitungsteil ausführlich dargestellt, ist Ausgangspunkt des Publizitätsprinzips, dass auf dem Kapitalmarkt eine Macht- und Informationsasymmetrie zuungunsten des Einzelanlegers besteht, die es gebietet, durch institutionelle Arrangements eine hinreichende Informationsversorgung des Anlegerpublikums sicherzustellen und das Wissensgefälle zwischen den Marktgegenseiten einzuebnen.[746] Dabei sollen die Anleger durch zutreffende und vollständige Information in die Lage versetzt werden, Risiken richtig einzuschätzen, damit sie ihre Anlageentscheidungen in voller Kenntnis der Sachlage treffen können.[747] Im Gegensatz dazu schützen die §§ 15, 15a, 37b und 37c WpHG nach h.M. nur das Vertrauen der Anleger dahingehend, dass die am Wertpapiermarkt gebildeten Kurse unter Verarbeitung all derjenigen Informationen zustande kommen, die ad-hoc meldepflichtig sind und zugleich nicht durch unzutreffende Ad-hoc-Mittelungen beeinflusst sind.[748] Dieser Schutzzweck geht mittelbar auch aus der Regierungsbegründung hervor, nach der derjenige Anleger durch die §§ 37b und c WpHG geschützt wird, der Wertpapiertransaktionen im Vertrauen auf ein ordnungsgemäßes und pflichtbewusstes Informationsverhalten des Emittenten börsenzugelassener Wertpapiere ausführt und wegen der unterlassenen oder verspäteten Veröffentlichung einer Tatsache „zu teuer" gekauft oder „zu billig" verkauft hat.[749] Sollen Informationspflichten nur die Bildung unangemessener Marktpreise infolge von Informationsdefiziten verhindern, kann der Anleger folgerichtig lediglich die Differenz zwischen dem Preis, zu dem die Investition oder Desinvestition erfolgt ist und jenem hypothetischen Preis, zu dem das Geschäft bei ordnungsgemäßer Erfüllung der Prospektpublizität durch den Emittenten zustande gekommen wäre, ersetzt verlangen.[750] Schutzgut ist schließlich die Preisintegrität am Markt. Sollen dagegen – wie bei der Primärmarktpublizität – die dem Anleger für eine fundierte Kaufentscheidung benötigten Informationen zur Verfügung gestellt werden, um eine rationale Anlageentscheidung des Investors zu gewährleisten, dann ist dieser auch vor einem unlauteren Einfluss auf die Willensbildung geschützt. Die Konsequenz ist, dass der getäuschte Anleger Befreiung von dem fehlerhaft zustande gekommenen Anlagegeschäft verlangen kann, also die vollständige Rückabwicklung

746 *Merkt*, Unternehmenspublizität, 2001, S. 140; *Fleischer*, Gutachten F zum 64. DJT, 2002, F 23.

747 Vgl. 1. Erwägungsgrund der Richtlinie 89/298/EWG vom 17.4.1989, ABl EG Nr. L 124 vom 5.5.1989, S. 8.

748 *Zimmer*, in: Schwark, Kapitalmarktrechts-Kommentar, 2004, § 37b, § 37c WpHG Rn. 5; *Hopt/Voigt*, in: Hopt/Voigt, Prospekt- und Kapitalmarktinformationshaftung, 2005, S. 89.

749 *BegrRegE*, BT-Drs. 14/8017, S. 93.

750 *Zimmer*, in: Schwark, Kapitalmarktrechts-Kommentar, 2004, § 37b, 37c WpHG Rn. 86 ff.; *Hopt/Voigt*, in: Hopt/Voigt, Prospekt- und Kapitalmarktinformationshaftung, 2005, S. 130.

des Erwerbsgeschäfts.[751] Wie aber im Einleitungsteil bereits behandelt, steht der Schutz der Dispositionsfreiheit des einzelnen Anlegers nicht mehr ausschließlich im Vordergrund der Prospekthaftung. Das verdeutlicht schon die starre Rechtsfolge der spezialgesetzlichen Prospekthaftung, nach der einzig und allein eine Rückabwicklung des Anlagegeschäfts möglich ist. Bei der bürgerlichrechtlichen Prospekthaftung hatte der Anleger noch ein Wahlrecht, entweder die Prospektverantwortlichen auf vollständige Rückabwicklung in Anspruch zu nehmen, oder an der Anlage festzuhalten und sich den Differenzschaden auszahlen zu lassen. Die spezialgesetzliche Prospekthaftung soll primär präventiv wirken.[752] Vor diesem Hintergrund besteht ein bedeutsamer Unterschied zwischen Verkaufsprospekten und Ad-hoc-Mitteilungen, der die unterschiedlichen Haftungsfolgen erklären kann. Auf der Primärmarktebene geht es schließlich um die Aufnahme der Investitionsgelder, während im Rahmen des Handels am Sekundärmarkt kein neues Kapital nachgefragt wird, sondern lediglich eine Umverteilung des bereits allozierten Kapitals zwischen Verkäufern und Käufern stattfindet. Informationspflichten auf dem Sekundärmarkt haben in diesem Zusammenhang nur eine mittelbare Bedeutung, die darin liegt, dass Informationsdefizite am Sekundärmarkt unmittelbar auf die Bereitschaft der Investoren am Primärmarkt zurückwirken, neues Kapital zur Verfügung zu stellen.[753] Aus den aufgezeigten Gründen ist deshalb im Gegensatz zum Sekundärmarkt auf dem Primärmarkt eine strengere Haftungsfolge konsequent.

Davon ausgehend lässt sich schließlich auch die im Kapitalmarkrecht unübliche Risikoverteilung zu Lasten des Anbieters rechtfertigen: Dem Emittenten fließen auf dem Primärmarkt quasi als Gegenleistung zur Kapitalmarktinformation Mittel zu. Diese Aussicht auf Mittelzuflüsse übt indes starke Anreize aus, bei dem seltenen Ereignis des Markteintritts die Einnahmen durch Fehlinformation zu steigern.[754] Daraus wird auf dem Primärmarkt ein erhöhtes Präventionsbedürfnis gefolgert, welchem durch einen erhöhten Abschreckungseffekt, hier im Sinne einer Überwälzung des Marktrisikos auf den Anbieter, abgeholfen werden soll.[755] Das geht auch aus der Regierungsbegründung zum AnSVG hervor, in der es zu § 13a VerkProspG, dessen Haftungsfolge der der § 13 VerkProspG i.V.m. § 44 Abs. 1 BörsG nachgebildet ist, heißt, dass diese Risikoverteilung zu Lasten des Emittenten und des Anbieters im Interesse eines umfassenden Anlegerschutzes, für den die Einhaltung der Prospektpflicht von ent-

751 *Hopt/Voigt*, in: Hopt/Voigt, Prospekt- und Kapitalmarktinformationshaftung, 2005, S. 130; so auch für die bürgerlich-rechtliche Prospekthaftung *BGHZ* 115, S. 213, 220; *BGHZ* 123, S. 106, 112 f.

752 *Benicke*, in: FS-Jayme, Band I, 2004, S. 25, 32.

753 *Hopt/Voigt*, in: Hopt/Voigt, Prospekt- und Kapitalmarktinformationshaftung, 2005, S. 131 f.

754 *Brellochs*, Publizität und Haftung, 2005, S. 271.

755 *Brellochs*, Publizität und Haftung, 2005, S. 271.

scheidender Bedeutung sei, gerechtfertigt sei.[756] Durch die alleinige Rechtsfolge einer vollständigen Rückabwicklung wird im Ergebnis mehr Druck auf die Prospektverantwortlichen ausgeübt, die Prospektierungspflichten im Vorfeld ordnungsgemäß einzuhalten. Neben Dispositionsfreiheit und Schadenskompensation wurde somit auch bei der Regelung der Haftungsfolge der Schwerpunkt auf die Verhaltenssteuerung der Prospektverantwortlichen gesetzt.

g) Verjährung

Prospekthaftungsansprüche verjähren nach § 13 Abs. 1 Nr. 3 VerkProspG i.V.m. § 46 BörsG in einem Jahr nach Kenntnis des Prospektmangels, spätestens aber drei Jahre nach Prospektveröffentlichung. Da sich die bürgerlich-rechtliche Prospekthaftung bei der Bestimmung der Verjährung nicht an den allgemeinen Vorschriften des BGB, sondern hauptsächlich an der spezialgesetzlichen Prospekthaftung orientierte, entspricht die Verjährung weithin der bisherigen Regelung für Prospekthaftungsansprüche für Anleger an geschlossenen Fonds, so dass bedenkenlos auf die Ausführungen zur alten Rechtslage verwiesen werden kann.[757]

h) Sonstige Haftungsbeschränkungen/-ausschlüsse

Im Rahmen der bisherigen Untersuchung wurden schon diverse Haftungsausschlüsse bzw. -beschränkungen behandelt, die an dieser Stelle nur in der gebotenen Kürze vervollständigt werden sollen.

§ 13 Abs. 1 VerkProspG i.V.m. § 47 Abs. 1 BörsG enthält die Maßgabe, dass eine Vereinbarung, durch die der Anspruch aus § 44 BörsG im Voraus ermäßigt oder erlassen wird, unwirksam ist. Auch bei der bürgerlich-rechtlichen Prospekthaftung besteht indes weitgehend Einigkeit in Rechtsprechung und Literatur, dass sich die Prospektverantwortlichen nicht von ihrer Haftung frei zeichnen können,[758] so dass sich diesbezüglich keine Veränderungen zur alten Rechtslage ergeben. Eine Freizeichnung widerspräche den Überlegungen zum Vertrauensschutz des Anlegers, auf denen die Prospekthaftung aufbaut.[759]

Eine Anrechnung eines anlegerseitigen Mitverschuldens im Rahmen der haftungsbegründenden Kausalität ist gemäß § 13 Abs. 1 VerkProspG i.V.m. § 45 Abs. 2 Nr. 3 BörsG abschließend geregelt. Die Haftung der Prospektverantwortlichen entfällt danach ausschließlich bei Kenntnis des Erwerbers von der Fehlerhaftigkeit des Prospekts. Maßgeblicher Erwerbszeitpunkt ist dabei der Ab-

756 *BegrRegE*, BT-Drs. 15/3174, S. 44.

757 Vgl. Zweites Kapitel II. 1. h).

758 *BGH* NZG 2002, S. 468, 469; *Assmann*, in: Assmann/Schütze, 1997, § 7 Rn. 169; *Pleyer/Hegel*, ZIP 1985, S. 1370, 1376.

759 Vgl. hierzu die Ausführungen zur bürgerlich-rechtlichen Prospekthaftung Zweites Kapitel II. 1. g) bb).

schluss des Verpflichtungsgeschäfts. Die positive Kenntnis muss sich auf diejenigen Prospektangaben beziehen, auf die der Anleger seine Klage stützt.[760] Der Anspruchsgegner trägt für ein Mitverschulden die Beweislast, § 13 Abs. 1 VerkProspG i.V.m. § 45 Abs. 1 BörsG, das heißt, für eine Entlastung der Prospektverantwortlichen ist der Nachweis positiver Kenntnis des Anlegers erforderlich, fahrlässige, auch grob fahrlässige Unkenntnis schadet entgegen § 254 BGB nicht.[761] Bei der bürgerlich-rechtlichen Prospekthaftung vertritt der *BGH* insgesamt ebenfalls eine restriktive Handhabung des § 254 BGB; ein Mitverschulden des Anlegers lag danach bislang dann vor, wenn er bei Anwendung *zumutbarer* Sorgfalt den Prospektmangel ohne weiteres hätte erkennen können.[762] Entgegen der alten Rechtslage lässt nun jedoch auch eine leichtfertige Unkenntnis den Anspruch des Anlegers nicht mehr entfallen. Die gesetzliche Neuregelung ist an dieser Stelle also anlegerfreundlicher.

Im Rahmen der haftungsausfüllenden Kausalität wird demgegenüber nach wie vor ein Mitverschulden nach den allgemeinen Regeln des § 254 BGB bestimmt. Falls der Anleger seine Vermögensanlage bereits weiterveräußert hat, trifft ihn eine Schadensminderungspflicht dahingehend, dass er seine Vermögensanlage nicht unter dem erzielbaren Kurs veräußert, denn sonst erhöht er die zu ersetzende Differenz.[763] Diese Pflicht wird allerdings nach dem derzeitgen Stand bei geschlossenen Fonds keine allzu große Rolle spielen, weil sich ein Sekundärmarkthandel, wie schon mehrfach dargelegt, in diesem Marktsegment noch wenig ausgebildet hat. Im Regelfall wird der Anleger eines geschlossenen Fonds damit bei Geltendmachung seines Anspruchs noch Inhaber der Vermögensanlage sein. Dann ist aber für eine Schadensminderungspflicht nach § 254 BGB schon deshalb kein Raum, weil der Haftungsadressat nach § 13 Abs. 1 VerkProspG i.V.m. § 44 Abs. 1 BörsG stets den ersten Erwerbspreis zu erstatten hat.[764]

i) Konkurrenzen

Wie bis hierhin aufgezeigt, bestehen gewisse Abweichungen der Prospekthaftung nach dem VerkProspG von der bürgerlich-rechtlichen. So ist beispielsweise der Prospektbegriff der bürgerlich-rechtlichen Prospekthaftung nicht schon

---

760 *Schwark*, in: Schwark, Kapitalmarktrechts-Kommentar, 2004, § 45 BörsG Rn. 56.

761 *Schwark*, in: Schwark, Kapitalmarktrechts-Kommentar, 2004, § 45 BörsG Rn. 56; das Erfordernis positiver Kenntnis ist damit u.a. auf den Umstand abgestimmt, dass der Anleger den Prospekt nicht gelesen zu haben braucht, vgl. *Brandt*, Prospekthaftung, 2005, S. 139.

762 *BGHZ* 71, S. 284, 292.

763 In dem Fall richtet sich der Veräußerungspreis nicht nach dem erzielten Veräußerungserlös, sondern nach dem objektiv erzielbaren Verkaufspreis, vgl. *Groß*, Kapitalmarktrecht, 2006, §§ 44, 45 BörsG Rn. 87.

764 *Schwark*, in: Schwark, Kapitalmarktrechts-Kommentar, 2004, § 45 BörsG Rn. 67.

durch eine Reglementierung von unmittelbaren Prospektpflichten vorgeprägt und trotz mangelnder abschließender Definition weiter zu verstehen als der Prospektbegriff der verkaufsprospektrechtlichen Prospekthaftung. Darüber hinaus schließt die bürgerlich-rechtliche Haftung die so genannten Garanten mit in die Haftung ein, während eine solche Garantenhaftung im Bereich der spezialgesetzlichen Haftung zumindest bislang ausgeschlossen ist. Daran schließt sich die Frage nach einer Anwendbarkeit der bürgerlich-rechtlichen Prospekthaftung neben den verkaufsprospektrechtlichen Haftungsvorschriften bzw. generell nach Anspruchskonkurrenzen an.

Gemäß § 13 Abs. 1 VerkProspG i.V.m. § 47 Abs. 2 BörsG bleiben weitergehende Ansprüche, die nach den Vorschriften des bürgerlichen Rechts auf Grund von Verträgen oder vorsätzlichen unerlaubten Handlungen erhoben werden können, unberührt. Damit werden sowohl vertragliche als auch nebenvertragliche Ansprüche gegen die Prospektverantwortlichen durch § 13 VerkProspG i.V.m. §§ 44 f. BörsG nicht ausgeschlossen. Erforderlich ist allerdings eine vertragliche Beziehung zwischen Anleger und Prospektverantwortlichen.[765] Von § 13 Abs. 1 VerkProspG i.V.m. § 47 Abs. 2 BörsG werden damit auch Ansprüche aus der bürgerlich-rechtlichen Prospekthaftung i.w.S. erfasst, denn hierbei handelt es sich um Ansprüche aus Verletzung vorvertraglicher Pflichten. Diesen Standpunkt hat der Gesetzgeber auch klar in seiner Regierungsbegründung zum AnSVG vertreten. Ansprüche aus zivilrechtlicher Prospekthaftung i.w.S. gegen von § 13 VerkProspG i.V.m. § 44 BörsG nicht erfasste, am Vertrieb der Vermögensanlagen im Sinne von § 8f Abs. 1 VerkProspG Beteiligte, wie z.B. Vermittler, werden danach durch die Neuregelung nicht berührt.[766]

Darüber hinaus können nur vorsätzliche unerlaubte Handlungen im Anwendungsbereich der Haftung für fehlerhafte Verkaufsprospekte geltend gemacht werden. Der Gesetzgeber hat sich damit klar gegen den Schutzgesetzcharakter des § 13 VerkProspG[767] im Sinne des § 823 Abs. 2 BGB entschieden. Auch Ansprüche aus unerlaubter Handlung sollen damit der Ausnahmefall bleiben, damit die Voraussetzungen der verkaufsprospektrechtlichen Prospekthaftung nicht unterlaufen werden.[768]

Im Umkehrschluss ergibt sich aus § 13 Abs. 1 VerkProspG i.V.m. § 47 Abs. 2 BörsG, dass alle sonstigen Ansprüche demgegenüber im Anwendungsbereich der Haftung für fehlerhafte Verkaufsprospekte ausgeschlossen sein sollen.[769] Es wurde lange Zeit eine Anwendung der bürgerlich-rechtlichen Pros-

765 *Groß*, Kapitalmarktrecht, 2006, § 47 BörsG Rn. 2; *Kort*, AG 1999, S. 9, 18.

766 *BegrRegE*, BT-Drs. 15/3174, S. 44.

767 Wie auch §§ 44 f. BörsG.

768 Für die börsengesetzliche Prospekthaftung *Groß*, Kapitalmarktrecht, 2006, § 47 BörsG Rn. 2.

769 So auch ausdrücklich die Regierungsbegründung zum 3. FMFG, BT-Drs. 13/8933, S. 54, 81.

pekthaftung i.e.S. insbesondere neben der börsengesetzlichen Prospekthaftung diskutiert.[770] Der Gesetzgeber hat sich mit der Einführung des VerkProspG 1991 aber dafür entschieden, eine Prospekthaftung in Anlehnung an die börsengesetzlichen Haftungsregelungen zu schaffen und sich gerade nicht an den Grundsätzen der bürgerlich-rechtlichen Haftung orientiert. Es wurde ursprünglich zwar überlegt, ein eigenes Haftungssystem für Verkaufsprospekte zu schaffen; dieser Gedanke wurde aber eindeutig zugunsten einer entsprechenden Anwendung der börsengesetzlichen Haftung aufgegeben. Daraus schließen die Rechtsprechung und auch die überwiegende Literatur, dass der Gesetzgeber ganz bewusst davon abgesehen hat, ein Regelungswerk zu schaffen, das der allgemeinen zivilrechtlichen Prospekthaftung entspricht.[771] Die h.M. hat sich somit spätestens seit Einführung des VerkProspG 1991 ganz deutlich für eine allgemein abschließende Regelung der spezialgesetzlichen Prospekthaftung ausgesprochen, denn andernfalls würden die Beschränkungen der spezialgesetzlichen Haftung gegenstandslos.

Die neuen Regelungen im VerkProspG für geschlossene Fonds wurden genauso in das börsengesetzliche Haftungssystem integriert. Selbst § 13a VerkProspG, durch den ein eigenes Haftungssystem geschaffen wurde, weil eine Haftung für fehlende Prospekte im Börsenrecht nicht existiert, orientiert sich in seinen Voraussetzungen an § 13 VerkProspG und damit an den börsengesetzlichen Haftungsregeln. Es ist damit davon auszugehen, dass sämtliche sonstigen Ansprüche, die nicht von § 47 Abs. 2 BörsG erfasst werden, insbesondere also auch solche aus bürgerlich-rechtlicher Prospekthaftung i.e.S. zumindest im Anwendungsbereich der Haftung für fehlerhafte Vermögensanlagenverkaufsprospekte ausgeschlossen sein sollen. Damit lässt sich eine generelle Garantenhaftung auch nicht in (entsprechender) Anwendung der bürgerlich-rechtlichen Prospekthaftung begründen.

Offen bleibt aber die Frage nach einer Haftung gemäß den Grundsätzen der bürgerlich-rechtlichen Prospekthaftung i.e.S., soweit die Haftung für fehlerhafte Verkaufsprospekte nicht anwendbar ist. Zu nennen ist im Speziellen die Haftung für *prospektähnliche* Schriftstücke, also gerade nicht vom verkaufsprospektrechtlichen Prospektbegriff umfasste schriftliche Werbemittel, die eventuell von der bürgerlich-rechtlichen Prospekthaftung i.e.S. umfasst würden. Zwar ist bei der bürgerlich-rechtlichen Haftung der Prospektbegriff auch ungeklärt, im Ergebnis wird hier aber von der herrschenden Meinung ein weiter Anwendungsbereich

770 Vgl. z.B. *Hopt*, Die Verantwortlichkeit der Banken bei Emissionen, 1991, Rn. 100 Fn. 133; *Grundmann*, in: Schimanski/Bunte/Lwowski, Band 3, § 112 Rn. 49; *Köndgen*, AG 1983, S. 120, 130; *Assmann*, AG 1996, S. 508, 512.

771 *OLG Bremen* DB 1997, S. 1305, 1306; *OLG Frankfurt* WM 1997, S. 361; *Schwark*, in: Schwark, Kapitalmarktrechts-Kommentar, 2004, § 45 BörsG Rn. 73; *Kümpel*, Bank- und Kapitalmarktrecht, 2004, Rn. 9.349; *Kort*, AG 1999, S. 9, 19; *Groß*, AG 1999, S. 199, 209; *Kersting*, WM 1997, S. 1969, 1975.

befürwortet. Der bürgerlich-rechtliche Prospektbegriff ist so nach einer verbreiteten Definition *jede marktbezogene schriftliche Erklärung, die für die Beurteilung der Anlage erhebliche Angaben enthält oder den Eindruck eines solchen Inhalts erwecken soll.*[772] Aus der folgenden Diskussion scheiden damit schon von vornherein sämtliche Werbemaßnahmen aus, die nicht den Eindruck vermitteln, die für die Beurteilung der Anlage erheblichen Angaben zu enthalten, weil dann noch nicht einmal mehr die Grundsätze der bürgerlich-rechtlichen Prospekthaftung zur Anwendung gelangen.

§ 13 VerkProspG schreibt lediglich die Haftung für fehlerhafte Verkaufsprospekte im Sinne des VerkProspG fest.[773] Damit fallen solche Werbeveröffentlichungen, die nicht unter den Prospektbegriff des VerkProspG fallen, aus dem Anwendungsbereich des § 13 VerkProspG heraus. Nach dem oben Gesagten kann in dem Fall, in dem der Anwendungsbereich der spezialgesetzlichen Prospekthaftung gar nicht eröffnet ist, eine Anwendung der bürgerlich-rechtlichen Prospekthaftung i.e.S. grundsätzlich in Betracht gezogen werden. Ein Großteil der Literatur tritt dafür ein, vertriebsbezogene Werbeveröffentlichungen außerhalb des Verkaufsprospekts den Grundsätzen der bürgerlich-rechtlichen Prospekthaftung zu unterwerfen.[774] *Fleischer* führt in seinem Gutachten zum 64. Deutschen Juristentag aus, dass andernfalls ein haftungsrechtlicher Freiraum entstünde, der sachlich nicht zu rechtfertigen wäre und rechtsvergleichend hinter den Haftungsstandard entwickelter Kapitalmärkte zurückfiele.[775]

Wie schon in der Auseinandersetzung mit dem Prospektbegriff der bürgerlich-rechtlichen Prospekthaftung ausgeführt, muss allerdings die Schutzwürdigkeit der Anleger bei solchen Werbeschreiben schon deshalb in Frage gestellt werden, weil sie der bloßen Anpreisung dienen und somit offenkundig nicht dazu in der Lage bzw. auch nicht dazu geschaffen sind, den Interessenten ein vollständiges Bild über die Kapitalanlage zu vermitteln. Würde man den Anlegern von geschlossenen Fonds nach neuer Rechtslage einen Anspruch aus bürgerlich-rechtlicher Prospekthaftung i.e.S. für diese Fälle zugestehen, würde man hinnehmen, dass die „Prospekt"-Verantwortlichen in Fällen fehlerhafter Werbeschreiben stärker in die Haftung gezogen würden als bei der Herausgabe eines Verkaufsprospektes, obwohl Anleger in ihrem Vertrauen weniger schutzwürdig sind. Diese Lösung erscheint auf den ersten Blick wenig sachgerecht.

Auf der anderen Seite werden vertriebsbezogene schriftliche Werbemittel gerade in dem hier behandelten Marktsektor gerne zur Anlockung von potentiellen

---

772 Vgl. Zweites Kapitel II. 1. c) aa).

773 Zum verkaufsprospektrechtlichen Prospektbegriff vgl. Drittes Kapitel II. 1.

774 Vgl. *Groß*, Kapitalmarktrecht, 2006, § 47 BörsG Rn. 4 ff.; *Hauptmann*, in: Vortmann, Prospekthaftung und Anlageberatung, 2000, § 3 Rn. 137; *Assmann*, Prospekthaftung, 1985, S. 314 f.; *Fleischer*, Gutachten zum 64. DJT, 2002, F 55 f.

775 *Fleischer*, Gutachten zum 64. DJT, 2002, F 56.

Anlegern ge- bzw. missbraucht, so dass auch dabei kein rechtsfreier Raum in dem Sinne entstehen darf, dass Anbieter marktbezogene Publikationen gefahrlos verbreiten können. Der Gesetzgeber ist deshalb zumindest zur Verhaltenssteuerung der Anbieter angehalten. Es bietet sich hierbei ein Blick auf den Wertpapiermarkt an. Denn dort besteht neuerdings eine entsprechende Regelung in § 15 WpPG.

Gemäß § 15 Abs. 1 WpPG unterliegt nun jede Art von Werbung, die sich auf ein öffentliches Angebot von Wertpapieren oder auf eine Zulassung zum Handel an einem organisierten Markt bezieht, neben dem Verkaufsprospekt selber besonderen Maßgaben, die gesondert in den Absätzen 2 bis 6 des § 15 WpPG geregelt sind. Nach § 15 Abs. 2 WpPG ist in allen Werbeanzeigen darauf hinzuweisen, dass ein Prospekt veröffentlicht wurde oder zur Veröffentlichung ansteht und auch, wo die Anleger diesen erhalten können. Gemäß § 15 Abs. 3 WpPG müssen Werbeanzeigen darüber hinaus als solche klar erkennbar sein und die in der Werbeanzeige enthaltenen Angaben dürfen weder unrichtig oder irreführend sein, noch im Widerspruch zu den Angaben stehen, die der Prospekt enthält oder die im Prospekt enthalten sein müssen, falls dieser erst zu einem späteren Zeitpunkt veröffentlicht wird. Schließlich müssen gemäß § 15 Abs. 4 WpPG alle über das öffentliche Angebot oder die Zulassung zum Handel an einem organisierten Markt verbreiteten Informationen, auch wenn sie nicht Werbezwecken dienen, mit den im Prospekt enthaltenen Angaben übereinstimmen. Bei einem Verstoß liegt gemäß § 30 Abs. 2 Nr. 1 WpPG eine Ordnungswidrigkeit vor, die mit einer Geldbuße bestraft wird, § 30 Abs. 3 WpPG. Darüber hinaus hat die *BaFin* gemäß § 15 Abs. 6 WpPG die Möglichkeit, bei Anhaltspunkten von Verstößen gegen die genannten Maßnahmen die Werbung für (höchstens) zehn aufeinander folgende Tage auszusetzen bzw. die Werbung mit Angaben sogar insgesamt zu untersagen, wenn diese geeignet sind, über den Umfang der Prospektprüfung durch die *BaFin* (§§ 13, 16 WpPG) irrezuführen.

Mit § 15 WpPG wird in Deutschland erstmalig das Verhältnis von Prospekt einerseits und außerhalb des Prospekts verbreiteter Information andererseits geregelt und begrenzt.[776] Im Ergebnis ist der Gesetzgeber auch bei vertriebsbezogenen Werbeanzeigen, die neben dem Prospekt veröffentlicht werden, gewillt, ein sauberes Informationsverhalten der Emittenten sicherzustellen. § 15 WpPG zielt allerdings nicht auf eine Verhaltenssteuerung durch Schadensrecht, also auf eine Kompensation der eingetretenen Anlegerschäden ab, sondern beschränkt sich auf einen öffentlich-rechtlichen Sanktionsmechanismus, nämlich das Ordnungswidrigkeitsrecht. Die Anbieter sollen durch Bußgelder und Werbesperren zu ordnungsgemäßem Informationsverhalten angehalten werden. § 15 WpPG wird schließlich dem Umstand gerecht, dass prospektähnliche Werbemittel gerade keinen derart umfassenden Vertrauenstatbestand begründen wie Verkaufs-

---

776 *Groß*, Kapitalmarktrecht, 2006, § 15 WpPG Rn. 1.

prospekte. Schriftliche Werbemittel nehmen nicht die Stellung eines zentralen Informationsmediums des Primärmarktes ein, eine Verhaltenssteuerung durch Haftung stößt damit eigentlich an seine Grenzen.

Für geschlossene Fonds ist dementsprechend eine dem § 15 WpPG identische Regelung wünschenswert. Die Anwendung der bürgerlich-rechtlichen Prospekthaftung, die in ihren Haftungsvoraussetzungen weiter ist als die verkaufsprospektgesetzliche, erscheint indessen nicht verhältnismäßig. Um die derzeitige Lücke für schriftliche Werbeveröffentlichung zu schließen, könnte man anstelle der Anwendung der bürgerlich-rechtlichen Prospekthaftung an eine analoge Anwendung des § 15 WpPG denken. Dabei ist allerdings der Umstand beachtlich, dass der Gesetzgeber im VerkProspG mit § 8j Abs. 1 eine dem § 15 Abs. 6 Satz 2 WpPG identische Regelung geschaffen hat. Gemäß § 8j Abs. 1 VerkProspG kann die *BaFin* die Werbung mit Angaben untersagen, die geeignet sind, über den Umfang der Prüfung nach § 8i Abs. 2 VerkProspG irrezuführen. Darüber hinaus ist der Anbieter gemäß § 12 VerkProspG verpflichtet, in allen sonstigen Veröffentlichungen, in denen das öffentliche Angebot von Vermögensanlagen im Sinne des § 8f Abs. 11 VerkProspG angekündigt und auf die wesentlichen Merkmale der Vermögensanlage hingewiesen wird, einen Hinweis auf den Verkaufsprospekt und dessen Veröffentlichung aufzunehmen. Ein Verstoß stellt eine bußgeldbewehrte Ordnungswidrigkeit dar (§ 17 Abs. 1 Nr. 7 VerkProspG). Diese Regelung ist mit § 15 Abs. 2 WpPG vergleichbar. Damit hat der Gesetzgeber sonstige Werbeanzeigen der Anbieter geschlossener Fonds durchaus bedacht, aber gerade nicht so umfassend reglementiert wie im WpPG. Es sind also schon die Voraussetzungen für eine analoge Anwendung fraglich. Zweifelhaft ist insoweit die Planwidrigkeit der Regelungslücke.

Der Gesetzgeber äußert sich indessen weder dazu, ob § 8j bzw. § 12 VerkProspG insofern abschließende Regelungen darstellen sollen, noch ob daneben die bürgerlich-rechtliche Prospekthaftung zur Anwendung kommen kann. Da letzteres von der herrschenden Lehre bislang vertreten wurde, kann davon ausgegangen werden, dass der Gesetzgeber diese Lösung für geschlossene Fonds – trotz des Wertungswiderspruchs – zunächst ebenfalls für sinnvoll erachtet hat. Dahinter könnte der Gedanke stehen, dass gerade auf dem „grauen" Kapitalmarkt bis zum letzten Jahr unseriöse Werbung weit verbreitet war. Schriftliche Werbemittel wurden häufig zur Irreführung von Kleinanlegern eingesetzt. Es wäre deshalb durchaus möglich, dass der Gesetzgeber zunächst abwarten will, ob die neuen Prospektierungspflichten die Masse an irreführender Werbung eindämmen können.

Wenn man mit einem Großteil der Literatur die Grundsätze der bürgerlich-rechtlichen Prospekthaftung vorliegend zur Anwendung kommen lässt, dann sollte die Frage nach inhaltlicher Richtigkeit von neben Verkaufsprospekten erstellten Werbebroschüren zumindest anhand einer engen Definition des bürgerlich-rechtlichen Prospektbegriffs und der Umstände des Einzelfalls beantwortet werden. Dass nämlich lediglich wenige Informationen vermittelnde Broschüren keinen Anspruch auf umfassende und für die Anlageentscheidung hinreichend vollständige Darstellung erheben, wird zumeist offenkundig sein, und sähe man solche als Prospekte an, wäre regelmäßig eine Haftung aufgrund Unvollständigkeit gegeben; die Voraussetzungen der verkaufsprospektrechtlichen Prospekthaftung würden durch die bürgerlich-rechtliche Haftung insoweit ausgehebelt.[777]

Die bürgerlich-rechtliche Prospekthaftung i.e.S. ist im Ergebnis zumindest im Anwendungsbereich der Prospekthaftung nach VerkProspG ausgeschlossen. Für Werbeschreiben, die den Anforderungen an einen Verkaufsprospekt im Sinne der §§ 8f Abs. 1, 13, 13a VerkProspG nicht entsprechen, sollte die bürgerlich-rechtliche Prospekthaftung eingreifen, um Sanktionslücken zu vermeiden. Wünschenswert ist Regelung wie in § 15 WpPG für diese Fälle; eine analoge Anwendung scheitert derzeit an der planwidrigen Regelungslücke.

3. Prospekthaftung bei fehlendem Prospekt, § 13a VerkProspG

Neu wurde nunmehr eine Prospekthaftung für fehlende Verkaufsprospekte in das VerkProspG eingefügt. Nach der Regelung des § 13a Abs. 1 S. 1 VerkProspG kann der Erwerber von Vermögensanlagen von dem Emittenten und dem Anbieter als Gesamtschuldnern die Übernahme der Vermögensanlagen gegen Erstattung des Erwerbspreises verlangen, wenn ein Verkaufsprospekt entgegen § 8f VerkProspG *nicht* veröffentlicht wurde.[778]

Auffällig ist hierbei zunächst die Abweichung zur börsengesetzlichen Prospekthaftung, denn dort besteht keine Regelung wie § 13a VerkProspG, und eine Haftung ist nur im Falle eines fehlerhaften Prospektes nach den §§ 44 ff. BörsG vorgesehen (Parallelregelung zu § 13 VerkProspG). Das resultiert allerdings daraus, dass im Gegensatz zum Börsenhandel mit Wertpapieren der Vertrieb von geschlossenen Fonds (genauso wie der Vertrieb von Wertpapieren, die außerbörslich gehandelt werden[779]) auch ohne Veröffentlichung eines Verkaufsprospekts praktisch stets möglich ist. Obwohl auch für geschlossene Fonds neuerdings ausgiebige Prospektierungspflichten bestehen, haben Anbieter die Möglichkeit, die Vermögensanlage jederzeit öffentlich anzubieten und zu vertreiben, ohne vorher einen gesetzlich vorgeschriebenen Verkaufsprospekt veröf-

777 *Hauptmann*, in: Vortmann, Prospekthaftung und Anlageberatung, 2000, § 3 Rn. 139.

778 Gleiches gilt für den Erwerber von Wertpapieren, die nicht zum Handel an einer inländischen Börse zugelassen sind.

779 Auch wenn vom Wortlaut des § 13 bzw. § 13a VerkProspG nur Wertpapiere erfasst sind, *„die nicht zum Handel an einer inländischen Börse zugelassen sind"*, ist davon auszugehen, dass alle Wertpapierprospekte nach dem WpPG, auch wenn es sich dabei um Prospekte für bereits zugelassene Wertpapiere handelt, von der Haftungsregelung der §§ 13, 13a VerkProspG erfasst werden (ausgenommen natürlich Börsenzulassungsprospekte), vgl. ausführlich *Groß*, Kapitalmarktrecht, 2006, § 13 VerkProspG Rn. 2 ff.

fentlicht zu haben. Im Gegensatz dazu kann der Börsenhandel mit Wertpapieren regelmäßig nur dann erfolgen, wenn das Wertpapier zum Börsenhandel zugelassen ist. Die Zulassung zum amtlichen oder geregelten Markt erfordert aber grundsätzlich schon einen Börsenzulassungsprospekt bzw. Unternehmensbericht. Ohne diese ist ein Börsenhandel in der Regel gar nicht möglich, es sei denn, ein Befreiungstatbestand im Sinne der BörsZulV bzw. des BörsG liegt vor. Das Bedürfnis einer Prospekthaftung bei fehlendem Prospekt für den Börsenhandel mit Wertpapieren besteht somit nicht. Hingegen ist eine Haftung bei fehlendem Verkaufsprospekt für Vermögensanlagen im Sinne von § 8f Abs. 1 VerkProspG bzw. genauso auch für Wertpapiere, die nicht zum Handel an einer inländischen Börse zugelassen sind, zumindest vor dem Hintergrund der gesetzgeberischen Zielsetzung nachvollziehbar.

In der Vergangenheit konnte eine Haftung für fehlende Verkaufsprospekte von geschlossenen Fonds gleichfalls nicht begründet werden, weil die bürgerlich-rechtliche Prospekthaftung gerade den in diesen Fällen fehlenden Verkaufsprospekt voraussetzt und ein nicht vorhandener Prospekt nicht unrichtig oder unvollständig sein kann. Bei Wertpapieren, die nicht zum Handel an einer inländischen Börse zugelassen sind, war die *BaFin* nach § 1 VerkProspG a.F. bei pflichtwidriger Nichterstellung eines Verkaufprospekts lediglich gemäß § 8i Abs. 3 VerkProspG a.F. ermächtigt, das Angebot bzw. den Vertrieb von Wertpapieren, die dem VerkProspG a.F. unterlagen, zu untersagen bzw. war ein Verstoß bußgeldbewehrt. § 13 VerkProspG a.F. fand insoweit keine Anwendung, weil der Wortlaut der Norm genau wie die bürgerlich-rechtliche Haftung das Vorhandensein eines Prospekts forderte. Dementsprechend war auch die bürgerlich-rechtliche Prospekthaftung als Auffangtatbestand ausgeschlossen. Vorvertragliche Aufklärungspflichten scheiterten größtenteils an der Voraussetzung des vorvertraglichen Kontakts, so dass schließlich nur eine deliktsrechtliche Haftung aus § 826 BGB, § 823 Abs. 2 BGB i.V.m. §§ 1, 9 VerkProspG a.F. in Betracht kam, die schon bei einfacher Fahrlässigkeit greifen sollte. Dies setzte allerdings voraus, dass die §§ 1, 9 VerkProspG a.F. Schutzgesetze i.S.d. § 823 Abs. 2 BGB zugunsten des Anlegers waren. Die Prospektpflicht durfte dementsprechend nicht bloßer Rechtsreflex des allgemeinen Publikumsschutzes sein, sondern sie musste zumindest *auch* dem Individualschutz zu dienen bestimmt sein. Die Rechtslage war im Ergebnis unklar,[780] wobei die Begründung zum Regierungs-

780 Dies bejahend *Hamann*, in: Schäfer, WpHG etc., 1999, § 13 VerkProspG a.F. Rn. 12; *Heidelbach*, in: Schwark, Kapitalmarktrechts-Kommentar, 2004, § 1 VerkProspG, Rn. 45; *Hüffer*, Das Wertpapier-Verkaufsprospektgesetz, 1996, S. 159; offen gelassen, aber wohl Tendenz dahingehend, dass dem Gesetz ein auch individualschützender Charakter zu eigen ist *Assmann*, in: Assmann/Schütze, 1997, § 7 Rn. 54 bzw. *Assmann*, in: Assmann/Lenz/Ritz, VerkProspG, 2001, § 13 Rn. 12.

entwurf des VerkProspG a.F. eher gegen einen solchen Schutzgesetzcharakter sprach.[781]

Das Schrifttum hat zwar überwiegend eine zivilrechtliche Haftung bei fehlendem Prospekt gefordert, ließ eine Begründung für dieses Bedürfnis aber vermissen. Auch die Regierungsbegründung zum AnSVG enthält keine klare Aussage zum Grund für die Einführung des § 13a VerkProspG. Beachtlich ist, dass sich die Situation bei § 13a VerkProspG anders darstellt als bei § 13 VerkProspG. Die Anleger haben sich nicht im Vertrauen auf Prospektangaben an einem geschlossenen Fonds beteiligt, sondern es wurde gar kein Prospekt herausgegeben, so dass streng genommen noch nicht einmal ein „typisierter Vertrauenstatbestand" geschaffen wurde. Es fehlt insofern an einem Näheverhältnis. Durch § 13a VerkProspG kann dementsprechend nicht das Vertrauen des Anlegers in das Zutreffen einer konkreten, von ihm wahrgenommenen Information bzw. in das Fehlen mitzuteilender Umstände geschützt werden. § 13a VerkProspG bezweckt dagegen einen Schutz des allgemeinen Vertrauens dahingehend, dass der Emittent den Kapitalmarkt pflichtgemäß informiert und dient als strenge Sanktionsnorm zur Gewährleistung von Prospektpublizität. Wie schon im Ersten Teil dieser Untersuchung dargestellt und innerhalb der Untersuchung des § 13 VerkProspG verdeutlicht, wird die Prospekthaftung zunehmend als ein wirtschaftliches Institut zur Sicherstellung der Marktinformation beim Vertrieb von Kapitalanlagen verstanden.[782] Ihre Funktion erschöpft sich damit nicht mehr im Ausgleich des Schadens, den der einzelne Anleger erlitten hat. Vielmehr soll sie primär präventiv wirken. Eine kapitalmarktrechtliche Haftungsfolge übt auf den Anbieter größere Anreize zur Normbefolgung aus, als es ein rein öffentlichrechtlicher Sanktionsapparat gewährleisten kann.[783] Die Drohung mit Haftungsfolgen gehört schließlich zu den wirksamsten und damit wichtigsten Instrumenten zur Durchsetzung der Emittentenpublizität.[784]

Da die Einführung einer Haftung für fehlende Verkaufsprospekte mit der Integration von Vermögensanlagen im Sinne des § 8f VerkProspG in das VerkProspG einherging, ist davon auszugehen, dass dies den Ausschlag für die Neuregelung in § 13a VerkProspG gab, weil die bis dahin geltende bußgeldbewerte Sanktion für die von § 8f VerkProspG erfassten Vermögensanlagen offenbar vom Gesetzgeber als nicht mehr ausreichend erachtet wurde.[785] § 13a VerkProspG folgt damit vorrangig einem Präventionsgedanken und dient einer

---

781 Die Regierungsbegründung führte als Zweck des Gesetzes die Verbesserung der „Transparenz der Wertpapiermärkte zum Schutze der Anleger" an, vgl. *BegrRegE*, BT-Drs. 11/6340, S. 11.

782 *Merkt*, Unternehmenspublizität, 2001, S. 279; *Assmann*, Prospekthaftung, 1985, S. 248 f.; *Lenenbach*, Kapitalmarkt- und Börsenrecht, 2002, Rn. 8.78.

783 So z.B. auch *Brellochs*, Publizität und Haftung, 2005, S. 198.

784 *Merkt*, Unternehmenspublizität, 2001, S. 480.

785 *Groß*, Kapitalmarktrecht, 2006, § 13a VerkProspG Rn. 2.

strikten Durchsetzung der Prospektpublizität. Der deutsche Gesetzgeber trägt so ein pönales Moment in die Prospekthaftung hinein und unterstreicht damit den überragenden Stellenwert, den er der Prospektpflicht und ihrer wirkungsvollen Durchsetzung für den Anlegerschutz beimisst.[786] Aus diesem Gedanken heraus wird eine bislang bestehende Haftungslücke bei fehlenden Prospekten geschlossen. Gäbe es keine zivilrechtliche Haftung, wenn die eigentlichen Prospektverantwortlichen gar keinen Verkaufsprospekt veröffentlichen, dann würden diese gegenüber denjenigen, die sich grundsätzlich an die gesetzlichen Vorgaben halten, aber einen fehlerhaften Prospekt herausbringen, privilegiert. Es liegt dann der Gedanke nahe, dass sich Anbieter aus Angst vor den weitreichenden Haftungsfolgen bei einem Prospektfehler eventuell vor der Veröffentlichung eines Prospektes ganz und gar „drücken" und lediglich mit offensichtlich unvollständigen Informationen, die auch nicht von der bürgerlich-rechtlichen Prospekthaftung erfasst werden, für die Kapitalanlage werben. Das ist aber gerade nicht im Sinne des Gesetzgebers. § 13a VerkProspG trägt damit insgesamt zu einem lückenloseren primärmarktlichen Haftungssystem bei und schafft so eine einheitliche zivilrechtliche Haftung für *jede* Verletzung der kapitalmarktrechtlichen Publizitätspflichten.

Die Anspruchsvoraussetzungen des § 13a VerkProspG wurden im Wesentlichen denen des Anspruchs wegen fehlerhafter Prospekte nachgebildet.[787] Durch die gesetzliche Ausgestaltung der Norm werden Verletzungen von Publizitätspflichten durch Unterlassen der vom Gesetz geforderten Information einer Verletzung durch Tun, nämlich durch Herausgabe eines fehlerhaften Prospektes, dem Grunde nach gleichgesetzt,[788] auch wenn sich in den Voraussetzungen gewisse Unterschiede ergeben.

Neben der zivilrechtlichen Haftung greift weiterhin das öffentlich-rechtliche Sanktionssystem, falls Anbieter und Emittent entgegen § 8f Abs. 1 VerkProspG vorsätzlich oder grob fahrlässig (leichtfertig) keinen Verkaufsprospekt veröffentlichen, § 17 Abs. 1 Nr. 1 VerkProspG. Handelten die Prospektverantwortlichen mindestens leichtfertig, kann die Bundesanstalt ihnen auch ein Bußgeld auferlegen. Außerdem untersagt sie gemäß § 8i Abs. 4 VerkProspG das öffentliche Angebot, sobald sie Anhaltspunkte dafür hat, dass entgegen § 8f Abs. 1 VerkProspG kein Verkaufsprospekt veröffentlicht wurde. Die Kombination von zivilrechtlichen und öffentlich-rechtlichen Sanktionen verdeutlicht das Bestreben des Gesetzgebers, sicherzustellen, dass der Anleger im Vorfeld seiner Anlageentscheidung über ausreichende Information verfügt, um die angebotenen Anlageobjekte zu bewerten.

---

786 *Fleischer*, WM 2004, S. 1897, 1902.

787 Vgl. *BegrRegE*, BT-Drs. 15/3174, S. 44.

788 Vgl. ausführlich zum Zweck der Gleichwertigkeit von Tun und Unterlassen bei Publizitätspflichtverletzungen *Brellochs*, Publizität und Haftung, 2005, S. 197 ff.

Da der Gesetzgeber die Anspruchsvoraussetzungen und Ausschlussgründe des § 13a VerkProspG im Wesentlichen denen des Anspruchs wegen fehlerhafter Prospekte (§ 13 VerkProspG) nachgebildet hat, werden nachfolgend vor allem die Eigenheiten des § 13a VerkProspG dargestellt. Für die Merkmale des Anspruchsberechtigten und der Anspruchsverpflichteten (§ 13a Abs. 1 Satz 1 VerkProspG) sowie die Verjährungsregelung (§ 13a Abs. 5 VerkProspG) kann ohne weiteres auf die obigen Ausführungen zum § 13 VerkProspG verwiesen werden. Darüber hinaus können gemäß § 13a Abs. 4 VerkProspG Anbieter und Emittent einwenden, dass der Erwerber die Pflicht, einen Verkaufsprospekt zu veröffentlichen, beim Erwerb kannte. Dieser Ausschlusstatbestand ist dem des § 45 Abs. 2 Nr. 3 BörsG nachgebildet, auf den § 13 Abs. 1 VerkProspG uneingeschränkt verweist, so dass sich auch hier keine Besonderheiten ergeben. Auch der Umfang der Haftung für fehlende Prospekte nach § 13a VerkProspG entspricht dem Umfang der Haftung für fehlerhafte Prospekte (§ 13 VerkProspG). Die dort getätigten Ausführungen gelten deshalb genauso für § 13a VerkProspG, insbesondere jene um die Problematik der vollständigen Rückabwicklung im Unterschied zum vom Gesetzgeber nicht vorgesehenen Ersatz des Differenzschadens. Für § 13a VerkProspG räumt die Regierungsbegründung sogar ausdrücklich ein, dass die im Kapitalmarktrecht eigentlich unübliche Risikoverteilung zu Lasten des Emittenten und des Anbieters, die durch die Rechtsfolge der vollständigen Rückabwicklung entsteht, im Interesse eines umfassenden Anlegerschutzes, für den die Einhaltung der Prospektpflicht von entscheidender Bedeutung ist, gerechtfertigt sei.[789] Für § 13a VerkProspG formuliert der Gesetzgeber also eindeutig die Sicherstellung der Prospektpublizität als primäres Regelungsziel.

Unklarheit besteht dagegen vor allem bei den Merkmalen der Kausalität und des Verschuldens. Darüber hinaus – aber bereits an anderer Stelle dargelegt – spielt für die Anwendung des § 13a VerkProspG die Definition des Prospektbegriffs eine entscheidende Rolle.[790]

a) Kausalität

Fraglich ist, ob im Falle des fehlenden Verkaufsprospekts eine (hypothetische) Kausalität dahingehend vorausgesetzt wird, dass der Anleger die Beteiligung an dem geschlossenen Fonds bei pflichtgemäßer Veröffentlichung nicht oder nicht zu diesem Preis erworben hätte. Wie in der Einleitung zu § 13a VerkProspG bereits dargestellt, befürwortete ein Großteil des Schrifttums vor In-Kraft-Treten des § 13a VerkProspG bei fehlendem Verkaufsprospekt eine deliktsrechtliche Haftung nach § 823 Abs. 2 BGB i.V.m. §§ 1, 9 VekrProspG a.F. Innerhalb derer musste schließlich nachgewiesen werden, dass der Anleger die fraglichen Papie-

---

789 *BegrRegE*, BT-Drs. 15/3174, S. 44.

790 Vgl. Drittes Kapitel II. 1.

re bei ordnungsgemäßer Prospekterstellung nicht oder nicht zu diesem Preis erworben hätte. Nach der h.M. sollte hierfür der bloße Umstand, dass der Prospekt in diesem Falle auch negative Aspekte hätte anführen müssen, welche gegebenenfalls eine negative Anlagestimmung hervorgebracht hätten, jedenfalls nicht ausreichen.[791] Im Ergebnis setzt das Kausalitätserfordernis damit eine hohe Hürde für einen Haftungsanspruch.

Dem Wortlaut des § 13a VerkProspG lässt sich nicht ausdrücklich entnehmen, dass ein derartiger Ursachenzusammenhang zwischen Nichtveröffentlichung und der Anlageentscheidung bestehen muss. Aus dem Gesetzeswortlaut des § 13a VerkProspG geht – wie beim § 13 VerkProspG auch – zunächst hervor, dass der Anleger lediglich darlegen muss, das Erwerbsgeschäft vor Veröffentlichung eines Prospekts und innerhalb von sechs Monaten nach dem ersten öffentlichen Angebot im Inland abgeschlossen zu haben. Gegenüber § 13 VerkProspG besteht aber die Besonderheit, dass die Norm keine dem § 45 Abs. 2 Nr. 1 BörsG identische Regelung enthält. Nach dem reinen Wortlaut der Norm steht dem Anspruchsgegner damit noch nicht einmal im Rahmen der Beweislastumkehr der Nachweis offen, dass der Anspruchsteller die Vermögensanlage auch bei einer Prospektveröffentlichung (zu dem gezahlten Erwerbspreis) erworben hätte.

Da § 13a VerkProspG laut Regierungsbegründung im Wesentlichen den Voraussetzungen des § 13 VerkProspG nachgebildet wurde, könnte man anführen, dass der Gedanke des § 45 Abs. 2 Nr. 1 BörsG entgegen dem Wortlaut mit in § 13a VerkProspG hineingelesen werden soll. Das ist aber bereits deswegen unwahrscheinlich, weil der Gesetzgeber in § 13a Abs. 4 VerkProspG eine dem § 45 Abs. 2 Nr. 3 BörsG identische Haftungsausschlussregelung gesondert aufführt. Dazu hätte es keinen Grund gegeben, wenn alle Haftungsausschlussgründe des § 45 Abs. 2 BörsG per se auch für § 13a VerkProspG gelten sollen. Es ist darüber hinaus auch nicht davon auszugehen, dass es sich an dieser Stelle um ein gesetzgeberisches Versehen handelt und eine Entlastungsregelung wie § 45 Abs. 2 Nr. 1 BörsG schlichtweg vergessen wurde.[792]

Für diese Auslegung spricht auch der Zweck des § 13a VerkProspG.[793] Diesen würde es nicht gerecht werden, wenn ein Ursachenzusammenhang zwischen Nichtveröffentlichung des Prospektes und Anlageentscheidung bestehen müsste. Zunächst könnten die Prospektverantwortlichen behaupten, dass die Herausgabe

---

791 *Assmann*, in: Assmann/Lenz/Ritz, VerkProspG, 2001, § 13 Rn. 12; *Hüffer*, Wertpapier-Verkaufsprospektgesetz, 1996, S. 159 f., der allerdings eine Darlegungs- und Beweiserleichterung zu Gunsten des Anlegers für denkbar hielt.

792 Insbesondere wurde der Ausschlusstatbestand des § 45 Abs. 2 Nr. 3 BörsG in § 13a Abs. 4 VerkProspG übernommen.

793 Vgl. BegrRegE, BT-Drs. 15/3174, S. 44 sowie bisherige Literatur zu § 13a VerkProspG: *Fleischer*, BKR 2004, S. 339, 346 f.; *Bohlken/Lange*, DB 2005, S. 1259, 1261 und *Groß*, Kapitalmarktrecht, 2006, § 13a VerkProspG Rn. 5 mit Verweis auf die Vorgenannten.

eines fehlerfreien Prospektes nichts an der Anlageentscheidung des Anlegers geändert hätte. In der Regel wird der Anleger anderes, nicht unter den verkaufsprospektrechtlichen Begriff des VerkProspG fallendes Informations-/Werbematerial zur Verfügung gehabt haben. Auch wird ein Erwerb der Anlage über eine zwischengeschaltete Person, einen Finanzintermediär, stattgefunden haben, der den Anleger bei seiner Investitionsentscheidung zusätzlich beraten hat. Der Anleger könnte dann in der Regel nur schwerlich nachweisen, dass er die Beteiligung an dem Fonds nicht gezeichnet hätte, wenn ein Prospekt veröffentlicht gewesen wäre. Auf jeden Fall wäre hierzu erforderlich, den (vermeintlichen) Inhalt eines Verkaufsprospektes mit in die Begründungen einzubeziehen, um eine Angabe aufzufinden, mit der der Anleger nicht gerechnet hat und die für ihn so gravierend ist, dass er bei Kenntnis von dem Anlagegeschäft Abstand genommen hätte. Sicher ist, dass die Entscheidung des Anlegers niemals *alleine* auf dem Umstand beruhen wird, dass kein Prospekt herausgegeben wurde.[794] Ein Verkaufsprospekt existierte aber zum Zeitpunkt der Anlageentscheidung gerade nicht. Deshalb ist es nicht sachgerecht, an den Prospektinhalt anzuknüpfen. Anknüpfungspunkt der Haftung nach § 13a VerkProspG ist vielmehr, dass gar kein Prospekt herausgegeben wurde, vollkommen unabhängig von seinem Inhalt. § 13a VerkProspG soll schließlich der Verhaltenssteuerung dienen. Im Ergebnis liegt die haftungsbegründende Pflichtverletzung bei § 13a VerkProspG also in der fehlenden Veröffentlichung eines Prospekts. Deshalb hat der Gesetzgeber im Rahmen des § 13a VerkProspG auf die Kausalität als haftungsbegründendes Merkmal verzichtet.

b) Verschulden

Aus dem Wortlaut des § 13a VerkProspG geht nicht das Erfordernis hervor, dass der Prospektverantwortliche die Nichtherausgabe des Verkaufsprospektes verschuldet haben muss. Während der Referentenentwurf zum AnSVG vom 10. März 2004 noch ein Verschulden in Form von Vorsatz bzw. grober Fahrlässigkeit des Emittenten und/oder Anbieters in § 13a Abs. 4 Satz 1 VerkProspG-RefE vorsah, wurde dieser Satz 1 des § 13a Abs. 4 VerkProspG in der endgültigen Gesetzesfassung ohne Begründung ersatzlos gestrichen. Absatz 4 des § 13a VerkProspG besteht in der endgültigen Fassung damit nur noch aus dem im Referentenentwurf vorgesehenen Satz 2, der besagt, dass ein Anspruch nach § 13a VerkProspG nicht besteht, sofern der Erwerber die Pflicht, einen Prospekt oder Verkaufsprospekt zu veröffentlichen, beim Erwerb kannte.

Die begründungslose Streichung des Verschuldenserfordernisses gibt dem Gesetzesanwender indessen Rätsel auf und es stellt sich die Frage, ob § 13a VerkProspG tatsächlich wortlautgetreu im Gegensatz zu § 13 VerkProspG eine verschuldensunabhängige Haftung darstellen soll. Es kommen lediglich drei

---

794 *Bohlken/Lange*, DB 2005, S. 1259, 1261.

Möglichkeiten in Betracht: Entweder gibt § 13a VerkProspG eine verschuldensunabhängige Haftung vor, oder es soll in Anlehnung an § 13 VerkProspG i.V.m. § 45 Abs. 1 BörsG abgemildert nur für Vorsatz und grobe Fahrlässigkeit gehaftet werden, oder Emittent und Anbieter haften nach den allgemeinen Haftungsregeln bereits für jedes Verschulden.

Für die zweite Lösung könnte zunächst die Regierungsbegründung zum AnSVG sprechen. Dort heißt es, dass die Anspruchsvoraussetzungen und -ausschlüsse denen des Anspruchs wegen eines fehlerhaften Prospekts nachgebildet sind.[795] Aus dieser Aussage könnte gefolgert werden, dass auch innerhalb des § 13a VerkProspG die Prospektverantwortlichen nur für Vorsatz und grobe Fahrlässigkeit einzustehen haben.[796] Auf der anderen Seite wurde aber mit Absatz 4 gerade ein solcher gleichgestalteter Haftungsausschluss mit in den Wortlaut des § 13a VerkProspG aufgenommen (Kenntnis des Erwerbers von der Prospektpflicht). In der Regierungsbegründung heißt es dazu:

> „Auch der Ausschlusstatbestand des Absatzes 4 ist dem des § 45 Abs. 2 Nr. 3 des Börsengesetzes, der über die Verweisregelung des § 13 auch für Verkaufsprospekte gilt, nachgebildet.“[797]

An dieser Stelle ist die Argumentation aus der Untersuchung der haftungsbegründenden Kausalität wieder aufzugreifen. Wenn der Gesetzgeber von einer Gleichgestaltung der §§ 13 und 13a VerkProspG ausgegangen wäre, hätte er § 13a Abs. 4 VerkProspG nicht gesondert aufführen müssen. Noch stärker kann man an dieser Stelle argumentieren, dass der Gesetzgeber sogar einen Teil des Absatzes 4 gestrichen hat, denn im Referentenentwurf war ja noch das Verschuldenserfordernis enthalten. Wenn der Gesetzgeber an dieser Stelle davon ausgegangen wäre, dass Satz 1 des § 13a Abs. 4 VerkProspG-RefE deshalb gestrichen werden kann, weil er überflüssig erscheint, da § 13a VerkProspG sowieso alle Anspruchsvoraussetzungen und -ausschlüsse des § 13 VerkProspG mit umfasst, dann hätte er konsequenterweise den gesamten Absatz 4 streichen müssen.

Lehnt man also einen Gleichlauf im Hinblick auf das Verschuldenserfordernis mit § 13 VerkProspG ab, stellt dies natürlich zunächst einen extremen Gegensatz zu § 13 VerkProspG dar. Bei der Prospekthaftung für fehlerhafte Verkaufsprospekte hat sich der Gesetzgeber schließlich genau umgekehrt entgegen vieler kritischer Stimmen im Schrifttum für eine Haftungsmilderung entschieden (Haftung nur für Vorsatz und grobe Fahrlässigkeit). Wie in der Untersuchung zu § 13 VerkProspG bereits ausgeführt, ist der Grund für die Haftungsmilderung zugunsten der Prospektverantwortlichen, dass der Gesetzgeber im Rahmen der

795 *BegrRegE*, BT-Drs. 15/3174, S. 44.
796 *Schäfer*, ZGR 2006, S. 40, 51.
797 *BegrRegE*, BT-Drs. 15/3174, S. 44.

spezialgesetzlichen Prospekthaftung den Vermögensanlagemarkt nicht durch weitreichende Haftung abschrecken und unpraktikabel gestalten will.[798]

Allerdings besteht ein bedeutsamer Unterschied zwischen der Haftung für fehlende und jener für fehlerhafte Verkaufsprospekte. Würde der Prospektverantwortliche im Falle eines fehlerhaften Prospektes für jede leichte Fahrlässigkeit im Hinblick auf den Prospekt haften, wäre er einem nicht mehr sachgerecht kalkulierbaren Risiko ausgesetzt, insbesondere müssten dann Marktprognosen, Wertschätzungen und Entwicklungen auch außerhalb des betriebswirtschaftlichen Bereichs von diesem verantwortet werden, was nicht mehr vom Schutzzweck der Prospekthaftung gedeckt wäre.[799] Wird jedoch gar kein Prospekt veröffentlicht, besteht ein solches Schutzbedürfnis der Prospektverantwortlichen nicht. Insbesondere darf man annehmen, dass jeder Anbieter von Kapitalanlagen den gesetzlichen Prospektzwang kennt bzw. kennen muss.[800] Eine Privilegierung derjenigen, die einen Prospekt veröffentlichen, der allerdings fehlerhaft ist, zu denjenigen, die es entgegen des Gesetzes komplett unterlassen, einen Prospekt herauszugeben, ist also durchaus gerechtfertigt. Wortlaut, Gesetzgebungsgeschichte und Zweck des § 13a VerkProspG sprechen also zumindest gegen ein Verschuldenserfordernis im Sinne des § 13 VerkProspG i.V.m. § 45 Abs. 1 BörsG, also eine Haftung nur für Vorsatz und grobe Fahrlässigkeit. *Bohlken/Lange* sind zwar der Ansicht, dass Wertungswidersprüche innerhalb des VerkProspG nur vermieden werden könnten, wenn man eine Haftung auf Vorsatz und grobe Fahrlässigkeit beschränkt, weil gemäß § 8f Abs. 1 Nr. 1 i.V.m. § 17 Abs. 1 Nr. 1 VerkProspG eine Ordnungswidrigkeit nur dann vorliege, wenn eine Nichtveröffentlichung eines Prospekts auf Vorsatz oder grober Fahrlässigkeit beruht.[801] Diese Ansicht kann aber nicht überzeugen, insbesondere weil es sich bei § 17 VerkProspG um ein öffentlich-rechtliches Sanktionsmittel handelt, welches von der zivilrechtlichen Haftung nach § 13a VekrProspG schließlich zu unterscheiden ist. Zumindest dürfte eine unterschiedliche Ausgestaltung nicht als systemwidrig bezeichnet werden.

Daher stellt sich lediglich noch die Frage nach einer verschuldensunabhängigen Haftung oder einer Haftung nach den allgemeinen Haftungsregeln. Auch hierbei könnte man zunächst durch die begründungslose Streichung des Verschuldenserfordernisses daran denken, dass damit ein Rückgriff auf das allgemeine Haftungsrecht, hier speziell § 276 BGB, offen steht. Es spricht jedoch vieles dafür, dass der Gesetzgeber im Falle des § 13a VerkProspG eine verschuldensunabhängige Haftung bezweckte. Zunächst fördert eine scharfe Haftungssanktion die Durchsetzung des gesetzlichen Prospektzwangs und genau das

798 *Ehricke*, in: Hopt/Voigt, Prospekt- und Kapitalmarktinformationshaftung, 2005, S. 234.

799 *Ehricke*, in: Hopt/Voigt, Prospekt- und Kapitalmarktinformationshaftung, 2005, S. 235; *Hauptmann*, in: Vortmann, Prospekthaftung und Anlageberatung, 2000, § 3 Rn. 103.

800 *Fleischer*, BKR 2004, S. 339, 346; *Fleischer*, WM 2004, S. 1897, 1901 f.

801 *Bohlken/Lange*, DB 2005, S. 1259, 1261

ist primär Zweck einer Haftung für fehlende Prospekte.[802] Darüber hinaus wäre es vor dem Hintergrund der Ausgestaltung der anderen Tatbestandsvoraussetzungen widersprüchlich, wenn nun plötzlich der Anleger in die Pflicht genommen würde, ein Verschulden der Prospektverantwortlichen darzulegen und zu beweisen. Nichts anderes würde sich aber zunächst aus der schlichten Anwendung des § 276 BGB ergeben. Insbesondere ein Blick auf das soeben untersuchte Kausalitätserfordernis zieht dies stark in Zweifel. Zuletzt bleibt noch die berechtigte Anmerkung von *Fleischer*, dass jeder Anbieter ohnehin Kenntnis davon haben muss, dass vor einem öffentlichen Angebot ein nach den Regeln des VerkProspG i.V.m. der VermVerkProspV erstellter Verkaufsprospekt veröffentlicht werden muss, und insofern ein Verschuldenserfordernis keinen Sinn machen würde. Aus vorgenannten Erwägungen setzt § 13a VerkProspG ein Verschulden des Emittenten und/oder Anbieters daher nicht voraus.

4. Zwischenergebnis

Geschlossene Fonds wurden – ergänzend zu den neu eingeführten Prospektierungspflichten in Abschnitt IIIa des VerkProspG – in den Anwendungsbereich des § 13 VerkProspG einbezogen. Damit besteht für sie nun ebenfalls ein gesetzlich geregelter Prospekthaftungstatbestand für fehlerhafte Verkaufsprospekte. Darüber hinaus wurde mit § 13a VerkProspG eine Haftung für fehlende Verkaufsprospekte festgeschrieben. Für die Feststellung, welche Haftungsnorm anwendbar ist, ist die Definition des Verkaufsprospektbegriffs von großer Bedeutung. Da § 13 im Gegensatz zu § 13a VerkProspG eine verschuldensabhängige Haftung darstellt und auch bei den Anforderungen an die Kausalität Unterschiede bestehen, ist der Verkaufsprospekt zu definieren als *das als solches gekennzeichnete, vom Anbieter ausgestellte Schriftstück, das nach seinem Willen zur Erfüllung der Verpflichtung aufgrund des VerkProspG erstellt wurde*. Es kommt also auf die vom Verwender gewählte Bezeichnung und dessen Intention an. Diese Definition war bereits h.M. für die §§ 1, 13 VerkProspG a.F. und ist gerade im Hinblick auf die Einführung von § 13a VerkProspG auch nach neuer Rechtslage sachdienlich.

§ 13 VerkProspG stellt einen Rechtsgrundverweis auf die §§ 44 bis 47 BörsG mit wenigen besonderen Maßgaben des § 13 VerkProspG dar. Da die §§ 44 ff. BörsG analog zur Anwendung kommen, ist eine Anpassung an die Eigenheiten

802 *BegrRegE*, BT-Drs. 15/3174, S. 44; vgl. auch *Fleischer*, WM 2004, S. 1897, 1899, der einen Vergleich zur Haftung bei fehlendem Verkaufsprospekt im US-amerikanischen Kapitalmarktrecht zieht, welches bei pflichtwidrig unterlassener Prospektveröffentlichung ebenfalls auf jedes Verschuldenselement verzichtet, während den Prospektverantwortlichen bei fehlerhaften Prospekten immerhin eine Exkulpationsmöglichkeit offen steht. Auch im US-amerikanischen Kapitalmarktrecht findet also eine strikte Haftung durchaus Rückhalt, vgl. auch *Fleischer*, BKR 2004, S. 339, 346.

der von § 13 VerkProspG erfassten Vermögensanlagen jedoch durchaus möglich. Haftungsadressaten sind nach § 13 Abs. 1 VerkProspG i.V.m. § 44 Abs. 1 Satz 1 Nr. 1 und 2 BörsG genau definiert als Prospekterlasser und Prospektveranlasser. Hierunter fallen auch die bislang von der bürgerlich-rechtlichen Prospekthaftung erfassten Leistungsträger und Hintermänner. Nach den neuen gesetzlichen Regelungen kann nunmehr auch die Fondsgesellschaft Anspruchsgegner sein, soweit diese als Emittent der Vermögensanlage auftritt. Das führt zu Spannungen mit den gesellschaftsrechtlichen Grundsätzen der Anlegergleichbehandlung und dem Gläubigerschutz. Weggefallen ist nach neuer Rechtslage die Gruppe der Garanten als Anspruchsgegner. Im Gegensatz zur börsengesetzlichen Prospekthaftung besteht für geschlossene Fonds durch § 3 VermVerkProspV die Besonderheit, dass eine Übernahme von Teilverantwortung möglich ist, soweit Personen oder Gesellschaften für bestimmte Angaben im Prospekt ausdrücklich die Verantwortung übernehmen. Bei den Anspruchsberechtigten sorgt § 13 Abs. 1 Nr. 1 VerkProspG i.V.m. § 44 Abs. 1 Satz 1 BörsG im Vergleich zur alten Rechtslage für Klarheit, dass auch Zweit- bzw. Dritterwerber anspruchsberechtigt im Rahmen der Prospekthaftung sein können.

Als Tatbestandsvoraussetzung für einen Prospekthaftungsanspruch nach § 13 VerkProspG ist in § 13 Abs. 1 VerkProspG i.V.m. § 44 Abs. 1 Satz 1 BörsG geregelt, dass das Erwerbsgeschäft nach Veröffentlichung des Prospekts und innerhalb von sechs Monaten nach dem Zeitpunkt des ersten öffentlichen Angebots im Inland abgeschlossen wurde. Die uneingeschränkte Übertragung der börsengesetzlichen Sechs-Monatsfrist auf den Vertrieb von geschlossenen Fonds kann aufgrund der unterschiedlichen Interessenlagen Probleme aufwerfen. Dies vor allem dann, wenn der Vertrieb der Vermögensanlage deutlich länger als sechs Monate seit erstmaliger Veröffentlichung des Prospekts andauert und Fondsanbieter die Ausschlussfrist in dem Sinne missbrauchen, die Fondsanteile innerhalb der sechs Monate zunächst schleppend zu vertreiben, um den Vertrieb dann nach Ablauf der Frist zu verstärken. Bei einem solchen Missbrauch gebietet sich eine Anpassung der Regelung zum Schutze der Anleger, die die nur analoge Anwendung des § 44 Abs. 1 Satz 1 BörsG ermöglichen dürfte. Für die Beurteilung, wann ein fehlerhafter Verkaufsprospekt vorliegt, geben nun die VermVerkProspV sowie der IDW ES4 konkrete Anhaltspunkte. Auch sind Berichtigungs- und Aktualisierungspflichten der Prospektverantwortlichen normiert. Für die Unrichtigkeit und Unvollständigkeit wird allerdings nach wie vor auf die Rechtsprechung zur bürgerlich-rechtlichen Prospekthaftung zurückgegriffen werden können. Bei der haftungsbegründenden Kausalität trägt nach neuer Rechtslage nunmehr – im Gegensatz zur bürgerlich-rechtlichen Prospekthaftung – der Prospektverantwortliche die Darlegungs- und Beweislast (§ 13 Abs. 1 VerkProspG i.V.m. § 45 Abs. 2 Nr. 1 BörsG). Die neuen Vorschriften legen somit eine Beweislastumkehr zugunsten des Anspruchsberechtigten fest. In der Praxis werden sich allerdings im Ergebnis kaum Unterschiede zur alten Rechtslage ergeben, weil der *BGH* bei der bürgerlich-rechtlichen Prospekthaftung besonders niedrige Anforderungen an die Darlegung der haftungsbegründenden Kausalität stellt, so dass dies praktisch einer Beweislastumkehr gleichkommt.

Im Rahmen der haftungsausfüllenden Kausalität haben die Prospektverantwortlichen neuerdings die Möglichkeit, nachzuweisen, dass der Sachverhalt, über den unrichtige oder unvollständige Angaben im Prospekt enthalten sind, nicht zu einer Minderung des Erwerbspreises der Vermögensanlage beigetragen hat, § 13 Abs. 1 Nr. 3d VerkProspG i.V.m. § 45 Abs. 2 Nr. 2 BörsG. Ein solcher Entlastungsbeweis war nach alter Rechtslage deshalb undenkbar, weil der *BGH* die Dispositionsfreiheit des Anlegers im Rahmen der haftungsausfüllenden Kausalität mehrfach hervorgehoben hat. Die neue Rechtslage hat damit die Auffassung der Rechtsprechung zur bürgerlich-rechtlichen Prospekthaftung, dass es nicht auf die Kausalität der falschen Angaben für den Schaden, sondern alleine auf die Beitrittsentscheidung des Anlegers ankomme, abgeschwächt. Von einer kompletten Aufhebung kann man deshalb nicht sprechen, weil gemäß § 292 ZPO der Anspruchsgegner den vollen Gegenbeweis erbringen muss. Dieser wird durch die Psychologie der Märkte erheblich erschwert. Das Merkmal des Verschuldens wurde nun an die spezialgesetzlichen Prospekthaftungstatbestände im Sinne eines abgemilderten Verschuldensmaßstabs angepasst. Prospektverantwortliche haften nur noch für Vorsatz und grobe Fahrlässigkeit. Eine Schadensabwicklung kann nur im Wege einer Rückabwicklung des gesamten Transaktionsgeschäfts bzw. bei Weiterveräußerung im Wege des Ersatzes der Differenz zwischen Erwerbs- und Veräußerungspreis erfolgen. Das führt dazu, dass den Prospektverantwortlichen bei Vorliegen der Tatbestandsvoraussetzungen des § 13 VerkProspG entgegen der üblichen kapitalmarktrechtlichen Risikoverteilung das gesamte Kursschwankungsrisiko auferlegt wird. Zu den Konkurrenzen lässt sich abschließend sagen, dass die bürgerlich-rechtliche Prospekthaftung zumindest im Anwendungsbereich der verkaufsprospektrechtlichen Prospekthaftung ausgeschlossen ist. Bei Werbeschreiben wäre eine Regelung wie § 15 WpPG für geschlossene Fonds wünschenswert. Die Anwendung der bürgerlich-rechtlichen Prospekthaftung auf Werbung außerhalb von Verkaufsprospekten ist – soweit diese überhaupt in den Anwendungsbereicht der bürgerlich-rechtlichen Haftung fällt – wenig zweckmäßig, weil Anbieter in dem Fall schärfer haften, als nach § 13 VerkProspG, obwohl ein viel geringerer Vertrauenstatbestand gesetzt wurde. Da aber schriftliche Werbemittel neben Prospekten auf dem grauen Kapitalmarkt weit verbreitet sind (waren), sollte eine Sanktionslücke unbedingt vermieden werden. Weil § 8i VerkProspG nicht geeignet ist, die Lücke zu schließen, wird vorliegend mit der h.L. die Anwendung der bürgerlich-rechtlichen Prospekthaftung zumindest so lange befürwortet, bis eine angemessene Regelung erfolgt.

Gemäß § 13a VerkProspG haften Anbieter und Emittenten neuerdings auch, wenn sie keinen Verkaufsprospekt im Sinne der § 8f Abs. 1, §§ 13 bzw. 13a

VerkProspG veröffentlicht haben. Da nach alter Rechtslage keine unmittelbaren Prospektierungspflichten für Anbieter geschlossener Fonds bestanden, existierte konsequenterweise eine solche Regelung bislang ebenfalls nicht. Dies zeigt umso mehr, dass § 13a VerkProspG als Ergänzung zu den Prospektpflichten in Abschnitt IIIa des VerkProspG anzusehen und damit Teil eines gesamtheitlichen Publizitätsprinzips ist. Ziel der Haftungsnorm ist die Sicherstellung der gesetzlich festgeschriebenen Prospektpublizität. § 13a VerkProspG hat damit eindeutigen Sanktionscharakter, der sich auch in den einzelnen Voraussetzungen widerspiegelt. Im Wesentlichen wurden die Anspruchsvoraussetzungen und Ausschlussgründe des § 13a VerkProspG zwar denen des Anspruchs wegen fehlerhafter Prospekte (§ 13 VerkProspG) nachgebildet. Nicht nachweisen müssen Anleger aber, dass sie ihre Beteiligung an dem geschlossenen Fonds bei pflichtgemäßer Veröffentlichung nicht oder nicht zu dem Preis erworben hätten. Der Gesetzgeber hat damit auf das Merkmal der haftungsbegründenden Kausalität insoweit verzichtet. Die haftungsbegründende Pflichtverletzung liegt bei § 13a VerkProspG in der fehlenden Veröffentlichung eines Prospekts selbst. Darüber hinaus ist § 13a VerkProspG nach hier vertretener Einschätzung verschuldensunabhängig ausgestaltet. § 13a VerkProspG stellt damit eine scharfe Haftungssanktion zur Durchsetzung des gesetzlichen Prospektzwangs dar.

Viertes Kapitel Zusammenfassung und Gesamtwürdigung

I. Zusammenfassung

Vor dem 1. Juli 2005 existierten keine unmittelbare Prospektpflicht und keine staatliche Beaufsichtigung für geschlossene Fonds. Mit Einführung eines neuen Abschnitts IIIa in das VerkProspG wurden zum 1. Juli 2005 Prospektierungspflichten für Anbieter von geschlossenen Fonds eingeführt. Darüber hinaus unterliegen geschlossene Fonds nunmehr der Beaufsichtigung durch die *BaFin*.

Die Neuregelungen der Prospektpflicht normieren ein vierstufiges Verfahren: Vor der Veröffentlichung erfolgt gemäß § 8f Abs. 1 VerkProspG die Übermittlung des Verkaufsprospektes durch den Anbieter zur Hinterlegung bei der *BaFin*. Auf der zweiten Stufe muss die Veröffentlichung des Prospekts durch die *BaFin* gestattet werden, § 8i Abs. 2 VerkProspG. Im Anschluss an die Gestattung ist der Verkaufsprospekt in der in §§ 9 ff. VerkProspG beschriebenen Art und Weise zu veröffentlichen. Einen Tag nach der Veröffentlichung darf mit dem öffentlichen Angebot der Vermögensanlage begonnen werden.

Die neuen Vorschriften tragen zu mehr Transparenz bei; erstmals kann vollständig erfasst werden, wie viele Fondsinitiatoren auftreten und wie viele Produkte auf dem Kapitalmarkt angeboten werden. Standardisierte Prospektierungsverfahren ermöglichen zudem eine bessere Vergleichbarkeit der Vermögensanlagen untereinander. Der Gesetzgeber hat bei der Ausgestaltung der gesetzlichen Regelungen Wert darauf gelegt, dass Anleger sowohl über die Vermögensanlage selbst, als auch über den dahinter stehenden Emittenten detailliert informiert werden. Dem Erwerber sollen alle notwendigen Angaben zur Verfügung gestellt werden, damit er in der Lage ist, sowohl die Vermögensanlage als auch den Emittenten zutreffend einzuschätzen, um entsprechend informiert seine Anlageentscheidung sinnvoll treffen zu können.

Vereinzelt ergeben sich noch Schwierigkeiten durch die Orientierung der neuen gesetzlichen Regelungen für geschlossene Fonds an den bereits bestehenden für Wertpapiere, weil ein Gleichlauf aufgrund der doch unterschiedlichen Ausgestaltung der Anlageformen teilweise nicht möglich ist. Solche Probleme ergeben sich vor allem bei der Verpflichtung des Emittenten zu bestimmten Prospektangaben, die aufgrund der vielseitigen Ausgestaltung der Fondsmodelle nicht erbracht werden können. Für diese Fälle hat der Gesetzgeber allerdings generalisierte Ausnahmeregelungen bzw. genügend Raum für zweckmäßige Gesetzesauslegung geschaffen. Schwierigkeiten verbleiben allerdings dann, wenn die Fondsgesellschaft selbst Emittent der Vermögensanlage ist.

Es besteht teilweise die Sorge, dass unseriöse Anbieter das Prüfverfahren der *BaFin* als Aushängeschild für ihr Produkt nutzen. Dem wird allerdings entgegengetreten, indem auf dem Prospekt ein klar sichtbarer Hinweis erfolgen muss, dass die *BaFin* den Prospekt nicht auf seine inhaltliche Richtigkeit überprüft. Darüber hinaus ist die *BaFin* bei Hinweis auf einen solchen Missbrauch verpflichtet, gegen die Anbieter der Vermögensanlage tätig zu werden. Eine weitergehende Pflicht zur inhaltlichen Überprüfung der Prospekte durch einen Wirtschaftsprüfer sollte Anbietern nicht auferlegt werden. Es bestünde dabei die Gefahr einer Überregulierung, die sich wiederum zu Lasten des Marktsektors sowie der Anleger auswirken könnte. Darüber hinaus wurde die kapitalmarktrechtliche Risikoverteilung hinreichend berücksichtigt. Bei Prospektfehlern haben Anleger immer noch die Möglichkeit, Schadensersatzansprüche im Wege der Prospekthaftung geltend zu machen.

Mangels gesetzlicher Regelungen entwickelte die Rechtsprechung in den 70er Jahren für Vermögensanlagen des grauen Kapitalmarktes die bürgerlichrechtliche Prospekthaftung zum Schutze des einzelnen Anlegers. Seit dem 1. Juli 2005 wurden geschlossene Fonds in den Anwendungsbereich des §13 VerkProspG einbezogen, so dass für Fondsanbieter neuerdings eine spezialgesetzliche Haftung für fehlerhafte Prospekte besteht. Darüber hinaus wurde mit § 13a VerkProspG eine Haftung für fehlende Prospekte eingeführt.

Nach den Grundsätzen der bürgerlich-rechtlichen Prospekthaftung waren Anspruchsgegner der Prospekthaftung die sog. Leistungsträger, Hintermänner und Garanten der Vermögensanlage. Die Fondsgesellschaft selber kam nicht als Haftungsadressat in Betracht. Nach neuer Rechtslage sind Anspruchsgegner der Prospekthaftung die sog. Prospekterlasser und die Prospektveranlasser. Darunter fallen die Anbieter, Leistungsträger und Hintermänner der Vermögensanlage sowie diejenigen, die für den Prospekt oder Teile desselben ausdrücklich die Verantwortung übernommen haben. Unter den Anbieterbegriff ist stets auch der Emittent der Vermögensanlage zu fassen. Dieser ist im Regelfall die Fondsgesellschaft selbst, so dass diese in der Konstellation auch Haftungsadressat des § 13 VerkProspG sein kann. Folge ist ein Spannungsverhältnis mit den gesellschaftsrechtlichen Grundsätzen der Anlegergleichbehandlung und des Gläubigerschutzes. In Anlehnung an die börsengesetzliche Prospekthaftung geht die Prospekthaftung dem § 172 Abs. 4 BGB vor. Demgegenüber wurde Anlegern die Gruppe der Garanten als Anspruchsgegner genommen, eine sog. Expertenhaftung kommt nach neuer Rechtslage nicht in Betracht. Im Rahmen des § 13 VerkProspG sind auch Zweit- und Dritterwerber anspruchsberechtigt. Nach alter Rechtslage war dies umstritten. Die Sechs-Monatsfrist des § 13 VerkProspG wirft Probleme auf, wenn Fondsanbieter den Vertrieb der Fondsanteile innerhalb der sechs Monate nach Veröffentlichung des Prospekts zunächst schleppend gestalten, um den Vertrieb danach unter Ausschluss der Prospekthaftung verstärkt betreiben zu können. Sollte sich dieses Missbrauchspotential realisieren, ermöglicht die nur analoge Anwendung des § 44 Abs. 1 Satz 1 BörsG für diese Fälle eine abweichende Regelung in Form einer verlängerten Frist. Eine starre Frist von sechs Monaten existierte nach alter Rechtslage nicht.

Ein „Prospekt“ im Sinne der bürgerlich-rechtlichen Prospekthaftung lässt sich als jede schriftliche Darstellung im weitesten Sinne umschreiben, die für die Beurteilung einer Anlage erhebliche Angaben enthält oder den Eindruck eines solchen Inhalts erwecken soll, sich an eine Vielzahl an Adressaten richtet und die vom durchschnittlichen Anleger nicht als offensichtlich unvollständig/unrichtig eingeordnet wird. Welche Publikationen, Anlegerinformationen und Werbemittel darüber hinaus erfasst waren, unterlag der Einzelfallentscheidung. Der Verkaufsprospekt im Sinne der §§ 13, 13a VerkProspG ist zu definieren als das als solches gekennzeichnete, vom Anbieter ausgestellte Schriftstück, das nach seinem Willen zur Erfüllung der Verpflichtung aufgrund des VerkProspG erstellt wurde. Anknüpfungspunkt ist somit die vom Verwender gewählte Bezeichnung und Intention. Der Prospektbegriff war nach alter Rechtslage weiter auszulegen, insbesondere blieb Raum für Einzelfallentscheidungen.

Nach alter Rechtslage galten bei dem Nachweis an eine haftungsbegründende Kausalität die allgemeinen Beweislastregeln, wobei die Rechtsprechung geringe Anforderungen an die Kausalität stellte und eine Vermutung zugunsten des Anlegers aufstellte. Die neuen gesetzlichen Regelungen normieren eine Beweislastumkehr zu Lasten der Prospektverantwortlichen. Die Rechtsprechung verzichtete bei der bürgerlich-rechtlichen Prospekthaftung auf eine haftungsausfüllende Kausalität. Nach neuer Rechtslage wird den Prospektverantwortlichen der Nachweis gewährt, dass der Sachverhalt, über den unrichtige oder unvollständige Angaben im Prospekt enthalten sind, nicht zu einer Minderung des Erwerbspreises der Vermögensanlage beigetragen hat. Notwendig ist allerdings der schwer zu erbringende volle Gegenbeweis im Sinne des § 292 ZPO.

Nach bürgerlich-rechtlicher Prospekthaftung wurde Anlegern geschlossener Fonds ein Wahlrecht eingeräumt, vollständige Rückabwicklung des Anlagegeschäfts zu verlangen, oder an der Anlage festzuhalten und sich den Differenzschaden auszahlen zu lassen. §§ 249 ff. BGB kamen bei der Schadensabwicklung vollständig zur Anwendung, so dass auch ein entgangener Gewinn einerseits sowie eine Vorteilsanrechnung andererseits geltend gemacht werden konnten. Die neuen gesetzlichen Regelungen sehen ebenfalls grundsätzlich den Ersatz des negativen Interesses nach § 249 BGB vor; die §§ 249 ff. BGB werden indes aber modifiziert. Eine Schadensabwicklung kann nur im Wege einer Rückabwicklung des gesamten Transaktionsgeschäfts bzw. bei Weiterveräußerung im Wege des Ersatzes der Differenz zwischen Erwerbs- und Veräußerungspreises erfolgen. Das hat zur Folge, dass den Prospektverantwortlichen bei Vorliegen der Tatbestandsvoraussetzungen des § 13 VerkProspG entgegen der üblichen kapitalmarktrechtlichen Risikoverteilung das gesamte Kursschwankungsrisiko auferlegt wird. Anlegern ist die Geltendmachung entgangenen Gewinnes versagt. Indem bei der bürgerlich-rechtlichen Prospekthaftung auf das allgemeine Schadensersatzrecht zurückgegriffen wurde, hafteten die Prospektverantwortlichen schon bei jeder Fahrlässigkeit im Sinne der §§ 276, 278 BGB.

Nach neuer Rechtslage liegt ein Verschulden der Prospektverantwortlichen nur noch bei Vorsatz und grober Fahrlässigkeit vor. Der Verschuldensmaßstab wurde damit gegenüber der bürgerlich-rechtlichen Prospekthaftung angehoben und an die spezialgesetzlichen Prospekthaftungstatbestände angepasst. Die neue Rechtslage wirft dann Fragen der Anspruchskonkurrenz auf, wenn der Anwendungsbereich des VerkProspG gar nicht eröffnet ist; betroffen ist damit insbesondere der Bereich der Werbung außerhalb von Verkaufsprospekten im Sinne der §§ 13, 13a VerkProspG. Eine Regelung wie § 15 WpPG wäre für diese Konstellationen wünschenswert. Um Sanktionslücken zu vermeiden, sollten derzeit aber die Grundsätze der bürgerlich-rechtlichen Prospekthaftung herangezogen werden. § 13a VerkProspG, der erstmals die Haftung für fehlende Verkaufsprospekte normiert, hat eindeutigen Sanktionscharakter. Kausalität im klassischen Sinne ist nicht erforderlich, die haftungsbegründende Pflichtverletzung liegt bereits in der fehlenden Veröffentlichung begründet. § 13a VerkProspG ist verschuldensunabhängig ausgestaltet.

II. Gesamtwürdigung

Aus den neuen gesetzlichen Regelungen für geschlossene Fonds, die unter der Zielsetzung stehen, den Anlegerschutz durch größere Produkttransparenz und Stärkung der Haftungsansprüche der Anleger zu verbessern, geht augenscheinlich das moderne Verständnis des Anlegerschutzes hervor. Ziel ist es, die Rolle der Anleger derart zu stärken, dass diese in die Lage versetzt werden, als Teil des Kapitalmarktes an dessen Geschehniswelt zu partizipieren, das heißt eigenverantwortlich am Kapitalmarkt teilzuhaben. Bei Anlegerschutz in diesem Sinne geht es also nicht mehr allein um das sozialstaatliche Gebot, den wirtschaftlich, intellektuell bzw. aufgrund der Informationsasymmetrie auch strukturell unterlegenen Anbieter zu schützen. Diese Zielsetzung wurde in den neuen verkaufsprospektrechtlichen Vorschriften verwirklicht. Vor diesem Hintergrund ist es nicht zweckmäßig, einen isolierten Vergleich der Prospekthaftungstatbestände nach altem und neuem Recht im Lichte des Anlegerschutzes vorzunehmen. Das Verständnis des Anlegerschutzes muss schließlich nicht zwingend von gleichen Erwägungen geprägt sein.

Die neuen gesetzlichen Regelungen für geschlossene Fonds gliedern sich in das Publizitätsprinzip ein. Im Vordergrund steht die Prospektpublizität, die durch behördliche Beaufsichtigung im Vorfeld und eine nachträgliche Prospekthaftung abgesichert wird. Der Zweck der neuen gesetzlichen Regelungen ist insofern mit dem Zweck der Prospektpublizität identisch. Wenn als primäres Ziel der neuen gesetzlichen Regelungen für geschlossene Fonds die Verbesserung des Anlegerschutzes formuliert wird, bedeutet dies in erster Linie Schutz des Anlegerpublikums, und damit in der Konsequenz Schutz der Funktionsfähigkeit dieses Marktsektors. Die bürgerlich-rechtliche Prospekthaftung hingegen wurde zunächst zum Schutze des Einzelanlegers entwickelt. Zwar hat sich die Rechtsprechung zur bürgerlich-rechtlichen Prospekthaftung grundsätzlich an der spezialgesetzlichen Prospekthaftung orientiert. Trotzdem ergeben sich bereits deswegen erhebliche Unterschiede, weil eine unmittelbare Prospektpflicht nach alter Rechtslage für Fondsanbieter nicht bestand. Außerdem stellte die Rechtsprechung stets den Vertrauens- und Dispositionsschutz des einzelnen Anlegers in den Vordergrund. Es wäre somit verfehlt, die Prospekthaftungstatbestände der alten und der neuen Rechtslage isoliert zu vergleichen, weil bereits die Zielsetzungen in Teilen voneinander abweichen. Die neuen Prospekthaftungsvorschriften dienen vorrangig der Absicherung der gesetzlich vorgeschriebenen Prospektpublizität. Dementsprechend sind die neuen Haftungsvorschriften eher marktbezogen konzipiert.

Seit der Eingliederung geschlossener Fonds in das VerkProspG wurden Anbietern verschärfte Informationspflichten in Gestalt standardisierter Prospektinformationen auferlegt. Daneben unterstehen die Fondsgesellschaften nun der Beaufsichtigung durch die *BaFin*. Die Anspruchsvoraussetzungen der bürgerlich-rechtlichen Prospekthaftung waren bei isolierter Betrachtung prinzipiell anlegerfreundlicher. Somit ist die mitunter erklärte Zielsetzung des Gesetzgebers, den Anlegerschutz auch durch Stärkung der Haftungsansprüche der Anleger zu verbessern, nicht erfüllt worden. Wie aber innerhalb der Untersuchung der Haftungsregelungen des VerkProspG bereits dargestellt wurde, rechtfertigen es die Anbieterpflichten in Gestalt der Prospektierungspflichten, auf der Ebene der postventiven Haftung zumindest einen Interessenausgleich in der Form zu schaffen, eine klar begrenzte Haftung zu normieren. Der Marktauftritt der Anbieter darf und soll keine allumfassende Garantenstellung begründen. Für einen funktionsfähigen Kapitalmarkt ist es schließlich wichtig, die dem Anbieter tatbestandlich auferlegte Informationspflicht auf der Rechtsfolgenseite mit einer passgenauen Haftungsfolge zu versehen.

Die neuen Regelungen für geschlossene Fonds sind insgesamt positiv zu bewerten und wurden von Schrifttum und Praxis gleichermaßen begrüßt. Nicht ausgeräumt werden kann die berechtigte Sorge, dass sich unseriöse Initiatoren das neue Prüfverfahren der *BaFin* zunutze machen werden. Schon heute werben Anbieter auf ihren Internet-Homepages mit einem „Prüfsiegel" der *BaFin*, um Kleinanleger anzulocken. Das Gestattungsverfahren kann jedoch mangels inhaltlicher Überprüfung der Angaben in den Prospekten vor schlechten Vermögensanlagen nicht schützen. Diese mögliche Anlegerirreführung ist derzeit noch eine Schattenseite der neuen Gesetzesregelungen. Auch wird vereinzelt der unangenehme Nebeneffekt befürchtet, dass durch das Gestattungsverfahren der *BaFin* unseriöse Anbieter nun insgesamt mehr Aufmerksamkeit erlangen. Die neuen verkaufsprospektrechtlichen Vorschriften für geschlossene Fonds tragen generell in begrüßenswerter Weise zur Stabilisierung des Marktsektors – auch im

Hinblick auf ausländische Investoren, denen durch die neuen Vorgaben nunmehr eine bessere Einschätzungsmöglichkeit geboten wird – bei. Der deutsche Gesetzgeber hat das Publizitätsprinzip und damit den konzeptionellen Regelungsansatz des internationalen Kapitalmarktrechts auch auf geschlossene Fonds bzw. insgesamt auf das öffentliche Angebot nicht wertpapiermäßig verbriefter Risikoanlagen ausgedehnt. Inwieweit das Publizitätsprinzip tatsächlich geeignet ist, die kapitalmarktrechtlichen Regelungsziele zu verwirklichen, wird weiter zu beobachten sein. Im Ergebnis wurde jedenfalls die Signifikanz dieses Marktsektors für den Kapitalmarkt bestätigt. Entstanden ist ein dogmatisch einheitliches Konzept primärmarktlicher Informationshaftung.

Literaturverzeichnis

Albracht, Wolfgang: Die stille Gesellschaft im Recht der Publikumspersonengesellschaften, Frankfurt a.M. 1990

Armbrüster, Christian: Kapitalanleger als Verbraucher? Zur Reichweite des europäischen Verbraucherschutzrechts, in: DStR 2006, S. 406 ff.

*Arnold, Arnd:*Die Haftung des Wirtschaftsprüfers gegenüber Kapitalanlegern –, Anmerkung zum Urteil des BGH vom 26.9.2000, X ZRR 94-98, DStR 2000, 2197 –, in: DStR 2001, S. 488 ff.

Assmann, Heinz.Dieter: Die Prospekthaftung beruflicher Sachkenner de lege lata und de lege ferenda, in: AG 2004, S. 435 ff.

Assmann, Heinz-Dieter: Die Befreiung von der Pflicht zur Veröffentlichung eines Börsenzulassungsprospekts nach § 45 Nr. 1 BörsZulV und die Prospekthaftung – Eine Lücke im Anlegerschutz, in: AG 1996, S. 508 ff.

Assmann, Heinz-Dieter: Entwicklungslinien und Entwicklungsperspektiven der Prospekthaftung, in: Wirtschafts- und Medienrecht in der offenen Demokratie, Freundesgabe für Friedrich Kübler zum 65. Geburtstag, S. 317 ff., Heidelberg 1997.

Assmann, Heinz-Dieter: Prospekthaftung als Haftung für die Verletzung kapitalmarktbezogener Informationsverkehrspflichten nach deutschem und US-amerikanischem Recht, Köln – Berlin – Bonn – München 1985.

Assmann, Heinz-Dieter; Schütze, Rolf A.: Handbuch des Kapitalanlagerechts, München 1990.

Assmann, Heinz-Dieter; Schneider, Uwe H.: Wertpapierhandelsgesetz, 3. Auflage, Köln 2003.

Assmann, Heinz-Dieter; Lenz, Jürgen; Ritz, Corinna: Verkaufsprospektgesetz-Verkaufsprospekt-Verordnung, Verkaufsprospektgebühren-Verordnung Kommentar, Köln 2001.

Bar, Christian von: Vertrauenshaftung ohne Vertrauen, in: ZGR 1983, S. 476 ff.

Barta, Sebastian: Der Prospektbegriff in der neuen Verkaufsprospekthaftung, in: NZG 2005, S. 305 ff.

Barth, Katharina; Barth, Thomas: Steueroptimierungsstrategien bei der Kapitalanlage, 5. Auflage, Köln 2005.

Baumbach, Adolf; Hopt, Klaus J.: Handelsgesetzbuch, 32. Auflage, München 2006.

Baums, Theodor; Fischer, Christian: Haftung des Prospekt- und des Abschlussprüfers gegenüber den Anlegern, in: Kapitalgeberansprüche, Marktwertorientierung und Unternehmenswert, FS für Jochen Drukarczyk zum 65. Geburtstag, S. 36 ff., München 2003.

Baums, Theodor: Haftung wegen Falschinformation des Sekundärmarktes, in: ZHR 167 (2003), S. 139 ff.

Beck, Hanno: Endgültiges Aus für Steuersparfonds, in: FAZ v. 9.11.2005.

Behrens, Alexander Gary: Risikokapitalbeschaffung und Anlegerschutz im Aktienrecht und Kapitalmarktrecht, Münster – Hamburg – London 2003.

Benicke, Christoph: Prospektpflicht und Prospekthaftung bei grenzüberschreitenden Emissionen, in: FS für Erik Jayme, Band I, S. 25 ff., München 2004.

Berding, Benjamin: Gesellschafts- und kapitalmarktrechtliche Grundsätze im Übernahmerecht, in: WM 2002, S. 1149 ff.

Blaurock, Uwe: Handbuch der Stillen Gesellschaft, 6. Auflage, Köln 2003.

Bohlken, Lars; Lange, Meik: Die Prospekthaftung im Bereich geschlossener Fonds nach §§ 13 Abs. 1 Nr. 3, 13a Verkaufsprospektgesetz n.F. – Weiterhin Anwendung der von der Rechtsprechung entwickelten Prospekthaftung? In: DB 2005, S. 1259 ff.

Bosch, Ulrich: Expertenhaftung gegenüber Dritten – Überlegungen aus der Sicht der Bankpraxis, in: ZHR 163 (1999), S. 274 ff.

Brandt, Christoph: Prospekthaftung – Anlegerschutz durch Prospektpublizität, Taunusstein 2005.

Brellochs, Michael: Publizität und Haftung von Aktiengesellschaften im System des Europäischen Kapitalmarktrechts, München 2005.

Bundesanstalt für Finanzdienstleistungsaufsicht: Die einzelnen Prospektarten, unter: www.bafin.de/verkaufsprospekte/verm_3.htm.

Bundesanstalt für Finanzdienstleistungsaufsicht: Auslegungsschreiben der Bundesanstalt für Finanzdienstleistungsaufsicht (BaFin) zur Prospektpflicht für Vermögensanlagen-Verkaufsprospekte, unter: www.bafin.de/ verkaufsprospekte/auslegunsschreiben.htm.

Bundesanstalt für Finanzdienstleistungsaufsicht: Die Prospektpflicht und das Verfahren im Überblick, unter: www.bafin.de/verkaufsprospekte/ verm_2.htm.

Canaris, Claus-Wilhelm: Bankvertragsrecht: einschließlich Kontokorrentrecht u. Recht allgemeiner Geschäftsbedingungen, Berlin – New York 1975.

Canaris, Claus-Wilhelm: Die Reichweite der Expertenhaftung gegenüber Dritten, in: ZHR 163 (1999), S. 206 ff.

Caspari, Karl-Burkhard: Anlegerschutz in Deutschland im Lichte der Brüsseler Richtlinien, in: NZG 2005, S. 98 ff.

Coing, Helmut: Haftung aus Prospektwerbung für Kapitalanlagen in der neueren Rechtsprechung des Bundesgerichtshofes, in: WM 1980, S. 206 ff.

Crezelius, Georg: Grauer Kapitalmarkt und Rechtsordnung, in: BB 1985, S. 209 ff.

Damrau, Jan: Selbstregulierung im Kapitalmarktrecht – Eine rechtsökonomische Analyse der Normsetzung der deutschen Börsen und ihrer Träger, Berlin 2003.

Dühn, Matthias: Schadensersatzhaftung börsennotierter Aktiengesellschaften für fehlerhafte Kapitalmarktinformation – de lege lata und de lege ferenda –, Frankfurt am Main 2003.

Duhnkrack, Stefan; Hasche, Daniela: Das neue Anlegerschutzverbesserungsgesetz und seine Auswirkungen auf Emissionshäuser und geschlossene Fonds, in: DB 2004, S. 1351 ff.

Ebenroth, Carsten Th.; Boujong, Karlheinz; Joost, Detlef: Handelsgesetzbuch – Gesamtwerk, Band 2, München 2001.

Edelmann, Hervé: BB-Kommentar zu BGH-Urteil v. 14.6.2004 – II ZR 395/01, in: BB 2004, S. 1648 f.

Ekkenga, Jens: Anlegerschutz, Rechnungslegung und Kapitalmarkt – Eine vergleichende Studie zum europäischen, deutschen und britischen Bilanz-, Gesellschafts- und Kapitalmarktrecht, Tübingen 1998.

Ellenberger, Jürgen: Prospekthaftung im Wertpapierhandel, Berlin – New York 2001.

Fischer, Nikolaj: Rückabwicklung kreditfinanzierter Fondsbeteiligungen: Rückzahlungspflicht des Anlegers gegenüber der Bank? In: DB 2004, S. 1651 f.

Fleischer, Holger: Prognoseberichterstattung im Kapitalmarktrecht und Haftung für fehlerhafte Prognosen, in: AG 2006, S. 2 ff.

Fleischer, Holger; Kalss, Susanne: Kapitalmarktrechtliche Schadensersatzhaftung und Kurseinbrüche an der Börse, in: AG 2002, S. 329 ff.

Fleischer, Holger: Zur Haftung bei fehlendem Verkaufsprospekt im deutschen und US-amerikanischen Kapitalmarktrecht, in: WM 2004, S. 1897 ff.

Fleischer, Holger: Der Inhalt des Schadensersatzanspruchs wegen unwahrer oder unterlassener unverzüglicher Ad-hoc-Mitteilungen, in: BB 2002, S. 1869 ff.

Fleischer, Holger: Empfiehlt es sich, im Interesse des Anlegerschutzes und zur Förderung des Finanzplatzes Deutschland das Kapitalmarkt- und Börsenrecht neu zu regeln? Kapitalmarktrechtliches Teilgutachten für den 64. Deutschen Juristentag 2002, Band I, Gutachten Teil F, München 2002.

Fleischer, Holger: Prospektpflicht und Prospekthaftung für Vermögensanlagen des Grauen Kapitalmarkts nach dem Anlegerschutzverbesserungsgesetz, in: BKR 2004, S. 339 ff.

Gehrlein, Markus: Die Prospektverantwortlichkeit von Beirats- oder Aufsichtsratsmitgliedern als maßgeblichen Hintermännern, in: BB 1995, S. 1965 ff.

Geibel, Stefan J.: Der Kapitalanlegerschaden, Tübingen 2002.

Gerber, Olaf: Die Prospekthaftung bei Wertpapieremissionen nach dem Dritten Finanzmarktförderungsgesetz – eine Untersuchung der Vorschriften des

Börsengesetzes und des Verkaufsprospektgesetzes im Vergleich zur US-amerikanischen Regelung, Baden-Baden 2001.
Goette, Wulf: Prospekthaftungsgrundsätze beim Aktienerwerb außerhalb der geregelten Aktienmärkte – Anmerkung zum BGH Urt. v. 5.7.1993, II ZR 194/92, in: DStR 1993, S. 1565 ff.
Grannemann, Axel: Prospektherausgeberhaftung auf dem grauen Kapitalmarkt, Pfaffenweiler 1988.
Groß, Wolfgang: Kapitalmarktrecht, Kommentar zum Börsengesetz, zur Börsenzulassungs-Verordnung, zum Verkaufsprospektgesetz und zur Verkaufsprospekt-Verordnung, 3. Auflage, München 2006.
Groß, Wolfgang: Kapitalmarktrecht, Kommentar zum Börsengesetz, zur Börsenzulassungs-Verordnung, zum Verkaufsprospektgesetz und zur Verkaufsprospekt-Verordnung, 2. Auflage, München 2002.
Groß, Wolfgang: Die börsengesetzliche Prospekthaftung, in: AG 1999, S. 199 ff.
Grumann, Marc-Olaf: Prospektbegriff, -pflicht und -verantwortlichkeit im Rahmen der allgemeinen bürgerlich-rechtlichen Prospekthaftung im engeren Sinne, in: BKR 2002, S. 310 ff.
Grundmann, Stefan; Selbherr, Benedikt: Börsenprospekthaftung in der Reform, Rechtsvergleichung, Europarecht, Interessenbewertung mit ökonomischer Analyse, in: WM 1996, S. 985 ff.

Hagemann, Michael H.: „Grauer Kapitalmarkt“ und Strafrecht, Göttingen 2005.
Hasenkamp, Annabel: Die neue Prospektierungspflicht für Anbieter geschlossener Fonds, in: DStR 2004, S. 2154 ff.
Heisterhagen, Christoph: Prospekthaftung für Geschlossene Fonds nach dem Börsengesetz – wirklich ein Beitrag zum Anlegerschutz? In: DStR 2006, S. 759 ff.
Heisterhagen, Christoph: Die gesetzliche Prospektpflicht für geschlossene Fonds nach dem Regierungsentwurf des Anlegerschutzverbesserungsgesetzes, in: DStR 2004, S. 1089 ff.
Heisterhagen, Christoph: Neueste Entwicklungen und aktuelle Problemkreise im Bereich geschlossener Fonds, in: DStR 2004, S. 507 ff.
Heukamp, Wessel: Brauchen wir eine kapitalmarktrechtliche Dritthaftung von Wirtschaftsprüfern? In: ZHR 169 (2005), S. 471 ff.
Heymann, Ekkehard von: Haftung für unrichtige Prospektangaben, in: DStR 1993, S. 840 ff.
Hopt, Klaus J.: Vom Aktien- und Börsenrecht zum Kapitalmarktrecht? Teil 1: Der international erreichte Stand des Kapitalmarktrechts, in: ZHR 140 (1976), S. 201 ff.
Hopt, Klaus J.: Vom Aktien- und Börsenrecht zum Kapitalmarktrecht? Teil 2: Die deutsche Entwicklung im internationalen Vergleich, in: ZHR 141 (1977), S. 389 ff.

Hopt, Klaus J.: Der Kapitalanlegerschutz im Recht der Banken, München 1975.

Hopt, Klaus J.: Die Haftung des Wirtschaftsprüfers. Rechtsprobleme zu § 323 HGB (§ 168 AktG a.F.) und zur Prospekt- und Auskunftshaftung, in: FS für Klemens Pleyer zum 65. Geburtstag, S. 341 ff., Köln – Berlin – Bonn – München 1986.

Hopt, Klaus J.: Die Verantwortlichkeit der Banken bei Emissionen – Recht und Praxis in der EG, in Deutschland und in der Schweiz –, München 1991.

Hopt, Klaus J.; Voigt, Hans-Christoph: Prospekt- und Kapitalmarktinformationshaftung – Recht und Reform in der Europäischen Union, der Schweiz und den USA –, in: WM 2004, S. 1801 ff.

Hopt, Klaus J.; Voigt, Hans-Christoph: Prospekt- und Kapitalmarktinformationshaftung, Tübingen 2005.

Hösch, Ulrich: Anlegerschutz auf dem „grauen Kapitalmarkt", in: GewArch 1999, S. 135 ff.

Hüffer, Jens: Das Wertpapier-Verkaufsprospektgesetz – Prospektpflicht und Anlegerschutz –, Köln – Berlin – Bonn – München 1996.

Janert, Ingo; Schuster, Thorsten: Dritthaftung des Wirtschaftsprüfers am Beispiel der Haftung für Prospektgutachten, in: BB 2005, S. 987 ff.

Kersting, Mark Oliver: Die rechtliche Behandlung des öffentlichen Angebots von Anteilen an Futures-Fonds in der Bundesrepublik Deutschland, in: WM 1997, S. 1969 ff.

Keunecke, Ulrich: Prospekte im Kapitalmarkt – Anforderungen, Prospekthaftung bei geschlossenen Fonds, Investmentfonds, Wertpapieren und Übernahmeangeboten –, Berlin 2005.

Kiethe, Kurt: Immobilienkapitalanlagen: Verjährung der Prospekthaftungsansprüche, in: BB 1999, S. 2253 ff.

Kiethe, Kurt: Gesellschaftsrechtliche Einflußnahme und Initiatorenstellung - Aspekte der Haftung Dritter aus Prospekt bei Kapitalanlagegesellschaften, in: NZG 1999, S. 858 ff.

Kiethe, Kurt: Prospekthaftung und grauer Kapitalmarkt, in: ZIP 2000, S. 216 ff.

Koch, Peer: Die Haftung des Anlagevermittlers beim Vertrieb von geschlossenen Fonds und anderen Finanzanlagen des Nebenkapitalmarktes, Frankfurt am Main 2003.

Koch, Robert: Zur Vermeidung der Haftung des als Treuhänder tätigen Steuerberaters für Prospektmängel, in: DStR 1999, S. 1617 ff.

Kohl, Helmut; Walz, Rainer: Kapitalmarktrecht als Aufgabe Bericht über das Frankfurter Internationale Seminar zum deutschen Kapitalmarktrecht, in: AG 1977, S.29.

Köndgen, Johannes: Zur Theorie der Prospekthaftung (I), in: AG 1983, S. 85 ff.

Köndgen, Johannes: Zur Theorie der Prospekthaftung (II), in: AG 1983, S. 120 ff.
Kort, Michael: Neuere Entwicklungen im Recht der Börsenprospekthaftung (§§ 45 ff. BörsG) und der Unternehmensberichtshaftung (§ 77 BörsG), in: AG 1999, S. 9 ff.
Kümpel, Siegfried; Hammen, Horst; Ekkenga, Jens: Kapitalmarktrecht – Handbuch für die Praxis, Band 1, Berlin 2005.
Kümpel, Siegfried; Hammen, Horst; Ekkenga, Jens: Kapitalmarktrecht – Handbuch für die Praxis, Band 2, Berlin 2005.
Kümpel, Siegfried: Kapitalmarktrecht: eine Einführung, 3. Auflage, Köln 2004.
Kümpel, Siegfried: Bank- und Kapitalmarktrecht, 3. Auflage, Köln 2004.
Küting, Peter: Neufassung des IDW S4 – Auf dem Weg von einer freiwilligen zu einer gesetzlich kodifizierten Prospektprüfung? In: DStR 2006, S. 1007 ff.

Larenz, Karl; Canaris, Claus-Wilhelm: Methodenlehre der Rechtswissenschaft, 3. Auflage, Berlin 1999.
Lenenbach, Markus: Kapitalmarkt- und Börsenrecht, Köln 2002.
Lenz, Jürgen; Kopp-Colomb, Wolf von: Wertpapierverkaufsprospekte, Rechtliche Grundlagen, praktische Hinweise und Mustertexte, Schriften zum Kapitalmarkt, Band 4, 2001.
Loipfinger, Stefan: Marktanalyse der Beteiligungsmodelle 2006, Griesstätt 2006.
Lüdicke, Jochen; Arndt, Jan-Holger; Götz, Gero: Geschlossene Fonds – Rechtliche, steuerliche und wirtschaftliche Fragen bei Immobilien-, Film-, Schiffs-, Flugzeug- und Windenergiefonds, 3. Auflage, München 2005.
Lutter, Marcus: Zur Haftung des Emissionsgehilfen im grauen Kapitalmarkt, in: FS für Johannes Bärmann zum 70. Geburtstag, Recht und Wirtschaft in Geschichte und Gegenwart, S. 605 ff., München 1975.

Manzei, Daniela: Einzelne Aspekte der Prospektpflicht am Grauen Kapitalmarkt, in: WM 2006, S. 845 ff.
Merkt, Hanno: Empfiehlt es sich, im Interesse des Anlegerschutzes und zur Förderung des Finanzplatzes Deutschland das Kapitalmarkt- und Börsenrecht neu zu regeln? Börsenrechtliches Teilgutachten für den 64. Deutschen Juristentag 2002, Band I, Gutachten Teil G, München 2002.
Merkt, Hanno: Unternehmenspublizität – Offenlegung von Unternehmensdaten als Korrelat der Marktteilnahme, Tübingen 2001.
Merkt, Hanno: Zum Verhältnis von Kapitalmarktrecht und Gesellschaftsrecht in der Diskussion um die Corporate Governance, in: AG 2003, S. 126 ff.
Merkt, Hanno; Rossbach, Oliver: Zur Einführung: Kapitalmarktrecht, in: JuS 2003, S. 217 ff.

Michalski, Lutz; Schulenburg, Volker: Zur Verjährung von Prospekthaftungsansprüchen im engeren Sinne bei geschlossenen Immobilienfonds, in: NZG 1999, S. 615 ff.

Moritz, Hans; Grimm, Paul: Die Vermögensanlagen- Verkaufsprospektverordnung: Inhaltliche Anforderungen an Verkaufsprospekte geschlossener Fonds, in: BB 2005, S. 337 ff.

Moritz, Hans; Grimm, Paul: Licht im Dunkel des „Grauen Marktes“? – Aktuelle Bestrebungen zur Novellierung des Verkaufsprospektgesetzes, in: BB 2004, S. 1352 ff.

Moritz, Hans; Grimm, Paul: Die künftige Prospektpflicht für geschlossene Fonds, in: BB 2004, S. 1801 ff.

Ochs, Bernd: Die einheitliche kapitalmarktrechtliche Prospekthaftungstheorie, Frankfurt am Main 2005.

Pelikan, Edmund: Beteiligungskompass 2004 – Ein Handbuch für den Markt der Geschlossenen Fonds, Landshut 2004.

Pleyer, Klemens; Hegel, Thomas: Die Prospekthaftung bei der Publikums-KG – Detailfragen anhand der Rechtsprechung des BGH, in: ZIP 1985, S. 1370 ff.

Reichel, Reiner: Anbieter geschlossener Fonds wehren sich gegen neues Gesetz, in: Handelsblatt v. 21.5.2004.

Riegger, Bodo; Weipert, Lutz: Münchener Handbuch des Gesellschaftsrechts, Band 2: Kommanditgesellschaft, Stille Gesellschaft, 2. Auflage, München 2004.

Rimbeck, Michael: Rechtsfolgen fehlerhafter Ad-hoc Mitteilungen im deutschen und US-amerikanischen Recht, München 2005.

Schäfer, Carsten: Revolutionäres aus Karlsruhe zum finanzierten Fondsbeitritt – Einwendungs- und Rückforderungsdurchgriff, in: DStR 2004, S. 1611 ff.

Schäfer, Carsten: Wertpapierhandelsgesetz, Börsengesetz mit BörsZulV, Verkaufsprospektgesetz mit VerkProspV, Kommentar, Stuttgart – Berlin – Köln 1999.

Schäfer, Frank A.: Stand und Entwicklungstendenzen der spezialgesetzlichen Prospekthaftung, in: ZGR 2006, S. 40 ff.

Schäfer, Frank A.: Grundzüge des neuen Börsenrechts, in: ZIP 1987, S. 953 ff.

Schiefer, Christina: Rechtsformen der Publikumsgesellschaften und Sonderrecht der Publikums-KG (Teil I), in: DStR 1997, S. 119 ff.

Schiefer, Christina: Rechtsformen der Publikumsgesellschaften und Sonderrecht der Publikums-KG (Teil II), in: DStR 1997, S. 164 ff.

Schimansky, Herbert; Bunte, Hermann-Josef; Lwowski, Hans-Jürgen: Bankrechts-Handbuch, Band I, München 2001.

Schmidt, Detlef; Weidert, Stefan: Zur Verjährung von Prospekthaftungsansprüchen bei geschlossenen Immobilienfonds, in: DB 1998, S. 2309 ff.

Schmidt, Karsten: Gesellschaftsrecht, 4. Auflage, Köln 2002.

Schneider, Hannes: Reichweite der Expertenhaftung gegenüber Dritten – die Sicht des Experten –, in: ZHR 163 (1999), S. 246 ff.

Schneider, Uwe H.: Internationales Kapitalmarktrecht Regelungsprobleme, Methoden und Aufgaben, in: AG 2001, S. 269 ff.

Schoeller, Florian; Witt, Martin: Jahrbuch Geschlossene Fonds 2005/2006, Berlin 2006.

Schuster, Gunnar: Empfiehlt es sich, im Interesse des Anlegerschutzes und zur Förderung des Finanzplatzes Deutschland das Kapitalmarkt- und Börsenrecht neu zu regeln? In: Verhandlungen des Vierundsechzigsten Deutschen Juristentages, Band II/2 (Sitzungsberichte – Diskussionen und Beschlussfassung), Teil P, S. P 133 f., München 2002.

Schwark, Eberhard: Das neue Kapitalmarktrecht, in: NJW 1987, S. 2041 ff.

Schwark, Eberhard: Anlegerschutz durch Wirtschaftsrecht, München 1979.

Schwark, Eberhard: Empfiehlt es sich, im Interesse des Anlegerschutzes und zur Förderung des Finanzplatzes Deutschland das Kapitalmarkt- und Börsenrecht neu zu regeln? In: Verhandlungen des Vierundsechzigsten Deutschen Juristentages, Band II/2 (Sitzungsberichte – Diskussionen und Beschlussfassung), Teil P, S. P 108 ff., München 2002.

Schwark, Eberhard: Kapitalmarktrechts-Kommentar, 3. Auflage, München 2004.

Schwark, Eberhard: Gesellschaftsrecht und Kapitalmarktrecht, in: FS für Walter Stimpel zum 68. Geburtstag am 29. November 1985, Berlin – New York 1985, S. 1087 ff.

Schwark, Eberhard: Die Haftung aus dem Prospekt über Kapitalanlagen, in: BB 1979, S. 897 ff.

Seibel, Claudia; Westphalen, Friedrich Graf von: Prospekthaftung beim Immobilien-Leasing, in: BB 1998, S. 169 ff.

Spindler, Gerald: Persönliche Haftung der Organmitglieder für Falschinformationen des Kapitalmarktes – de lege lata und de lege ferenda –, in: WM 2004, S. 2089 ff.

Steck, Kai-Uwe; Schmitz, Rainer: Das Kapitalmarktrecht nach dem Anlegerschutzverbesserungsgesetz – Änderungen von WpHG und VerkProspG –, in: Finanz Betrieb 3/2005, S. 187 ff.

Steuer, Stephan: Die Förderung des Finanzplatzes Deutschland durch den Gesetzgeber, in: Bank und Kapitalmarktrecht in der Entwicklung, FS für Siegfried Kümpel zum 70. Geburtstag, Berlin 2003, S. 519 ff.

Ulmer, Peter; Dopfer, Jürgen: Anlegerschutz und Gesellschaftsrecht – Zur Problematik der Prospekthaftung von Publikumskommanditgesellschaften

nach dem Regierungsentwurf eines Vermögensanlagegesetzes –, in: BB 1978, S. 461 ff.
Uttich, Steffen: Freibrief für BaFin setzt geschlossene Fonds unter Druck, in: FAZ v. 18.5.2004

Verbraucherzentrale Bundesverband: Rechtsfragen des Grauen Kapitalmarkts – Haftung, Rückabwicklung, Durchsetzung von Ansprüchen, Düsseldorf 2003.
Verbraucherzentrale Bundesverband: Stellungnahme zum Gesetzesentwurf der Bundesregierung eines Gesetzes zur Verbesserung des Anlegerschutzes BT-Drs. 15/3174, unter: www.bundestag.de/ausschuesse/archiv15/a07/protokolle.
Verfürth, Ludger C.; Grunenberg, Carsten: Pflichtangaben für geschlossene Fonds nach der Vermögensanlagen-Verkaufsprospektverordnung, in: DB 2005, S. 1043 ff.
Vogel, Christian: Vom Anlegerschutz zum Verbraucherschutz, Informationspflichten im europäischen Kapitalmarkt-, Anlegerschutz- und Verbraucherschutzrecht, Baden-Baden 2005.
Vortmann, Jürgen: Prospekthaftung und Anlageberatung Handbuch, Stuttgart – Berlin – Köln 2000.

Wagner, Klaus-R.: Prospekt- und Anlageberaterhaftung bei geschlossenem Immobilienfond und deren Verjährung – Anmerkung zum Urteil des OLG Stuttgarts v. 9.3.1999, Az. 10 U 118/97 –, in: NZG 1999, S. 614 f.
Wagner, Klaus-R.: Was leisten Prospektgutachten von Wirtschaftsprüfern und was nicht? In: DStR 2001, S. 497 ff.
Wagner, Klaus-R.: Zur Problematik von Kausalität und Schaden bei langfristigen Kapitalanlagen, in: NZG 2003, S. 897 ff.
Weimann, Martin: Prospekthaftung, Berlin 1998.
Wiedemann, Herbert; Schmitz, Erich: Kapitalanlegerschutz bei unrichtiger oder unvollständiger Information, in: ZGR 1980, S. 129 ff.
Wittmann, Arno: Zivilrechtliche Prospekthaftung beim Vertrieb von steuerbegünstigten Kapitalanlagen, in: DB 1980, 1579 ff.

Ziegler, Ole: Die Prospekthaftung am nicht-organisierten Kapitalmarkt im Spannungsverhältnis zu personengesellschaftsrechtlichen Grundsätzen, in: DStR 2005, S. 30 ff.
Ziegler, Ole: Die Rechtsfolgen der §§ 13, 13a VerkProspG n.F. und der Kapitalerhaltungsgrundsatz, in: NZG 2005, S. 301 ff.
Zimmer, Daniel: Internationales Gesellschaftsrecht – Das Kollisionsrecht der Gesellschaften und sein Verhältnis zum Internationalen Kapitalmarktrecht und zum Internationalen Unternehmensrecht –, Heidelberg 1996.

Zimmer, Daniel: Verschärfung der Haftung für fehlerhafte Kapitalmarktinformation, in: WM 2004, S. 9 ff.
Zimmer, Daniel: Neue Vorschriften für den nicht organisierten Kapitalmarkt, in: DB 1998, S. 969 ff.
Zimmer, Daniel; Binder, Christian: Prospekthaftung von Experten? Kritik eines Gesetzentwurfs, in: WM 2005, S. 577 ff.

Kolibri 360 GmbH
Ferdinand-Jühlke-Straße 7
99095 Erfurt, Deutschland
produktsicherheit@kolibri360.de